KB117744

대표작 『위대한 개츠비』를 출간한 해의 피츠제럴드(1925)

재즈 시대

프랑스 일러스트레이터 조르주 바르비에의 〈안녕히 가세요Au Revoir〉(1920). 『위대한 개츠비』 의 시간적 배경이기도 한, 1920년대 사치와 쾌락에 사로잡힌 상류층들의 소비 지향적 문화를 잘 드러내는 그림이다. 그의 다른 작품은 『위대한 개츠비』의 표지 그림으로 사용되기도 했다. 제1차 세계대전이 끝나고 호황기를 맞이한 1920년대를 흔히 '재즈 시대' 혹은 '광란의 20년대' 라 부른다. 미국뿐만 아니라 영국, 프랑스 등지에서 재즈와 댄스 음악이 대중화되던 시기이기 도 하다.

피츠제럴드의 삶과 문학이 가장 만개한 곳, 뉴욕
1920년, 피츠제럴드는 데뷔작 『낙원의 이편』이 대성공을 거두면서 이전부터 동경해오던 뉴욕
에 입성한다. 1925년에 출간한 그의 대표작 『위대한 개츠비』도 바로 뉴욕 시절에 구상한 것이
다. 사진은 뉴욕의 랜드마크이자 미국의 국보인 엠파이어스테이트빌딩으로, 1931년에 세워져
40년 이상 세계에서 가장 높은 건물의 자리를 지켜왔다. 밤에도 휘황찬란한 빛을 발하는 이
건물은 '미국의 꿈'을 표현하는 또 하나의 상징 같다. 미국의 꿈과 좌절을 그린 피츠제럴드의
문학 세계와 오버랩된다.

❶ 무쏘앤드프랭크그릴 할리우드

『마지막 거물』을 쓰며 재기를 노리던 곳

할리우드에서 가장 오래된 식당으로, 1919년에 개업했다. T. S. 엘리엇, 존 스타인벡, 윌리엄 포크너 등이 단골이었고, 말년의 피츠제럴드 역시 이곳에서 장편소설 『마지막 거물』을 퇴고했다. 원래 스테이크하우스였는데, 할리우드 인사들이 죽치고 앉아 있으면서 바bar처럼 돼버렸다.

❷ 성마리아교회묘지공원 볼티모어

피츠제럴드의 영혼이 안식한 곳

파리에서 돌아온 피츠제럴드는 볼티모어에서 지내며 집필에 몰두했다. 그에게 볼티모어는 좋은 기억으로 남은 도시였다. 흠모하는 작가 애드거 앨런 포와, 자신의 뿌리이자 미국 국가를 작사한 프랜시스 스콧 키가 묻혀 있는 곳이기도 하다. 그래서 그 역시 볼티모어에 묻히고 싶어 했다. 그 바람대로 그는 볼티모어 인근 록빌의 성마리아교회묘지공원에 묻혀 있다.

❸ 핍스정신병동 볼티모어

아내 젤다가 입원한 곳

피츠제럴드의 문학 인생에서 젤다의 정신 질환이 끼친 영향은 상당하다. 아내의 질환이 악화되자 그는 미국에서 의대로 가장 유명한 존스홉킨스대학병원이 있는 볼티모어로 이사했다. 그리고 젤다는 이곳의 핍스정신병동에 입원했다. 피츠제럴드는 젤다의 치료비를 벌기 위해 많은 단편소설을 썼다. 그가 평생 쓴 단편소설은 총 160여 편이다.

❹ 유니버시티코티지클럽 프린스턴대

피츠제럴드 제2의 고향

피츠제럴드가 프린스턴대 재학 당시 가입한 클럽으로, 함께 식사하며 친교를 다지는 것을 목적으로 한다. 이러한 식사 클럽은 프린스턴대만의 전통으로, 대부분 상류층 자제들로 이루어져 있다. 피츠제럴드는 그들에게 한편으로는 계급적 위화감을 느끼면서도 '영혼의 고향' '제2의 고향'이라고 언급할 만큼 코티지클럽에 대한 애정이 깊었다.

❺ 플라자호텔 뉴욕

피츠제럴드가 장기 투숙한 단골 호텔

평생 여러 나라와 도시를 떠돈 피츠제럴드에게 호텔은 또 하나의 집과도 같았다. 가장 대표적인 곳이 센트럴파크 맞은편에 있는 플라자호텔이다. 그는 데뷔작 『낙원의 이편』으로 큰 성공을 거두자 최고급 호텔인 이곳에 장기 투숙을 했고, 호텔 내 커피숍인 팜코트에서 자주 글을 썼다.

❻ 그레이트넥 롱아일랜드

피츠제럴드와 개츠비가 살았던 동네

1922년, 피츠제럴드는 뉴욕 근교의 이 부촌으로 이사를 왔다. 이곳의 저택들은 개츠비의 집에 대한 영감을 줬다. 소설에서 개츠비의 집이 있는 '웨스트에그'의 실제 장소는 그레이트넥이다. 데이지가 살고 있던 '이스트에그'의 실제 장소는 맨해싯이다. 피츠제럴드는 그레이트넥 게이트웨이 6번지에 위치한 저택 내 차고에서 『위대한 개츠비』의 줄거리를 짰다.

❼ 리비에라 남프랑스

『밤은 부드러워』의 배경지

피츠제럴드 부부는 프랑스에 3년간 체류했는데, 휴양지로 널리 알려진 이곳을 첫 거주지로 택했다. 이 무렵 젤다는 프랑스 조종사인 에두아르 조장과 사귀었는데, 이 일로 피츠제럴드는 리비에라를 오랫동안 잊지 못했다. 결국 이곳은 10년 뒤에 출간하는 장편소설 『밤은 부드러워』의 배경지로 등장한다.

❽ 파리 프랑스

'길 잃은 세대' 작가들과 교유한 곳

길 잃은 세대란 제1차 세계대전 후 사회에 환멸을 느낀 일군의 미국 지식인과 예술가들을 가리킨다. 피츠제럴드는 프랑스 체류 시절 길 잃은 세대의 대표 작가인 어니스트 헤밍웨이, 거트루드 스타인 등과 교유했다. 이때 문학청년인 헤밍웨이를 스크리브너출판사 편집자인 맥스 퍼킨스에게 소개해주기도 했다.

일러두기

— 미술, 음악, 영화 등의 작품명은 〈 〉, 신문, 잡지는 《 》, 시, 단편소설, 희곡, 연설, 논문은 「 」,
  단행본, 장편소설은 『 』으로 표기했다.
— 본문 인용문의 출처는, 피츠제럴드의 작품일 경우에는 제목과 쪽수만을, 다른 저자의 책일
  경우에는 저자명을 함께 밝혔다. 자세한 서지 사항은 참고 문헌에 밝혀 두었다.
— 피츠제럴드의 작품 중 『위대한 개츠비』 인용은 민음사 판(2010)의 김욱동 번역과, 아르테 판
  (근간)의 임종기 번역을 저본으로 했다.
— 피츠제럴드의 작품 중 『밤은 부드러워』 인용은 김하영, 김문유 번역의 현대문화 판(2008)과
  정영목 번역의 문학동네 판(2018)을 저본으로 했다. 단, 문학동네 판의 번역 제목은 『밤은
  부드러워라』이다.
— 외래어 표기는 국립국어연구원 외래어표기법을 따랐으나, 통용되는 일부 표기는 허용했다.

피츠제럴드

×

최민석

미국 문학의 꺼지지 않는 '초록 불빛'

arte

1927년, 영화 각본 작업을 위해 할리우드로 건너갔을 때, 당시 인기 있는 초상화가였던 해리
슨 피셔가 콘테 크레용으로 소묘한 피츠제럴드다. 피츠제럴드의 딸 스코티가 소장하고 있다
가 스미소니언재단에 기증했다.

CONTENTS

피츠제럴드와 나

피츠제럴드에게 관심을 가졌을 때, 나는 인생 말기의 그처럼 생계로 곤란을 겪고 있었다. 커피숍에서 작업하는 작가라면 보기에는 좋을지 모르겠지만, 집에서는 아기가 울어대고 있었고, 작업실을 가질 형편은 못 되었기에 커피숍에 가서 하루에 5,000원을 내고 주인에게 미안한 마음을 꾹꾹 누르며 글을 썼다. 이제 와 말하지만, 그 5,000원은 커피숍으로 출근하기 전 매일 아침 헌책방에 들러, 집에 남아 있는 책들을 팔아치워 마련한 것이었다. 당시 아내에게 생활비를 주고 나면 수중에 남는 돈은 한 달에 10만 원 남짓했다. 그 돈을 어떻게든 글을 쓸 수 있는 투자비로 써야 했다. 그때 성공한 줄로만 알았던 피츠제럴드의 생이 후반부에는 처절하게 추락했으며, 한때는 크래커와 통조림 고기로 버티며 에세이와 단편소설을 닥치는 대로 써냈다는 사실도 알게 되었다. 묘한 동질감에 휩싸였고, 죽은 미국 작가로부터 작은 위안을 느꼈다. 그는 이후에도 줄곧 비참하게 살다가 빚더미 속에 죽어버렸지만, 적어도 미국 호황기에 가장 성공했던 작가마저 이러한 길을 걸었다는 사실이 내 등을 두드려주는 것 같았다.

만약 내가 피츠제럴드의 삶을, 자신감으로 충전되어 있었던 몇 해 전에, 그러니까 서점에 내 책이 높게 쌓여 있고, 방송 출연은 작가의 자존심 운운하며 거절하고, 한 시간 정도 행사 출연에 100만 원 이상을 받던 시기에 접했더라면, 관심은커녕 그의 삶을 자업자득이라 여겼을지도 모른다. 하지만 죽을 당시의 그와 비슷한 나이가 되어가며, 어느덧 삶은 '뜻대로 되지 않는 것'임을 피부로 느낀 지금, 그의 삶은 결코 내가 태어나기 전 먼 나라의 외국인 이야기가 아니었다. 작가의 삶이었고, 예술인의 삶이었고, 잡을 수 없는 꿈을 향해 손을 뻗은 이의 이야기였다.

나는 피츠제럴드에게 점차 빠져들었다. 그리고 우연히 그의 삶을 조망할 수 있는 기회가 한 출판사를 통해 주어졌고, 결국 피츠제럴드를 따라 뉴욕으로 떠났다.

한데 이것은 어디까지나 나의 사연일 뿐이다. 이 책을 펼쳐 든 당신은 나에게 물을 수 있다. 당신 사정이 그랬다는 건 알겠지만, 나는 왜 피츠제럴드를 읽어야 하는가? 그 물음에 이렇게 답하겠다.

피츠제럴드만이, 세상의 불편한 문제를 대담하게 문학적으로 대면했다. 그가 다룬 문학적 주제는 계급이다. 우리 모두가 계급 사회에 살고 있다고 생각한다. 당연히 21세기 한국에 양반이 있는 것도 아니고, 서구권에 노예제가 있는 것도 아니다. 그런 표면적인 계급 사회는 이미 근대에 종언을 고했다. 하지만 부는 대물림되고, 교육받을 기회는 불평등하게 부여되고, 살면서 겪게 될 경험의 양과 질이 다름은 부인할 수 없다. 이 모든 조건을 초인적 의지로 극복하더라도, 채워지지 않는 것이 있다. 취향. 이것은 한 사람이 자라난 가정의 분위기, 여행 간 곳의 정취, 입어온 옷의 질감, 마신 차의 향, 대화를 나눈 사람들의 품격 등으로 결정된다. 살면서 체험한 모든 취미, 레저, 교양 행위로 쌓아낸 자산이다.

근대사회까지의 계급 결정 요소는 토지, 자본, 교육이었다. 현대사회에서는 자본, 지식, 사회적 위치에 취향까지 더해졌다. 자본, 지식, 사회적 위치는 입신양명한다면 개인적 노력으로 따라잡을 수 있다. 하지만 개천에서 용 나듯 성공한다 해도, 인생을 오로지 즐기는 대상으로 여기고 살아온 사람과의 취향 차이가 좁혀지는 것은 아니다.

사실 취향은 과거에도 계급을 구별 짓는 요건이었다. 19세기 프랑스의 살롱 문화와 에두아르 마네의 그림에 드러난 귀족들의 문화는 그들끼리만 공유된 취향으로서, 외부인의 유입을 차단하는 역할을 했다. 귀족 사회로 진입하는 것을 가로막는 장벽이었다. 물론, 그때의 취향은 계급을 결정하는 여러 요소 중 일부였다. 하지만 신분제가 철폐된 현대사회에서는 계급 결정을 완성하는 요소로 자리한다. 과거와 차이점이 있다면, 현대사회는 이 계급 요소를 공기처럼 여긴다는 것이다. 언제나 우리 곁에 있지만, 없는 것으로. 게다가 봉건제 몰락으로 계급은 해체된 것처럼 보였고, 존재하지 않아야 할 것으로 여겨졌다. 정치적으로 올바른 지향점이지만, 그렇다 해서 계급이 사라지지는 않았다. 시대의 변화에 따라 형태가 변형됐을 뿐이다. 우리가 사는 이 세계는 불편을 꺼리기에 '계급'을 금기어처럼 회피하고, 계급이 사라져 평등하게 사는 양 스스로에게 최면을 걸어왔다. 그렇기에 문학 역시 계급을 다루지 않았다. 마크 트웨인이나 허먼 멜빌이 이 주제에 접근했지만, 이들 관심의 초점은 어디까지나 인종에 맞추어져 있었다. 즉, 인종을 초월한 계급 문제에 대해, 과거부터 존재해왔고 미래에도 존재할 계급성에 대해, 현대사회의 변형된 계급성에 대해 언급한 작가는 피츠제럴드가 거의 유일하다.

게다가 나는 21세기 한국이 피츠제럴드가 살았던 1930~1940년대 미국과 별반 다르지 않다고 느낀다. 우리 역시 태어날 때 이미 자기 삶의 색깔이 결정되는 사회에 속해 있으니까. 우리 역시 부모로부터 '자본'과 '토지'와 '교육의 기회'와 심지어 '취향'까지, 유전자처럼 물려받는 사회에 속해 있으니까. 우리 역시 표면적으로는 이름에 '경' 같은 호칭을 붙이지 않지만, 실상은 사는 곳에 따라, 외식을 하고 휴가를 보내는 장소와 방식에 따라, 그 사람의 실제 계급을 알고 싶지 않아도 강요받듯 알게 되는 사회에 속해 있으니까. 그렇기에 나는 피츠제럴드를 읽는 것이, 우리 사회의 맨얼굴을 좀 더 관찰하는 일이라 생각한다. 그것은 내가 사는 세상의 드러나지 않은 속성을 정면으로 마주하는 일이다.

지도를 펼쳐놓고

작가들은 대개 떠돌이다. 작가가 되기 전에 이미 모국의 곳곳을 다니며, 견문을 쌓고 경험의 지경을 넓히고 생각의 폭을 넓힌다(때로는 불우한 가정사로 잦은 이사를 하거나, 혹은 부유하기 때문에 어린 시절부터 세계 곳곳을 다닌다). 그러다 보면 본 것이 많아지고, 경험한 것도 많아지니 뭐라도 쓰고 싶어진다. 그런데 이들은 대개 하고픈 말을 가슴에 간직한 채 살기보다는, 경험한 것을 모두 말하고픈 족속이다. 아니, 경험한 것 이상으로 더 많은 말을 하는 족속이다. 일단 타자기 앞에 앉아서 손가락을 움직이는 순간, 자신이 경험한 것에서 받은 영감, 그 영감이 빚어낸 상상, 그리고 그 경험과 상상이 어우러져 창조한 새로운 무언가가 페이지를 채우기 시작한다. 결국 쓰다 보면 이들은 경험한 것 이상으로 잔뜩 써내기 시작한다. 어떤 이는 쓰기 전에 친구에게, 지인에게, 후배에게, 동료에게 말하다가 그만 이야기가 부푸는 경험을 한다. 그러다 보면 쓸 말은 또 늘어난다. 이러다 작가가 되는 것이다. 말하자면, 작가가 된 이들 중에는 이미 떠돌이의 삶을 살아온 이들이 많다는 것이다.

작가들은 떠돌이였기에 작가가 됐지만, 작가이기에 더욱 떠돌이가 된다. 이들은 한곳에 머무를 필요가 없다. 수도의 가장 번화한 곳이건, 인적이 드문 산간벽지이건, 잉크와 종이만 있다면 작품을 써낼 수 있다. 과거에도 그랬고, 현재에도 그렇다. 게다가 원고를 출판사에 보낼 수만 있다면, 모국에 머무를 필요도 없다. 피츠제럴드는 파리에서 원고를 보냈고, 어니스트 헤밍웨이는 쿠바에서 원고를 보냈다. 그렇기에 떠돌이는 작가가 되고, 작가가 된 떠돌이는 계속 떠돌게 된다. 행여나 그 작가 안에 유목민의 DNA까지 있다면, 그는 더욱더 떠돌이 생활을 할 것이다. 결국 작가의 생을 따라가는 사람은 고민하게 된다. '과연 어디를 가야 하느냐?'고.

　시간과 재력, 체력까지 있다면 한 작가가 발 디딘 모든 곳을 따라가면 된다. 가브리엘 가르시아 마르케스를 따라가는 이는 콜롬비아 보고타, 쿠바 아바나, 스페인과 멕시코로 가면 될 것이고, 빅토르 위고를 따라가는 이는 프랑스 브장송, 벨기에 브뤼셀, 영국의 저지섬과 건지섬, 그리고 파리를 가면 될 것이다. 마크 트웨인을 따라가는 이는 미시시피를 비롯해 미국 본토와 하와이, 오스트레일리아, 뉴질랜드와 인도, 팔레스타인과 남아프리카공화국과 모리셔스까지 가면 된다. 서머싯 몸을 따라간다면, 출생지인 파리, 공부한 영국 캔터버리와 독일, 습작 시기를 보낸 스페인 세비야, 첩보 활동을 한 스위스 제네바와 러시아, 요양 생활을 한 스코틀랜드, 집을 산 런던과 남프랑스, 6년간 거주한 뉴욕, 취재 활동을 한 타이티섬, 여행을 한 유럽 곳곳과 중국, 일본, 말레이시아, 인도, 남미를 다녀오면 된다. 그나마 한정된 공간에서 작업을 했던 제임스 조이스와 아쿠타가와 류노스케 또한 각자의 체류지인 더블린과 도쿄를 떠나 파리와 중국을 떠돌았다. 나는 세계문학전집 뒤에 수록된 작가들의 연보를 뒤적이며 문호들의 유목민 기질을 확인한 후 어지러워졌다.

피츠제럴드의 여권

1896년, 미국 미네소타주 세인트폴에서 태어난 피츠제럴드는 평생 프린스턴, 시카고, 뉴욕, 프랑스, 이탈리아, 스위스, 볼티모어, 할리우드, 애슈빌 등 여러 도시와 나라를 떠돌며 유목민처럼 살았다. 여권에는 출생지, 생년월일, 직업, 신체 조건 등 그에 대한 정보뿐만 아니라, 아내 젤다(가운데)와 딸 스코티(아래)의 모습도 함께 볼 수 있다.

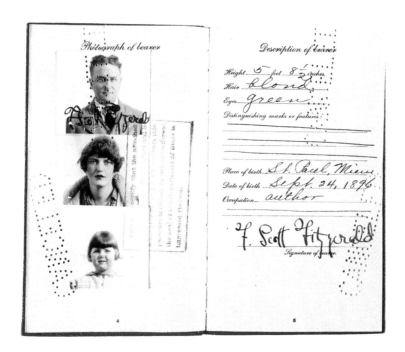

그리고 내가 따라가야 할 피츠제럴드를 떠올렸다. 그는 미네소타 주 세인트폴에서 태어나 유년 시절을 보냈고, 뉴저지주에 있는 기숙 학교에서 청소년기를 보냈다. 틈틈이 시카고와 뉴욕 등지를 여행하다, 프린스턴으로 가서 대학 생활을 시작했다. 제1차 세계대전이 발발하자 참전하겠다며 보병대에 지원 입대하는데, 이때에도 한곳에 있지 않고 캔자스, 켄터키, 조지아를 거쳐 앨라배마에 있는 부대로 가서 군 생활을 한다. 그리고 앨라배마에서 운명처럼 젤다 세이어를 만나 연애를 하지만, 여전히 참전을 갈망했던 피츠제럴드는 롱아일랜드 부대로 또 한 번 배치받아 참전 대기를 하는데, 그만 전쟁이 끝나버린다. 목적을 잃은 피츠제럴드는 제대한 후 뉴욕으로 건너가 광고 회사에서 일하며 소설을 쓴다. 하지만 뉴욕 생활에 적응하지 못해 이번에는 고향인 세인트폴로 돌아간다. 그리고 그곳에서 쓴 데뷔작이 성공을 거두자, 또다시 뉴욕으로 돌아온다. 스물여덟 살이 되자 이제 미국에서 방랑하는 것이 지겹다는 듯 유럽으로 이주해버린다. 초기에는 한적한 프로방스에 머무는데 이내 시골의 평온이 지겨워졌는지 이탈리아 여행을 다녀왔다. 그래도 적적함을 견딜 수 없었는지 파리로 이주했고, 그곳에서 헤밍웨이 등 무수한 예술가들과 교제하며 사교계의 중심인물이 되어 바쁜 나날을 보냈다. 파리에서 접한 북아프리카 문화에 호기심이 발동했는지, 아프리카 여행도 다녀온다.

피츠제럴드에게 방랑벽이 있더라도 이 정도면 육체적으로 지칠 수 있다. 하지만 운명은 그에게 역마살이라도 끼어 있다는 듯이 불행을 하나 가져다주는데, 아내 젤다가 보이기 시작한 정신 질환 증세가 그것이다. 하여 이번에는 치료를 위해 스위스로 이주하고, 환자 보호자가 대개 그렇듯 좀 더 나은 의사를 찾기 위해 의대로 유명한 존스홉킨스대학교가 있는 볼티모어로 이사하고, 그래도 치료가 되지 않아 노스캐롤라이나의 애슈빌 등지를 거치며 아내의 요양과 집필을 위한 생활을 이어가는데, 여기서 주목할 점은 아내의 병세뿐만 아니라 그가 떠돌게 된 또 다른 이유가 있으니, 바로 그의 사치였다.

피츠제럴드 부부는 1920~1930년대 미국 사교계의 상징이라 할 만큼 화려한 생을 즐겼기에, 빚 역시 상당했다. 이 때문에 고료를 많이 주는 단편소설을 닥치는 대로 써야 했고(그렇기에 그의 소설에는 오자가 많다), 인생 후반부에는 오직 돈벌이를 위해 할리우드로 넘어가 시나리오 작가 생활을 했다. 아, 그렇다고 할리우드에서는 한곳에 정착했다고 오해하지 마시길. 그 안에서도 세 번에 걸쳐 이사를 했다. 그가 가장 먼저 머문 곳은 할리우드에서 약 두 시간 거리인 고급 주거지 말리부였다. 야자수가 도로변에 줄지어 있고, 신이 지구위에 백설탕을 뿌려놓은 듯 고운 모래사장이 펼쳐져 있고, 신의 예술 작품에 격을 맞춰야 한다는 듯 인간들이 최대한 우아하게 지은 대저택들로 가득한 해변 말이다. 하지만 위대한 문학가들이 그러하듯 그 역시 지병인 폐결핵을 앓고 있었는데, 물감을 뿌려놓은 듯 푸르게 빛나는 말리부의 바닷물을 두고 '습기 가득한 바람이 폐로 들어온다'며 이곳 역시 떠나버린다. 사실, 바닷가에 살며 건조한 바람을 기대하는 것은 남극이 따스하기를 기대하는 것과 별 차이 없겠지만, 피츠제럴드는 이런 단순한 사실도 때론 겪어보지 않고서는 납득하지 못하는 경험주의자였다. 그렇기에 그는 평생에 걸쳐 술을 마시며 알코올 중독은 사망에 이르게 한다는 것을 안타깝게도 후대에 알려준다. 경험주의자 피츠제럴드는 말리부를 떠나, LA 도심으로 간다.

물론, LA에서는 엔시노에서도, 할리우드 중심가에서도 살았다. 그리고 피츠제럴드를 기념하는 유일한 박물관이 있는 앨라배마주 몽고메리에서도 반년간 살았다. 나는 이 모든 자료를 정리한 뒤, 현기증을 느꼈다.

현실적인 선택을 할 수밖에 없었다. 이 많은 후보지 중에 몇몇 지역을 고르기로 했다. 우선, 내가 보고픈 피츠제럴드의 이미지를 떠올렸다. 당연한 말이지만, 피츠제럴드라면 화려하고 자신감 넘치고, 글을 쓰고픈 열정에 휩싸인 모습이다. 이 이미지를 떠올리니, 자연스레 뉴욕이 첫 번째 행선지로 정해졌다. 그리고 그가 청년 시절 데뷔작인 『낙원의 이편』을 쓰며, 세상의 차가운 이면에 눈을 떴던 프린스턴대 역시 궁금했다. 하여, 프린스턴 역시 행선지에 추가했다.

빼놓을 수 없는 지역이 있었다. 대개 전기 작가들은 출생지부터 시작하지만, 나는 죽음의 공간에서부터 시작하기로 했다. 피츠제럴드에게 관심을 가진 것은 그에게 나처럼 몰락의 시기가 있었기 때문이다. 할리우드가 있는 LA 역시 당연하게 행선지로 추가되었다.

미국에서 한 곳을 더 추가해야 할 것 같았다. 출생지인 미네소타주 세인트폴과, 한때 머물렀고 젤다의 고향이자 피츠제럴드의 박물관이 있는 앨라배마주, 그리고 평생 자신의 가치관을 형성할 만큼 큰 상처를 남긴 지네브라 킹이 살았던 시카고(피츠제럴드는 시카고를 뉴욕과 함께 미국에서 가장 화려한 도시로 여겼다), 고등학교를 다녔던 뉴저지주, 아내 젤다가 화재로 사망한 노스캐롤라이나주의 하일랜드정신병원, 한동안 살았던 뉴욕주의 시러큐스, 메릴랜드주 등의 후보지가 있었다. 미국 서부, 동부, 남부, 북부, 중부가 후보지였다. 간단히 말해, 알래스카를 제외한 미 전역이었다. 모든 지역들이 관광 홍보 영상 속 출연자들처럼 내게 어서 오라며 손짓하는 듯했다. 그러다, 순간 뭔가를 놓치고 있다는 생각이 들었다. 피츠제럴드가 인생에서 그나마 안락하게 글을 쓸 수 있었던 곳. 비록 아내는 정신병동에 입원해 있었지만, 딸이 학교에 학생답게 적응하며 다닐 수 있었던 유일한 곳. 화려한 생활을 잠시 접고 쓰고 싶은 글을 쓰며 평온한 작가의 삶을 마침내 영위할 수 있었던 곳, 바로 볼티모어였다.

이렇게 행선지가 모두 결정되었다. 지도를 펼치고 예정 동선을 그어보니, 미국 서부에서 동부를 대각선으로 가로지르는 여정이었다. 거리로 치자면 유럽 일주에 버금가는 계획이었다. 조금이라도 생생하고 풍부히 쓰기 위해, 술은 마시지 않기로 했다. 가급적이면.

재즈 시대 거장의 퇴장 — LA

〈바람과 함께 사라지다〉의 무명 각색가

죽기 직전의 피츠제럴드는 마흔네 살이었고, LA에 살았다. 하지만 이미 죽은 존재였다. 이는 메타포가 아니다. 팔리지 않는 『위대한 개츠비*The Great Gatsby*』를 그나마 사는 이는 작가 자신이었다. 지인들에게 선물하기 위해서였는데, 벌써 이 점부터 우리가 아는 피츠제럴드와는 다르다(그의 인생 말년에 만난 이들은 그로부터 직접 쓴 책을 선물받지 않으면, 그 유명했던 피츠제럴드라는 사실을 납득하지 못했다). 하지만 내가 진짜 하려는 말은 서점 주인들이 굉장히 놀랐다는 것이다. 작가가 책방을 찾아준 영광 때문도 아니었고, 작가가 자기 책을 직접 사서도 아니었다. 피츠제럴드가 이미 죽은 줄 알았기 때문이다. 그는 살아 있었지만, 사람들의 기억 속에 죽어 있었다. 황금기 미국의 정점에 선 인물과, 살아 있지만 죽은 줄로 착각될 만큼 잊힌 인물이 동일인이라니. 그 인생의 파고가 어느 정도일까 궁금했다.

피츠제럴드는 결국 시나리오 작가로 죽어버렸는데, 처음부터 시나리오 작가가 되기를 원했던 것은 아니다. 죽기 3년 전인 1937년 2월 말, 볼티모어에서 살면서 담당 편집자인 맥스 퍼킨스Max Perkins 에게 보낸 편지를 보면 심중을 알 수 있다.

> 작년에는 넉 달 동안 병상에 누워 있긴 했지만* 단편 네 편과《에스 콰이어》에 잡문 여덟 편을 팔았을 뿐입니다. 이 얼마나 한심한 실 적인가요. 여느 때처럼 흥미도 없고 참신함도 없는 탓에 올해 역시 더디게 시작되었습니다. (…) 가장 큰 실패는 실행 가능한 미래가 보이지 않는다는 것입니다. 돈을 위한 할리우드행은 그 자체로 꺼 려질 이유가 너무 많고, 새로운 글감이 떠오르지 않는 한 이제 단편 은 바닥이 났고, 장편은 돈과 시간이 필요합니다.
>
> ─『디어 개츠비』, 364~365쪽

'돈을 위한 할리우드행'을 꺼렸지만, 이 편지를 쓰고 채 1년도 못 돼 그는 할리우드로 건너갔다. 그리고 3년 뒤, 영화 〈바람과 함께 사 라지다Gone with the Wind〉에 이름조차 올리지 못한 각색가 중 한 명으 로 참여하는데, 이때도 편집자 맥스에게 편지를 썼다.

> 이곳에서 계속 공장 노동자처럼 일하는 건 영혼을 파괴하는 짓입 니다. 영화계 현실은 다음과 같은 역설을 보여줍니다. '당신의 개성

---

* 1936년에 다이빙을 하다가 쇄골이 부러졌고, 관절염까지 더해졌다. 원래 폐결핵을 앓는 데 다, 이런 잔병까지 겪게 돼 요양을 한 것이다.

피츠제럴드가 일했던 할리우드 MGM 영화사

빚에 허덕이던 말년의 피츠제럴드는 MGM 영화사와 계약하고, 원치 않던 시나리오 작가 생활을 시작했다. 그는 영화 〈바람과 함께 사라지다〉를 비롯하여 여러 작품의 각색 작업에 참여했지만 크레디트에 이름을 올린 작품은 단 한 편뿐이었다. 이 모든 상황을 되돌릴 수 있는 것은 오직 새롭게 구상하고 있던 소설 『마지막 거물』이었다. 그는 시나리오 작업을 하는 틈틈이 신작 집필에 몰두했다.

을 보고 이곳에 데리고 왔지만, 당신은 이곳에 있는 이상 개성을 드러내지 않기 위해 최선을 다해야 합니다.'

—『디어 개츠비』, 405쪽

나아가 이 편지에서 그는 각색 작업을 할 때에도, 오로지 원작에 있는 단어만 써야 했다고 분통을 터트린다. 수정해야 할 신scene이 있으면 마거릿 미첼Margaret Mitchell의 『바람과 함께 사라지다』를 '마치 성서라도 되는 양 휙휙 넘기며' 상황에 어울리는 단어를 찾아내야 했다는 것이다. 문제는 피츠제럴드가 원작을 그저 그런 작품으로 생각했다는 것이다. 그의 생각은 그가 외동딸 스코티와 나눈 대화로 짐작할 수 있다. 어느 날 스코티는 1937년 퓰리처상을 받은 『바람과 함께 사라지다』를 읽고 "역대 걸작들" 중 하나라고 치켜세웠다.(모린 코리건, 『그래서 우리는 계속 읽는다』, 238쪽) MGM사와 계약을 맺고 영화로 각색 중이던 피츠제럴드는 딸의 감식안에 실망했다. 그는 왜 『바람과 함께 사라지다』가 별로라고 여겼을까.

피츠제럴드 연구가인 모린 코리건Maureen Corrigan의 평가를 보면, 그 이유를 쉽게 알 수 있다. 그는 피츠제럴드가 '자신을 진정한 작가라 여기고, 때로는 시인이라 여겼을 것'이라고 진단했다. 동시에 "『위대한 개츠비』의 마력은 시와 같은 힘찬 문체에 있다. 미국 사람의 일상 언어가 다른 세상의 언어로 변한다"(모린 코리건, 『그래서 우리는 계속 읽는다』, 13쪽)며 피츠제럴드의 언어를 시어로 여겼다. 시적 언어를 추구했던 피츠제럴드는 일상적 대사로 점철된 시나리오 작업에 지쳐 있었고, 그중 하나인 『바람과 함께 사라지다』가 전혀 시적이지 않다고 여긴 것이다(원작이라 할지라도 말이다). 이런 그의 태도를 보면 왜 『위대한 개츠비』와 『낙원의 이편 *This Side of Paradise*』의 문장이 수사로 점철되어 있는지 알 수 있다. 이러한 태도는 그가 할리우드에서의 작업을 오직 돈 때문에 했다는 것을 이해하게 한다.

이렇듯 시나리오 작가 생활은 고역이었다. 그럼에도 1937년 LA로 넘어와 시나리오 작가 생활을 시작한 이유는, 바로 빚 때문이었다.

> 피츠제럴드는 어른이 되고 나서 대부분의 시간 동안, 결핵 외에 또 하나의 만성 질환에 시달렸다. 그것은 빚이었다. (…) 1936년 무렵, 피츠제럴드는 빚의 늪에 빠져들었다. 다시 단단한 땅에 발을 디디려면 베스트셀러로 쌓아 올린 아주 큰 계단이 있어야 하는 상황이었다. 물론 그런 일은 일어나지 않았다. 그에게 찾아온 것은 청구서뿐이었다.
>
> — 모린 코리건, 『그래서 우리는 계속 읽는다』, 43~44쪽

피츠제럴드는 1935년부터 빚에 허덕였다. 당시 그의 표현에 따르면 "현금 40센트도 없고, 은행 계좌는 이미 1만 3,000달러가 적자"였다.(『F. 스콧 피츠제럴드의 노트 *The Notebooks of F. Scott Fitzgerald*』, 405쪽) 빚은 줄기는커녕 늘어만 갔고, 1937년이 되자 그의 경제적 상황은 최악에 이른다. 게다가 편집자 맥스에게 푼돈까지 빌려 쓰고 있었다. 둘이 주고받은 편지를 보면, 인생 후반부에는 밀린 집세 150달러는 물론, 장기 체납된 전화비 122.44달러까지 편집자에게 빌려서 냈다. 앞서 인용한 편지들로 예상했겠지만, 피츠제럴드는 20년 넘게

편집자 맥스와 편지를 주고받았는데, 말년으로 갈수록 편지에 "지난번에 빌려주신 돈 잘 받았습니다"라는 문구가 자주 등장한다.

다음 편지를 보면, 우울하게도 가족 부양 때문에 빚의 늪에서 탈출할 가능성마저 없어 보인다. 1939년 10월 20일, 한 잡지사의 연재 제안을 받은 뒤 맥스에게 보낸 편지다.

> 제안이 기대치에 훨씬 못 미치는군요. 고료로 1만 5,000달러를 주겠다고 합니다(소득세 납부를 포기하고 생명 보험을 환급받거나 스코티를 대학에서 데리고 오고 젤다를 공공요양원에 입원시킨다든지 하는 조치를 취하지 않는다면) 그거로는 넉 달도 견딜 수 없습니다. 남아 있는 빚이 있는 터라 1만 5,000달러의 상당 부분은 이미 지출된 것이나 다름없습니다. 가령 하숙집에 방 한 칸을 빌려 기거하고 일체의 의학적 치료를 포기하면서(지금도 일주일에 한 번씩 의사를 봅니다) 나 자신에 들어가는 돈을 최소한으로 줄인다 해도, 종국에는 무일푼이 된 뒤 지금보다 더한 빚을 지게 될 겁니다. (…)
> 소설을 시작하려면 돈 문제가 추가로 나오는데, 이 문제는 편집자님이 어떻게 해결해주었으면 좋겠습니다.
>
> ─『디어 개츠비』, 409쪽

그는 죽는 해까지 빚에 허덕였다. 정부에까지 갚아야 할 빚도 있었다. 아마, 젤다의 공공 요양원 입원비 미납금이나 세금 체납액이리라. 둘이 주고받은 편지들은 뒤로 갈수록 빚 이야기와 이 때문에 작업했던 영화 이야기로 흘러가는데, 1940년 10월 14일에 쓴 편지를 보면 마침내 피츠제럴드가 소설을 언급한다. 생계 때문에 팽개쳐야 했던 소설을 다시 쓸 수 있는 때가 온 것이다.

> 20세기영화사 일이 막바지에 이르렀으니 곧 소설로 돌아갈 수 있으면 좋겠습니다. 지금부터 2월 1일까지 내내 소설만 쓰고 싶습니다.
> ─『디어 개츠비』, 425쪽

이어 1940년 12월 13일에 쓴 편지에서는 진척 상황을 이야기한다.

> 소설은 진척되고 있습니다. 그것도 빨리. 1월 15일 이후 언젠가 초고가 나올 것 같은데 그때까지는 멈추지 않을 생각입니다. 하지만 완성에 가까워질 때까지는 아예 존재하지 않는 것처럼 합시다. '쓰이기도 전에 전설'이 ─ 윌럭John Hall Wheelock(스크리브너 편집자)이 『밤은 부드러워』를 두고 한 소리로 알고 있습니다 ─ 되는 건 원치 않습니다.
> ─『디어 개츠비』, 427쪽

피츠제럴드는 조심스러웠고, 신중했다. 『밤은 부드러워Tender is the Night』가 엄청난 기대를 받은 뒤, 즉 '쓰기도 전에 전설'이라 일컬어지는 공경과 비웃음이 섞인 상황을 경험한 그는 철저히 고독하고 겸손하게 쓰기를 원했다. 담당 편집자를 제외한 누구에게도 알리지 않으며, 작품으로 침잠하듯 몰두했다. 빚은 여전하고 건강은 바닥을 친 상황에서, 인생을 되돌릴 수 있는 것은 오직 집필 중인 소설,

『마지막 거물*The Last Tycoon*』뿐이었다. 제목처럼 이 원고가 그에게는 '마지막 희망'이었다.

하지만 이 편지를 보내고 8일 뒤, 그의 심장은 멈추어버렸다.

피츠제럴드의 죽음

고인의 나이는 마흔넷, 사인은 심장 마비. 그러나 모두 알고 있었다. 그를 죽게 만든 것은 심장 마비가 아니라, 한평생 그를 지배해온 알코올이라는 것을. 프린스턴대에 다닐 때부터 술독에 빠져 살았던 피츠제럴드는 글을 쓰며 더욱 술에 의지했다. 작품이 안 풀릴 때면, 더욱 술을 찾았다. 게다가 말년의 그는 기나긴 슬럼프에 빠져 있는 상태였다. LA로 오기 전, 그는 자신의 비서 로라에게 편지를 보내면서, 작품과 술의 관계에 대한 생각을 밝힌 적이 있다.

> 맨정신으로 쓴 소설들은 시시해. 그건 감정 없이 이성으로만 쓴 글이라 그래. 술을 마시면 감정이 고양되고, 나는 그런 감정을 이야기로 만들어.
> ― 앤드류 턴불, 『스콧 피츠제럴드』, 233쪽 *

이 믿음은 피츠제럴드로 하여금 더욱 독한 술에 의존하게 만들

---

* 올리비아 랭, 『작가와 술』, 129쪽에서 재인용.

었다. 급기야 의사가 금주를 명령했고, 그 역시 술을 끊었다고 선언하기에 이르렀다. 특히, 의사는 피츠제럴드가 술을 끊지 않으면 1년 안에 죽을 것이라 경고했는데, 그는 결국 1년 만에 죽어버렸다. 후대에 알려진 바에 의하면 피츠제럴드는 자신의 건강이 급격히 나빠짐을 체감하고 술을 끊어보려 노력했다. 술 대신 아이스크림으로 허전함을 달래고, 독주를 손에 대지 않으려 했다. 하지만 그럼에도, 그가 '술을 끊었다' 표현한 것은 사실상 하루에 캔 맥주 서른 개 정도를 마신다는 것을 의미했다. 술꾼들은 흔히 발효주를 '밥'이라고 하는데 피츠제럴드 역시 그러했다. 맥주로 탄수화물을 섭취할 수 있으니, 그에게 맥주는 술이 아니라 그저 '흐르는 빵'일 뿐이었다. 그러니, 타인의 기준에는 과음을 한 것일지 모르겠으나, 그의 기준에는 약간 '과식을 했을 뿐'이었다. 이런 신념 때문이었는지 아니면 합리화 때문이었는지, 아바돈의 세계는 그를 서둘러 데려갔다. 의사의 경고대로 피츠제럴드는 LA 내 할리우드 근처의 한 아파트에서 숨을 거두었는데, 그 순간 곁을 지킨 사람은 연인 셰일러 그레이엄Sheilah Graham이었다.

사망 당시 연인이 함께 있었다는 사실에서 알 수 있듯이, 그의 결혼 생활은 사실상 끝난 상태였다. 아내 젤다가 조현병 증세를 보이기 시작한 후 입원과 요양을 수차례 하는 사이, 결국 세월에 지쳐 쓰러진 것이다. 다만, 이 둘은 공식적으로 이혼을 하지 않았다. 피츠제럴드를 변호할 생각은 아니지만, 정신을 차리지도 못하는 아내에게 이혼 서류를 내미는 게 말도 안 되거니와, 그렇다고 정신 질환자인 아내를 모른 체할 수도 없었을 것이다. 피츠제럴드는 아내의 치료

피츠제럴드의 마지막 연인, 셰일러 그레이엄(1934)

피츠제럴드는 할리우드로 온 해인 1937년 7월, 머물고 있던 가든오브알라에서 열린 파티에서 영국 출신의 가십 전문 칼럼니스트인 그레이엄을 만나 사귀기 시작했나. 둘의 관계는 1940년 피츠제럴드가 사망할 때까지 이어졌다. 훗날 그레이엄은 피츠제럴드와 함께한 시절을 『사랑하는 이단자』(1958)라는 책에서 이야기했다. 이 책은 영화로도 만들어졌는데, 그레고리 펙이 피츠제럴드로 등장한다.

비는 대면서, 홀로된 자신과 함께할 연인을 구하는 길을 택했다.

연인인 그레이엄을 만난 것은 피츠제럴드가 할리우드로 이사를 온 해였다. 상술했다시피 그에게는 수만 달러의 빚이 남아 있었는데, 남은 것은 그뿐이 아니었다. 화려한 소비 습관 역시 여전했다. 그렇기에 할리우드 체류 초창기에 레지던스 호텔 '가든오브알라 Garden of Allah'에 머물며 우울한 기운을 떨쳐냈는데, 이때 죽을 때까지 함께하게 될 인연을 만났다. 그레이엄. 그녀는 영국 출신의 가십 전문 칼럼니스트였고, 타블로이드 신문에 영화계와 연예계 '뒷소식'을 썼다. 1937년에 만나 3년 후인 죽을 때까지 연인으로 지냈고, 그녀의 집에서 죽음을 맞이했다.

피츠제럴드의 재정 상황이 나쁘기는 했지만, 자기 집마저 없었던 것은 아니다. 불과 5분 거리인 노스로렐가에 임대 아파트가 있었다. 그럼에도 연인 집에 기거한 이유는, 자기 집이 2층이었기 때문이다. 그의 건강은 고작 2층을 올라가는 것조차 심장에 무리가 될 만큼 나빠져 있었다. 게다가 피츠제럴드의 집 계단은 가파르지도 않았다. 그저 일반적인 높이의 계단이었다. 건강이 나빠질 대로 나빠진 그는 5분 거리에 자기 집을 두고서, 1층인 연인의 헤이워스가 아파트로 옮겼다.

그리고 1940년 12월 20일 밤, 그는 연인 그레이엄과 레스토랑 '리만스'에서 근사한 저녁을 즐겼다. 이후에는 '판타지극장'에서 〈사랑이라 불리는 이것This Thing Called Love〉이란 로맨틱 코미디를 보았다. 이 장면이 내게는 최후의 만찬과 최후의 웃음처럼 느껴진다. 왜냐하면 피츠제럴드는 집에 돌아오자마자 어지럼증을 호소하기 때문이다. 그리고 다음 날 의자에 앉아 프린스턴대 동문 잡지를 보다가 별안간 일어나, 벽난로 선반을 잡더니 숨을 못 쉬고 쓰러져버렸다. 그레이엄이 급하게 매니저를 불렀지만, 그가 도착했을 때 피츠제럴드는 이미 이 세상 사람이 아니었다.

피츠제럴드가 급사하기 전까지, 그레이엄과 나누던 대화 주제는 공교롭게도 소설이었다. 그는 『마지막 거물』이 성공을 거두면, 유럽으로 건너가겠다고 했다. 당시 유럽은 제2차 세계대전 중이었는데, 그 격전지에서 전쟁 소설을 쓰고 싶어 했다. 피츠제럴드는 연인에게 "어니스트(헤밍웨이)만 전쟁 소설을 쓸 수 있는 있는 것은 아니지"(스콧 도널드슨, 『헤밍웨이 Vs. 피츠제럴드』, 318쪽)라고 말했다. 하지만 결국 그는 아무것도 쓸 수 없게 되었다.

지네브라 킹, 애증의 뮤즈

사진으로는 잘 모르겠지만, 피츠제럴드의 지인들은 셰일러의 외모가 아내 젤다와 닮았다고 했다. 젤다는 피츠제럴드의 첫사랑인 지네브라 킹Ginevra King을 닮았다. 결국, 피츠제럴드는 한평생 첫사랑과 닮은 여인들을 사랑한 셈이다. 이는 피츠제럴드가 첫사랑에게 받은 상처와 좌절감이 컸기 때문이다. 그의 삶을 지배한 한 축은 알코올이었고, 다른 한 축은 바로 상처였다. 물론, 그 상처의 기원은 지네브라 킹이었다.

1915년, 피츠제럴드는 시카고 금융 부호의 딸인 지네브라 킹과

피츠제럴드의 첫사랑, 지네브라 킹

1915년. 피츠제럴드는 시카고 금융 부호의 딸인 지네브라 킹을 세인트폴에서 처음 만나 사귀기 시작한다. 그러나 그녀의 아버지가 "가난뱅이는 부잣집 딸과 결혼할 꿈조차 꾸지 말아야해"라고 반대했고. 결국 피츠제럴드는 지네브라 킹에게 결별을 선고받고 만다. 그리고 얼마 있지 않아 그녀는 아버지 사업 동료의 아들인 다른 남자와 결혼한다. 피츠제럴드에게 평생 씻을 수 없는 상처를 준 킹은,『위대한 개츠비』의 데이지를 비롯하여 그의 작품 속에 등장하는 여러 여성들의 모델이 되었다.

교제했다. 그리고 그녀의 별장에 초대를 받아 평생 잊을 수 없는 말을 들었다. 그녀의 아버지 찰스 킹이 딸에게 고함을 쳤는데, 그 소리는 너무나 커서, 피츠제럴드가 듣건 말건 신경도 쓰지 않는 것처럼 여겨질 정도였다. 만 열여덟 살의 피츠제럴드에게 들린 이 말은 그의 가슴에 평생 남게 된다.

"가난뱅이는 부잣집 딸과 결혼할 꿈조차 꾸지 말아야 해!"

프린스턴대 학생이자, 미국 중부의 중산층 출신이었던 그는 이 세상에는 애초부터 불가능한 게 있다는 걸 깨닫는다. 보통 집안 출신의 명문대생, 그것은 너무나 불충분한 것이었다. 결국 그는 이듬해 지네브라 킹으로부터 가난하다는 이유로 결별을 선고받는다. 지네브라 킹은 피츠제럴드에게 보낸 편지도 모두 되돌려 받길 원했다. 그는 완전히 다른 부류의 사람들에게 잊지 못할 상처를 받았다.

이는 훗날 『위대한 개츠비』를 작업할 때까지 영향을 준다. 소설 속에서 첫사랑인 데이지를 가로채 간 인물은 예일대 풋볼 팀 주장 출신의 톰 뷰캐넌이다. 피츠제럴드는 프린스턴대 출신답게 예일대 출신을 싫어한다. 아울러, 그는 대학 입학 첫날에 풋볼 팀에 가입하려고 찾아가 테스트를 받자마자 쫓겨난다. 게다가, 자신의 노력과 상관없이 가문 대대로 내려오는 부를 물려받아, 한평생 술만 마시며 지내는 유산 계급들에게 콤플렉스를 느끼고 있었다. 말하자면, 그가 싫어하는 모든 요소를 갖춘 캐릭터가 바로 데이지의 남편 톰 뷰캐넌인데, 소설에 묘사된 톰의 외모는 그에게 상처를 준 지네브라 킹의 아버지와 놀랄 만치 똑같다. 12년이나 지난 일을 소설을 통해서라도 복수하고 싶을 만큼 피츠제럴드는 깊은 상처를 받았던 것이다.

하지만 지네브라 킹에 대한 그리움만은 떨쳐낼 수 없었기에, 훗날 젤다를 보고 사람들은 깜짝 놀랐다. 말했다시피 지네브라 킹과 너무나 닮았기 때문이다. 더욱이 젤다는 앨라배마주 대법원 판사의 딸이다. 이 또한 피츠제럴드가 자신이 겪은 상처에서 결코 벗어나지 못했음을 방증한다. 상류층으로부터 한 번 거절당하자, 젊은 피츠제럴드는 계급성이 더 공고한 남부에서, 자본과 사회적 지위를 모두 갖추고, (악에 받친 듯이) 지네브라 킹보다 더 젊은 여자와 약혼한 것이다. 아울러 이 이야기를 길게 끌어오게 한 주인공, 그레이엄 또한 지네브라 킹과 닮았으니 피츠제럴드의 삶은 상처를 극복하기 위해 몸부림치는 여정이었다.

개츠비와 너무 닮은 피츠제럴드의 죽음

피츠제럴드의 죽음과 개츠비의 죽음은 닮아 있다. 둘 다 한평생 원하는 것을 얻고자 투쟁했으나, 결국 실패하고 죽어버렸다. 피츠제럴드의 삶부터 보자.

피츠제럴드는 청혼한 젤다에게 파혼당하고 난 뒤, 삶의 태도를 호전적으로 바꾸었다. 파혼당한 이유가 바로 '미래가 불투명하기' 때문이었다. 그는 이를 지네브라 킹에게 받은 상처와 동일하게 받아들인다. 자신이 가난했기에 거절당했다고 여긴 것이다. 하여, 그는 자신의 경험담을 토대로 쓴 『낙원의 이편』이 성공을 거두자, 젤다에게 다시 청혼해 결혼에 성공한다. 하지만 무슨 영문인지 젤다의 부모는 결혼식에 참석하지 않았다. 이 또한 피츠제럴드에게 상처가 되었다(그는 아마 자신의 존재를 장인, 장모가 마뜩잖게 여겼다고 이해한 것 같다). 이런 경험을 반복적으로 한 젊은 피츠제럴드는 생에서 '성공'만큼 중요한 것은 없다고 여긴다.

그렇기에 그는 계급의 사다리에서 한 칸 더 올라서기 위해, 끊임없이 돈을 벌어야 했고, 닥치는 대로 단편소설을 써야 했다. 상류층 사교계에 발을 디딘 후에는 한평생 부를 과시하는 생활을 했다. 뉴욕의 플라자호텔The Plaza Hotel에서 장기 투숙을 하고, 대저택에 거주하고, 상류층 파티에 고급 옷을 입고 참석해 주인공을 자처했다. 『위대한 개츠비』는 물론, 「분별 있는 일The Sensible Thing」, 「리츠호텔만한 다이아몬드The Diamond as Big as the Ritz」 등 막대한 부와 성공을 소재로 한 거의 모든 작품이 이 과정에서 탄생했다. 이 작품들에는 그의 열망과 상처, 상처를 극복한 방식, 계급에 대한 투쟁이 담겨 있다. 이 작품들은 그의 이야기고, 이 작품 속 주인공들은 그 자신이다. 그중 개츠비는 피츠제럴드와 너무 닮았다. 한평생 원하는 것을 얻고자 불나방처럼 날아들었지만, 결국 마지막 날갯짓은 불꽃 속에서 해야 했다.

개츠비의 입장에서 보자면, 평생 원했던 것은 데이지의 사랑이다. 그 역시 가난하다는 이유로 데이지에게 실연을 당했고, 갈망했던 성공을 이루고서야 데이지 앞에 다시 나타난다. 그가 사랑을 되찾을 방법은 하나뿐이었다. 자신을 사랑으로부터 멀어지게 했던 금전적 부족을 상쇄하고도 남을 부를 과시하는 것. 그는 끊임없이 파

결혼하던 해의 피츠제럴드와 젤다(1920)

1918년, 피츠제럴드는 육군으로 근무하던 중 한 댄스파티에서 앨라배마주 대법원 판사의 딸인 젤다를 만난다. 그는 이듬해 젤다와 약혼하지만, 미래가 불투명하다는 이유로 파혼을 당하고 만다. 앞서 가난하다는 이유로 지네브라 킹에게서 실연을 당한 바 있는 피츠제럴드는, 다시한 번 동일한 상처에 절망한다. 이제 그는 인생에서 성공만큼 중요한 것은 없다고 여기게 된다. 이런 갈망은 그의 작품 속 인물들을 통해서도 여실히 드러난다.

티를 열었고, 이는 피츠제럴드가 사교계 주인공을 자처하며 화려한 생활을 했던 것과 닮았다. 작가가 화려한 생활 이후에 빚쟁이가 되어 쓸쓸히 떠나갔듯, 자신이 창조한 주인공 역시 화려한 파티와 저택에 대비될 만큼 쓸쓸히 죽어갔다. 가장 처량한 것은 개츠비가 죽고 난 후의 상황이다.

개츠비의 동업자 울프심은 사업상 중요한 일이 있다며 장례식에 참석하지 않았고, 클립스프링어라는 작자는 소풍 때문에 장례식에 갈 수 없다 했다. 심지어 그가 화자 닉 캐러웨이에게 전화를 건 용무는, 개츠비의 죽음과 하등 상관없는 자신의 테니스 신발을 부쳐줄 수 있는지 묻기 위해서였다. 이 한심한 작자는 그 신발이 없으면 자신은 속수무책이라며 탄식한다. 시카고의 슬레이글이라는 인물은 채권 문제 때문에 전화를 해서 힘을 써달라고 하다가, 닉이 개츠비가 죽었다고 하자 뭔가 빠르게 불평하고선 전화를 끊어버린다. 그리고 장례식 당일, 개츠비의 아버지와 함께 닉은 조문객을 기다리지만, 아무도 오지 않는다.

피츠제럴드가 넘을 수 없는 벽으로 상징한 '물', 즉 비만 죽은 개츠비를 맞이하기 위해 내린다. 그 대목을 피츠제럴드는 닉의 입을 빌려, 이렇게 묘사했다.

3시가 조금 못 되어 플러싱에서 루터교 목사가 도착했고, 나는 무심결에 다른 차들이 왔나 하고 창밖을 내다보았다. 개츠비의 아버지 역시 창밖을 내다보았다. 시간이 흘러 하인들이 들어와 홀 안에 기다리고 서 있자 노인의 눈은 불안하게 깜박거리기 시작했고 걱정스럽고 자신 없는 목소리로 비를 탓했다. 목사는 몇 번이고 시계를 들여다보았고, 그래서 나는 그를 옆으로 데리고 가 30분만 더 기다려 달라고 부탁했다. 그러나 부질없는 짓이었다. 아무도 오지 않았다.

— 『위대한 개츠비』(김욱동 옮김), 244쪽

『위대한 개츠비』는 의심의 여지 없는 자전적 소설이다. 그런데 이 소설은 너무나 자전적이다 못해, 피츠제럴드에게 아직 일어나지 않은 일까지 예언하는 결과를 초래했다. 피츠제럴드의 장례식 역시 그가 쓴 소설처럼, 초라하기 그지없었다. 화려했던 개츠비의 삶이 비를 맞으며 쓸쓸히 끝난 것처럼, 피츠제럴드 역시 재즈 시대의 상징이었다는 말이 무색할 만큼 볼품없는 장례식을 치렀다.

"1940년 12월 21일 토요일에 사망한 뒤, 피츠제럴드의 시신은 로스앤젤레스의 낙후된 지역에 위치한 피어스브라더스장례식장으로 보내졌다. (⋯) 그의 시신은 어느 방향에서든 볼 수 있도록"(모린 코리건, 『그래서 우리는 계속 읽는다』, 232쪽) 배치되었는데, 조문객의 회상에 따르면 그 모습은 마치 "백화점 매장 감시원과 밀랍 인형의 이종 교배처럼 보였다고 한다. 그와 함께한 것은 그저 꽃다발 하나와 빈 의자 몇 개, 관 하나가 고작이었다."(제프리 마이어스, 『스콧 피츠제럴드의 전기』, 344쪽)*

초라한 것보다 더 슬픈 사실이 있다. 그의 죽음은 환영받았다. 장례식을 주도한 개신교 목사는 이런 말을 했다.

---

* 모린 코리건, 『그래서 우리는 계속 읽는다』, 232~233쪽에서 재인용.

이 장례식을 치르는 데 동의한 유일한 이유는, 이 육신을 땅에 묻어
야 하기 때문입니다. 그는 좋지 않은 사람이었고 주정뱅이였으며,
세상은 그가 없어서 더 좋은 곳이 되었습니다.

— 엘리너 라나한, 『스코티: 딸 프랜시스 스콧 피츠제럴드 라나한 스미스의 삶』, 132쪽

 잠깐, 작품 속 개츠비의 장례식장으로 가보자. 닉은 개츠비의 죽
음에 대해 생각하고 있고, 개츠비의 식객이자 유일한 친구였던 '올
빼미 눈' 남자가 장례식에 나타난다.

그 순간 잠시 개츠비에 관해 생각해보려 했지만, 그는 이제 너무 먼
곳에 있었다. 데이지가 조전이나 조화 하나 보내지 않았다는 사실
을 원망하는 마음 없이 떠올릴 뿐이었다. 누군가가 "비가 내리니
죽은 자에게 복이 있도다"*라고 속삭이는 소리가 들렸다. 그러자
올빼미 눈이 기운찬 목소리로 "아멘"이라고 말했다.
우리는 재빨리 흩어졌고, 비를 뚫고 차 있는 곳으로 내려갔다. 올빼
미 눈이 정문에서 내게 말을 건넸다.
"집에는 가보질 못했어요." 그가 말했다.
"아무도 안 왔어요."
"그럴 수가! 이런, 괘씸한! 수백 명의 인간들이 그 집에 뻔질나게
드나들었건만." 그가 깜짝 놀랐다.

* 장례식 때 비가 내리면 망자가 평안하게 영면을 취한다는 미신이 있으나, 사실 피츠제럴드는
이를 개츠비의 죽음이 결국은 수면 아래로 가라앉았다는 메타포로 쓴 것이다. 자세한 설명은
이 책의 69~73쪽의 '젖은 개츠비에 관한 메타포' 참조.

말년의 피츠제럴드(1937)

재즈 시대라 불리는 화려한 1920년대가 저물면서 피츠제럴드의 삶도 가파르게 추락해갔다. 호화로운 생활로 인해 빚더미에 올라앉았고, 젤다의 조현병 증세와 함께 그 자신의 건강도 악화되었으며, 독자들에게서도 잊힌 작가가 되었다. 그의 장례식은 '재즈 시대의 왕자'라는 별명이 무색할 만큼 초라했다.

그가 안경을 벗어 다시 안팎을 닦았다.

"불쌍한 자식." 그가 말했다.

—『위대한 개츠비』(임종기 옮김)

국내 번역본에는 마지막 대사가 "불쌍한 자식" 혹은 "불쌍한 놈"으로 나오지만, 사실 이 대사는 "The poor son-of-a-bitch", 즉 '불쌍한 개자식'이다. 또한 이 올빼미 눈 남자는 '올빼미 눈 모양의 안경'을 끼고 개츠비의 서재에 거의 살다시피 한 식객 같은 존재로, 피츠제럴드의 절친한 친구인 작가 링 라드너Ring Lardner가 모델이다. 그의 별명이 바로 '올빼미 눈'이었다. 하지만 링 라드너가 피츠제럴드의 장례식에 왔는지 안 왔는지는 알려지지 않았다. 대신 파리 체류 시절의 동료 작가, 거트루드 스타인Gertrude Stein이 올빼미 눈처럼 갑자기 나타나, 그의 대사를 그대로 읊었다고 한다.

"The poor son-of-a-bitch(불쌍한 개자식)."

그런데 어떤 이는 스타인이 이 말을 직접 한 것이 아니라, 누가 하는 말을 들었다고 한다. 또 어떤 책에서는 시인 도로시 파커Dorothy Parker가 이 말을 했다고 한다. 기억과 기록이 정확하지 않은 탓이다. 확실한 것은 스타인이 했건, 라드너가 했건, 파커가 했건, 아니면 이름 모를 독자가 했건, 적어도 이 말을 한 사람은『위대한 개츠비』의 장례식 장면을 기억한 것이다. 이 말을 한 사람은『위대한 개츠비』의 대사를 기억했고, 작가의 죽음을 주인공의 죽음과 동일시했다. 작가는 죽었지만, 작품은 살아남은 셈이다. 비록 악담을 들었지만 작품은 살아남았으니, 이것을 기쁘다고 해야 하나 슬프다고 해야 하나.

『위대한 개츠비』의 초라한 성적

『위대한 개츠비』는 21세기 미국 대학 영문학 강의에서 가장 많이 읽히는 작품이다. 아직도 미국에서 매해 30만 권 이상 팔리고 있고, 출판사 랜덤하우스가 꼽은 '영어로 쓴 위대한 20세기 소설' 중 2위를 차지했다. 1위는 아일랜드 작가 제임스 조이스의 『율리시스 Ulysses』이니, 미국 작품으로는 1위인 셈이다. 무수한 후대 작가들에게 영향을 끼쳤고, 그중 J. D. 샐린저Jerome David Salinger와 무라카미 하루키村上春樹는 『위대한 개츠비』를 향한 존경을 소설을 통해 직접적으로 표현하기까지 했다.

이런 찬사만 소개한다면, 『위대한 개츠비』는 줄곧 레드카펫 위만 걸어온 것 같다. 출간 직후 인기를 끌기 시작해, 그 명성이 오늘날까지 이어진 것 같다. 실제로 몇몇 번역본은 출간 당시부터 인기를 끌었다고 소개하고 있다. 하지만 『위대한 개츠비』는 피츠제럴드에게 세속적 성공을 가져다주지 못했다. T. S. 엘리엇Thomas Stearns Eliot을 비롯한 몇몇 작가와 평단이 주목하기는 했지만, 시장에서는 명백히 실패했다.

출간 당시 《뉴욕월드New York World》지는 "피츠제럴드의 최근작은 실패작"이란 노골적인 제목의 서평을 싣기도 했다. 야심찬 소설 제목과 달리, 피츠제럴가 평생 찍어낸 『위대한 개츠비』의 판본은 2쇄가 전부다. 그리고 그 2쇄본은 그가 죽을 때까지 스크리브너출판사의 물류 창고에 남아 있었다. 2쇄로 찍은 부수는 3,000부였다. 1쇄는 2만 870부를 찍었는데, 당시 피츠제럴드의 명성을 생각해보면

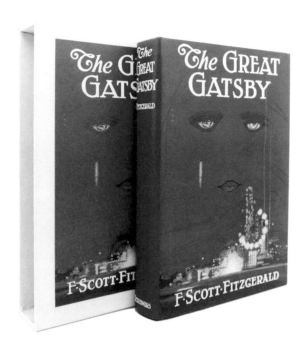

『**위대한 개츠비**』 초판 표지(1925)

현재는 전 세계적으로 널리 읽히는 작품이지만, 작가 생전에는 2쇄밖에 찍지 못했을 만큼 상
업적으로 실패했다. 이 작품이 독자들에게 널리 알려지기 시작한 것은, 제2차 세계대전 중 군
부대 비치 도서에 선정되면서부터다.

이 역시 초라하기 그지없는 성적이다.

『위대한 개츠비』는 1925년 4월에 출판되었는데, 피츠제럴드가 편집자 맥스와 주고받은 편지를 보면, 출간한 지 두 달도 안 된 6월부터 판매 실적이 떨어지기 시작한다.

그 무렵 피츠제럴드는 해외에서도 별로 알려지지 않았다. 생전의 헤밍웨이나 윌리엄 포크너William Faulkner에 비하면 그 명성이 초라할 정도였는데, 이유는 그의 소설이 '너무나 미국적'이기 때문이었다. 그럼에도 영국의 윌리엄콜린스선스출판사는『낙원의 이편』과『아름답고 저주받은 사람들The Beautiful and Damned』을 출판해주었는데,『위대한 개츠비』만은 출판을 거절했다. '영국인들이 이 책을 전혀 이해하지 못한다'는 것이 이유였다. 1년 후인 1926년에 샤토앤드윈더스사가 출판했는데, '전혀 반응이 없었다'.(모린 코리건,『그래서 우리는 계속 읽는다』, 170쪽)

태어나서 처음으로 말한 단어가 'up'일 만큼, 상승 욕구가 강했던 피츠제럴드는『위대한 개츠비』에도 'up'을 202번 등장시켰지만, 결국 이 소설은 그를 '위로' 올려주지 못했다.

책의 생명이 상대적으로 길었던 1920년대의 상황치고는,『위대한 개츠비』는 시장에서 빠르게 퇴장했다. 결국, 서점에서 책을 찾아볼 수 없는 상황에까지 이르렀다.

그즈음, 편집자 맥스에게 간청하는 투의 편지를 보내는데, 이 편지는 피츠제럴드 애독자의 마음을 아프게 할 정도다.

책이 절판되지 않고 계속 나왔으면 좋겠어. 스코티가 친구들한테 아빠가 작가라고 말해놨는데 책을 구할 수 없다면 한동안 이상하지 않을까. (…) 25센트짜리 책으로 인쇄되어서라도 '개츠비'가 계속 사람들의 시야에 있길 바라. '그래도 안 되면 이 책은 인기가 없는 거지'. 그런데 잘될 가능성이 '있긴' 할까? 그 시리즈에 넣어 보급판으로 다시 찍어내고, 서문은 내가 '아니라' 이 책을 좋아하는 다른 사람(내가 추천할 수 있을 것 같아)이 쓰고, 그래서 학생들, 교수들, 책 읽기 좋아하는 사람들이 좋아해주었으면 좋겠어. 하지만 그래도 죽으면, 완전히 가는 거지. 부당한 일이야. 그렇게나 정성을 쏟았는데. 지금도 이미 내 인지가 붙은 책은 미국 소설 시장에서 찾아보기 힘들어. 단지 '작은' 규모로만, 나는 작가야.

— 모린 코리건, 『그래서 우리는 계속 읽는다』, 268~269쪽

인세 역시 형편없었다. 1940년 8월, 즉 피츠제럴드가 살아 있을 당시 마지막으로 받은 인세는 13.13달러였는데, 이는 40권에 해당하는 인세였다. 이 역시 대부분 그가 직접 구입한 것이었다. 젊은 비서 프랜시스 크롤링은 스크리브너출판사에서 보낸 마지막 인세 명세서가 도착했던 때를 기억한다.

얼마 안 되는 판매량을 보니 구매자는 작가 자신뿐이었다. 그는 이 사실을 내게 말했다. 씁쓸하게 웃으면서.

— 모린 코리건, 『그래서 우리는 계속 읽는다』, 206쪽

앞서 말한 대로 이때가, 그가 자신의 책을 사기 위해 서점에 나타

『위대한 개츠비』를 극찬한 T. S. 엘리엇

『위대한 개츠비』는 출간 당시 언론의 혹평과 시장의 외면을 받았지만, 시인이자 평론가인 T. S. 엘리엇은 "헨리 제임스 이후 미국 문학이 내디딘 첫걸음"이라며 주목했다.

나면, 서점 주인들이 놀라던 때였다. 모두 피츠제럴드가 이미 죽은 줄 알았으니까. 그만큼 그는 세상에서 잊혀 있었다. 자신도 이 사실을 알고 있었다. 그는 자신이 죽은 해 봄, 젤다에게 편지를 써서 "이제 나는 완전히 잊혔소"라고 고백했다.

그리고 어이없게도, 피츠제럴드는 화가처럼 사망한 후에 빛을 보기 시작한다. 그것도 그가 죽고 나서 10년이나 지난 후에 말이다. 이 이야기는 책 말미에서 다루겠다.

어찌 됐든, 시장성의 측면에서만 보면 피츠제럴드는 『낙원의 이편』 이후 줄곧 추락했다. 경제적 어려움까지 덮쳐, 결국은 꺼렸던 할리우드에까지 와서 시나리오 작가로 일하게 되었다. 그러나 그는 세상의 무관심에 패배한 채 물러나지 않았다. 장편소설 『마지막 거물』을 집필하며 재기를 노렸다. 바로 '무쏘앤드프랭크그릴'에서 말이다.

다시 거물이 되기를 꿈꾸며, 무쏘앤드프랭크그릴

《워싱턴포스트The Washington Post》지에 따르면 피츠제럴드는 동료 작가인 너대니얼 웨스트Nathanael West를 종종 만나 마티니를 마시며, 직업적 고충을 털어놓았다. 장소는 매번 같았다. 1919년에 개업해, 현재 할리우드에서 가장 오래된 식당이 '무쏘앤드프랭크그릴Musso & Frank Grill'. 이곳은 애초에 이름이 뜻하는 것처럼 스테이크 전문 식당이었지만, 수많은 영화인들이 아지트로 활용하며 바처럼 되어버렸

할리우드 예술가들의 아지트, 무쏘앤드프랭크그릴

1919년에 문을 연 이곳은 할리우드에서 가장 오래된 식당으로, 여러 영화와 드라마에서 배경 공간으로 등장했을 뿐만 아니라 영화인들과 작가들에게 아지트 같은 역할을 했다. 찰리 채플린, 메릴린 먼로, 오슨 웰스, 레이먼드 챈들러, 찰스 부코스키, 커트 보니것 등이 단골로 드나들었다. 피츠제럴드 역시 이곳에서 오랜 시간을 보내며 미완성작 『마지막 거물』을 거듭 고쳤다.

다. 특히, 시나리오 작가들이 일감을 찾기 위해 자주 들렀다.

여기에는 피츠제럴드와 웨스트 같은 작가 겸 각색가뿐 아니라, 시인과 다른 소설가들도 죽치고 있었다. T. S. 엘리엇, 존 스타인벡John Ernst Steinbeck, 포크너, 파커부터 레이먼드 챈들러Raymond Chandler, 커트 보니것Kurt Vonnegut Jr., 찰스 부코스키Charles Bukowski까지……. 이들이 얼마나 오랫동안 앉아 있었는지, 식당 홈페이지는 이 작가들이 바를 자신들의 '집'으로 여겼다고 밝힌다. 피츠제럴드는 그나마 덜했는지, 홈페이지는 그가 이곳을 '제2의 집'으로 여겼다고 소개한다. 하지만 조사한 바에 의하면, 피츠제럴드 역시 이곳에서 오랜 시간을 보내며 퇴고를 했다. 도대체 다른 작가들은 어느 정도였기에 홈페이지는 이들이 여기를 '집'으로 여겼다고 했을까. 어떤 정보에 의하면, 몇몇 작가들은 식당 내실에서 잠도 잤다고도 한다.

무쏘앤드프랭크그릴은 할리우드 한복판에 있다. 식당 앞 길가에는 야자수가 늘어서 있고, 바닥에는 할리우드 스타들의 손바닥이 찍혀 있다. 2019년이면 개업 100주년을 맞이하는 이 식당 실내에는 고즈넉한 분위기가 세월만큼 축적되어 있었다. 막 문을 연 덕에 아침 햇살이 빨간 가죽 소파를 빛내고 있었고, 바닥에는 막 끝난 청소의 물기가 마르고 있었다. 물기가 코 높이에서 기화 중인지, 공기마저 시원하게 느껴졌다. 하얀 식탁보가 깔린 테이블은 가지런히 정렬되어 있었고, 테이블마다 삼각형으로 접힌 리넨 냅킨이 세워져 있었다.

이렇게 정돈된 곳에서 식사를 하면 기분이 좋다. 피츠제럴드가 그랬던 것처럼, 나 역시 빨간 가죽 의자 자리에 앉았다. 말년의 피츠제럴드는 이 빨간 가죽 의자에 앉아 『마지막 거물』을 퇴고했다. 할리우드를 배경으로 한 거물 프로듀서 먼로 스타와 사랑에 빠진 신비로운 여인의 이야기 말이다.* 하지만 그는 이 소설의 6장 첫 번째 에피소드를 쓴 다음 날 심장 마비로 사망했다. 공교롭게 미완성인 이 작품을 두고 프린스턴대 동창이자 문학평론가인 에드먼드 윌슨Edmund Wilson은 "가장 성숙한 작품"이라 했다(그는 피츠제럴드가 죽자, 미완성작인 『마지막 거물』을 직접 편집해 출판해주었다).

이 점은 어느 정도 공감할 수 있다. 작가는 쓸수록, 쓰는 일 자체가 어려워지기 때문이다. 어떤 소재로 어떻게 써야 할지 감이 잡히지 않는다. 대개 장인들이 몸담은 분야는 경력이 쌓이면 어둠의 안개가 걷혀 갈 길이 보이지만, 소설가의 경우는 쓰면 쓸수록 그 어둠이 짙어져만 간다. 안개는 내 앞의 시야뿐 아니라, 나 자신도 축축하게 만든다. 그렇기에 글을 쓸수록 어둠 속에서 벽을 짚으며 앞길을 찾는 심정이 된다.

아이로니컬한 것은 작가의 고통이 커질수록, 결과물은 더 빛난다는 것이다. 작가가 쓰지 못해 방황하는 것은 좋은 작품을 쓰겠다는 욕망이 커졌기 때문이다. 실패를 경험한 작가일수록 더욱 그렇다. 이럴 때 쓰고자 하는 작품의 기준은 높아져, 쓰는 행위는 고통스러워지지만, 피같이 토해낸 작품은 미완성일지라도 '가장 성숙한 작품'으로 받아들여질 수 있다. 『마지막 거물』처럼 말이다. 피츠

---

* 이 소설은 아마존닷컴의 동영상 스트리밍 서비스인 프라임비디오에서 〈라스트 타이쿤〉이라는 제목의 8부작 드라마로 제작되어 2017년에 공개되기도 했다.

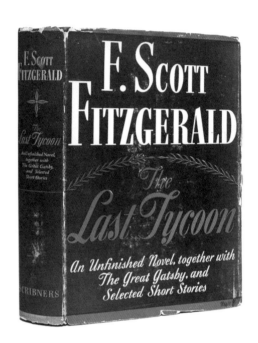

피츠제럴드의 미완성 유작, 『마지막 거물』 초판 표지(1941)

피츠제럴드는 할리우드 거물 프로듀서와 한 여인의 사랑 이야기를 통해 재기를 꿈꿨지만, 실
패하고 만다. 저명한 문학평론가이자 그의 친구이기도 한 에드먼드 윌슨이 피츠제럴드 사후
에 직접 편집해 이 책을 출간했다. 윌슨은 이 작품을 두고 피츠제럴드의 가장 성숙한 작품이
라고 평했다.

제럴드는 자신에게는 어려웠지만 타인에게는 가장 성숙한 작품이될 원고 뭉치를 들고, 이 북적대는 식당에서 소음을 배경 삼아, 삭제할 단어 위에 줄을 긋고, 아름답지 못한 묘사를 우아하게 바꾸었을 것이다.

지나간 인생은 고칠 수 없기에, 작가가 고칠 수 있는 것은 작품밖에 없다. 그로 인해, 남은 인생을 바꾸려는 것이다. 게다가 피츠제럴드는 자신을 시인으로 여기지 않았던가. 시로 점철된 소설을, 각 음절이 음악적이고, 각 문장이 시어처럼 울림을 주는 소설을 위해, 그는 이 빨간 의자에 앉아 『마지막 거물』을 고쳤을 것이다. 다시 한 번 거물이 되기를 바라며……. 이런 생각을 하는 사이 식사는 끝나버렸다. 어쩌면 그가 앉았을지 모를 의자에서 일어나고 싶진 않았지만, 테이블 위에는 이미 계산서가 놓여 있었다.

하는 수 없이 나오며 생각해보니, 피츠제럴드가 이곳에서 즐겼다는 마티니를 마시지 않았다. 나름대로 괜찮았다. 다시 올 핑계가 생겼으니.

허름한 간이식당에 앉아, 그린블랫와인숍

말년의 피츠제럴드는 고충을 겪고 있었다. 책은 팔리지 않는 데다, 사는 이는 자신뿐이었고, 작업한 영화 크레디트에는 이름조차 올리지 못했다. 건강은 바닥을 쳤고, 지갑에는 푼돈도 없었다. 주머니 사정이 나빠진 그는 카페나 식당에서 사람을 만나지 않았다. 집

근처의 약국*에서 만났다. 게다가 알코올 중독 치료를 받고 있었기에, 술을 끊어야 했다. 그렇기에 술 생각이 나면 약국에 들러 아이스크림으로 허전함을 달랬다. 그곳은 '슈밥스Schwabs'라는 독일어 이름의 약국이었는데, 최초로 심장 마비를 일으킨 곳 역시 이곳이었다. 피츠제럴드는 이 약국에서 심근 경색을 일으킨 며칠 뒤 세상을 떠났다.

그런데 주소를 조사해 찾아가니, 그곳에는 약국이 없었다. 부근을 몇 번이나 더 돌았지만, 형체도 찾을 수 없었다. 할리우드로 오기 전에 피츠제럴드가 다니던 곳이 거의 다 사라졌다는 것은 알았지만, 슈밥스약국이 사라졌다는 사실은 몰랐다. 사전 조사를 좀 더 철저히 하지 못한 탓이지만, 적잖게 당황했다. 슈밥스약국은 단순한 건물이 아니라, 할리우드 전성기 시절의 랜드마크였기 때문이다.

허탈한 마음에 허기가 몰려오자, 약국이 있던 자리 맞은편의 허름한 식당이 눈에 들어왔다. 그린블랫Greenblatt 씨네가 운영하는 식료품·주류 가게 'Greenblatt's Deli & Fine Wine Shop'였는데, 유리문에 "Since 1926"이라 쓰여 있었다. 어쩌면 피츠제럴드가 식사 정도는 하지 않았을까 하는 기대감에 문을 열었다. 와인 가게이니 알코올 중독자인 그가 눈여겨보지 않았을까 하는 기대도 있었다. 식료품 판매대가 있는 1층을 지나, 간이식당이 있는 2층으로 올라갔다.

웨이터의 추천대로 메뉴를 정한 뒤 푸념하듯, "실은 피츠제럴드

---

* 미국의 약국에서는 의약품 이외에도 생활용품, 음료, 책 등을 판매했다. 드러그스토어drug store라고도 한다.

의 인생을 체험해보기 위해 여기에 왔다"라고 하니, 그가 환대하며 "네. 그 작가가 여기 단골이었습니다!"라고 했다. 웨이터는 능숙하게 메뉴판 맨 뒷면을 펼쳤다. 식당의 역사가 간략히 소개되어 있었는데, 단골로 메릴린 먼로Marilyn Monroe, 조 디마지오Joe DiMaggio, 오슨 웰스Orson Wells, 말런 브랜도Marlon Brando와 함께 '프랜시스 스콧 피츠제럴드'가 거명돼 있었다. 수십 명의 유명인 이름이 메뉴판에 새겨져 있었는데, 피츠제럴드의 이름이 다섯 번째로 소개돼 있었다. 그제야 스테인드글라스 창으로 들어오는 햇빛이 느껴졌다. 붉고 푸른 빛이 한낮의 식당에 퍼져 몽환적인 느낌이 들었다. 마치 어서 내게 과거를 상상해보라며 주문을 거는 것 같았다.

상상 속의 풍경에서 조 디마지오는 샌드위치를 먹고 있고, 맞은편 테이블에는 빌리 홀리데이Billie Holiday가 앉아 있다. 어디선가 피어오르는 연기는 와인을 한잔 걸친 오슨 웰스가 뿜어내는 담배 연기다. 이런 정경 속에서 피츠제럴드는 『마지막 거물』을 퇴고하고 있다. 빚구덩이에 빠져 있기에, 샌드위치로 끼니를 때우며 재기를 노린다. 술을 끊고자 부단히 노력하던 때였기에, 벽면 가득 진열된 와인을 보며 침을 꿀꺽 삼킨다. 그러다 도저히 참을 수 없으면, 맞은편 슈밥스약국에 가 아이스크림을 사 먹으며 욕구를 달랜다. 지금은 술을 마실 때가 아니라고. 가방에 원고 뭉치를 넣고, 무쏘앤드프랭크그릴과 이 간이식당이 있는 거리를 오간다. 이 원고로 재기하면 다음에는 전쟁 소설을 쓰리라, 다짐하며. 생각이 여기까지 미치자, 피츠제럴드의 일상으로 초대받은 것 같았다.

만약 피츠제럴드를 만날 수 있는 기회가 찾아온다면, 바로 이때를 택하고 싶다. 파리 사교계의 중심인물로 반짝이던 때가 아니라, 이 허름한 간이식당에서 육체는 시들어가지만 문학적 재능은 시들지 않았음을 확인하기 위해 원고와 씨름하던 시절 말이다. 아무리 화려한 생활을 했다 하더라도, 결국 작가에게 가장 어울리는 시기는 작품을 위해 생활의 군살을 깎아내는 시기이니까 말이다.

미국적인 작가 미국적인 공간, 할리우드볼

피츠제럴드의 이름은 미국의 뿌리와 연결되어 있다. 정식 이름 '프랜시스 스콧 키 피츠제럴드'는 '프랜시스 스콧 키'라는 이름에서 따온 것이다. 프랜시스 스콧 키Francis Scott Key는 변호사이자 시인인데, 그가 쓴 시 중 한 편은 사람들에 의해 노래로 많이 불려졌다. 그 시에는 '성조기The Star-Spangled Banner'라는 시구가 등장한다. 이 시구에서 눈치챘겠지만, 훗날 그의 시는 미국 국가國歌의 가사가 된다. 이 프랜시스 스콧 키가 피츠제럴드와 9촌 관계다.* 이렇게 본다면, 피츠제럴드는 그 이름부터 미국의 뿌리와 이어진 작가다. 출생 또한 그러한데, 아버지는 언급한 대로 미국 국가를 작사한 프랜시스 스콧 키의 친척이었고, 어머니는 아일랜드 이민자의 딸이었다. 이 또한 이민자로 구성된 미국의 정체성과 맞아떨어진다. 그는 여러모로

---

* 영문학자 스콧 도널드슨에 따르면, 피츠제럴드는 1935년 어딘가에 스콧 키가 자신의 증조할아버지라고 썼지만, 이는 과장이 덧붙은 것으로 보인다고 지적했다. 스콧 도널드슨, 『헤밍웨이 Vs. 피츠제럴드』, 15쪽.

피츠제럴드와 셰일러가 데이트를 즐긴 곳, 할리우드볼

약 1만 8,000명의 관객을 수용할 수 있는 세계 최대 야외 음악당으로, 1922년에 개관했다. 상
류층 문화를 갈망한 피츠제럴드는 그레이엄과 종종 이곳에서 데이트를 즐겼다. 비록 돈을 위
하여 시나리오 작업을 하고 있지만 자신의 본래 정체성은 명문 프린스턴대 출신의 고상한 취
향을 가진 예술가라는 사실을 이곳에서 흘러나오는 선율을 들으며 되새겼을 것이다.

미국적인 미국 작가다.

할리우드 외곽에는 클래식 홀인 '할리우드볼Hollywood Bowl'이 있다. 피츠제럴드가 종종 셰일러 그레이엄과 데이트를 즐긴 곳이었다. 가보니, 피츠제럴드가 미국 작가이듯 할리우드볼 역시 미국적인 클래식 홀이었다. 베를린필하모니를 비롯한 유럽의 클래식 홀과 달리, 입구에서부터 야자수가 늘어서 있고 그 규모가 미국 대륙처럼 광대했다. 유럽의 작고 섬세한 클래식 홀과는 완전히 다른 분위기였다.

피츠제럴드는 서민보다 더 풍부한 문화 자본을 가지고 있었고, 동시에 자신보다 문화 자본이 더 많은 상류층을 갈망했다. 할리우드볼에 와보니, 그런 그에게 이곳은 매력적이었을 것 같았다. 선술집과 간이식당, 약국 따위를 오가며 그저 그런 시나리오 작업을 하던 그가, 자신의 정체성은 프린스턴대 출신의 고상한 취향을 지닌 예술가라는 사실을 이곳에서 흘러나오는 바이올린 선율을 들으며 되새겼을 것이라는 생각이 들었다.

데뷔작이자 자전 소설인 『낙원의 이편』을 보면 주인공 에이머리가 얼마나 귀족적인 환경에서 자랐고, 교육을 받았는지 알 수 있다. 피츠제럴드가 자란 환경이 그렇다고 말할 순 없지만, 그런 환경을 동경했다는 걸 그의 독자라면 어렵지 않게 유추할 수 있다.

어느 날 에이머리는 한 방 가득 모인 여자들이 이머니의 위엄에 눌려 황홀하게 바라보는 가운데 어머니가 이렇게 말하는 것을 들었다. "여기 내 아들은 완전히 교양을 갖춘 데다가 사람을 끄는 매력도 대단해요."

—『낙원의 이편』, 42쪽.

자전 소설인 마당에, 주인공 에이머리가 피츠제럴드 자신이었음은 두말할 나위 없다. 에이머리는 끊임없이 스스로의 고귀함을 증명하기 위해 타인들과 자신의 경계를 가르는데, 피에르 부르디외Pierre Bourdieu가 태어나기 10년 전에 이미 '구분 짓기'와 유사한 개념이 『낙원의 이편』에 담겨 있었다. 그는 데뷔작에서부터 계급에 천착해 썼다. 그렇기에 그에게 할리우드볼은, 뜨내기와 엑스트라들이 한밑천 잡기 위해 모여드는 할리우드에서 자신을 '구분 짓는 중요한 공간'이었을 것이다. 문화적으로는 진보적이고, 지리적·인종적으로는 남미 같은 캘리포니아에서였으니, 더욱 그랬을 것이다.

피츠제럴드는 어쩔 수 없이 미국적인 작가였고, 문화적으로는 동부의 보수적인 정서를 간직한 작가였으니 말이다.

추락한 자가 선택한 거주지, 말리부

시나리오 작가가 된 피츠제럴드가 택한 첫 거주지는 엄밀히 말해, LA가 아니었다. 도심에서 약 40분 떨어진 해변가 말리부였다. 그는 요양하기에 적당한 이 휴양지에서 건강이 악화되는 아이러니를 겪었다. 바다의 습한 공기가 폐에 나빴던 것이다. 사실, 피츠제럴드는 프린스턴대 시절부터 폐가 좋지 않았다. 폐에 물이 차는 것 같

다며 고통을 호소하기도 했다. 결국 그는 LA 도심 엔시노로 이사를 갔다가, 나중에는 완전히 할리우드 중심가로 들어가 산다. 그 이후의 과정은 앞서 서술한 것과 같다.

말리부에 가보고 싶었던 이유는, 경제적으로 추락한 그가 택한 거주지가 어땠을지 궁금했기 때문이다. 가보고서야 나는 '피츠제럴드는 역시나 피츠제럴드구나' 하고 여겼는데, 그가 산 곳은 소수의 부호들만을 위한 사유지였기 때문이다. 물론, 모든 주택은 사유지에 지어졌다. 하지만 피츠제럴드의 집이 있는 단지 '말리부콜로니로드Malibu Colony Road'는 차로 들어갈 수 없었고, 도로에도 진입할 수 없었다. 단지 입구에 '말리부콜로니'라는 글씨가 양각된 울타리가 높이 세워져 있었다. 그 벽 한가운데에는 검문소가 있었고, 흑인 경비원들이 이를 지키고 있었다. 사전 조사를 할 때에는 어디에서도 이곳이 사유지 도로라 진입조차 할 수 없다는 정보를 접할 수 없었다. 베벌리힐스도 가보고, 세계 여러 곳의 부촌을 보았지만, 이렇게 바다까지 포함해 해변과 주택이 있는 동네 전체를 벽으로 막아놓은 곳은 처음이었다.

이날 밤 숙소로 돌아오고서도 어리둥절한 기분이 떨어지지 않았다. 뒤늦게 조사를 좀 더 하다가, 배우 레오나르도 디카프리오가 말

피츠제럴드의 첫 거주지, 말리부

1937년, 할리우드로 넘어와 시나리오 작가가 된 피츠제럴드가 처음으로 살았던 곳이다. LA에서 약 40분 거리에 있는 이 해변가 휴양지는 소수 부호들만을 위한 사유지로, 외부인은 진입할 수가 없다. 빚의 늪에서 헤어나올 가능성이 보이지 않는 상황에서도 피츠제럴드는 화려했던 시절의 라이프 스타일을 쉬 내려놓지 못했다.

리부에 소유 중인 저택을 처분하려 한다는 기사를 보았다. 이유는 유지비가 너무 많이 들기 때문이었다. 어쨌든 기사에는 말리부콜로니로드의 항공 사진이 있었는데, 그 차단된 구역 내에 여러 채의 집이 있고 집들 사이에는 대로가 있었다. 해변가에 집들이 줄지어 세워져 있음은 두말할 나위 없었다. 어떤 집 안에는 테니스장도 있었다. '일반인'은 들어갈 수 없다는 말이 온전히 실감 났다.

취재할 당시에는 기껏 찾아갔는데 발길을 돌려야 했기에 허탈감이 밀려왔다. 상류층 외에는 들어갈 수 없다는 사유지 앞에서 초라한 기분이 드는 것 역시 마찬가지였다. 그 마음을 달래려고 조금 걸었다. 단지 옆의 주 정부 소유 해변에서 산책을 했는데, 해변가를 걷다 보니 모래사장 한쪽 끝에 철조망이 쳐져 있었다. 그 철조망 안에 커다란 고급 주택이 한 채 있었고, 그 집을 기점으로 저택들이 이어져 있었다. 말리부콜로니로드에 속한 마지막 집이었다. 그 주택을 경계로 사유지와 공유지가 갈렸다.

철조망은 위압적일 만큼 높지 않았고, 파도가 몰아치는 모래사장 끝까지 이어지지도 않았다. 위협으로 가득 찬 경고문도 없었다. 다소 인간적인 펜스처럼 보였다. '경관을 해치기는 싫지만, 여기서부터는 사유지입니다. 교양 있는 분들은 알아서 통행을 멈추어주십시오'라는 무언의 메시지 같았다. 표면적인 경고는 없었지만, 이미 도로 입구의 '초소'를 경험했기에 '일반인'은 들어갈 수 없는 곳이라는 것을 알았다. 그때 이탈리아인 관광객 세 명이 내 앞을 지나치더니, 태연하게 펜스 안으로 들어가 산책을 했다. 나는 다소 현실적인 고민을 했다.

과연 이 사유지의 경계는 어디서부터일까. 예컨대, 같은 모래사장이라 할지라도 펜스가 세워진 모래사장은 사유지이고, 펜스가 안 쳐진 모래사장 일부는 사유지가 아닌가. 아니, '프라이빗 비치'이면 바다 또한 개인 소유라는 말인데, 그렇다면 과연 어느 해역까지가 개인의 소유인 것인가. 미국 정부와 말리부콜로니로드 주민들은 해안 몇 미터까지 '누구누구 씨의 소유'라 정해놓은 것일까. 아울러, 이 해안은 주민들의 공동 소유인가, 아니면 해안가 바로 앞에 집을 짓고 사는 각 개인의 소유인가. 만약 개인의 소유라면, 그 개인은 자신의 집 너비만큼 좌우로 해변을 소유한 것이기에, 앞으로는 꽤 갈 수 있지만 옆으로는 자칫 긴장을 풀고 수영하다 보면 사유지 침범을 하는 것이다. 가령, 서핑을 하다 조류에 휩쓸리고, 파도에 떠밀리면 남의 해변을 침범하는 게 아닌가. 생명이 위협당하는 경우에는 사유지 침범의 위법성이 조각阻却되는 것인가. 이 개인 해변 소유자들은 '아, 몇 미터 헤엄쳤으니, 이제 더 이상 가면 안 되겠군' 하고 꼼꼼히 따지며 수영하는 것인가.

짧은 시간 동안, 나는 '접근권'의 권리와 위법성에 대해 깊이 고민했다. 그사이 이탈리아인 관광객 세 명이 와서 "사진을 찍어줄 수 있느냐"고 물었다. 세 명 모두 환한 미소를 지으며 사진기를 내밀었는데, 문제는 그들이 원하는 구도로 찍으려면 '말리부콜로니로드' 해변으로 한 발짝 들어서야 한다는 것이었다. 더듬더듬 영어로 말하는 이들이 애처로워 보여, 청을 거절할 수 없었다. 그래서 나는 인류애를 향한 호소에 응답하는 동시에, 미국 토지법을 어기게 됐는데 막상 한 발짝 디뎌보니, 기왕 이렇게 된 것, 어디 한번 둘러볼까 하는 용기가 났다. 하여 최대한 내 몸을 바다 쪽으로 붙인 뒤(말하자면 사유지와 공유지의 개념이 모호한 공간을 확보한 뒤), 운동화를 바닷물에 적셔가며 전속으로 달려 집들을 2분간 구경했다. 이 2분이 스스로 납득할 수 있는 최장의 위법 시간이었기 때문이다. 집들은 역시나 예술적이었다. 건축 잡지에서나 볼 법한 집들이 해변을 끼고 죽 이어져 있었다. 생에서 가장 집중한 2분을 보내며 주변 경관을 살폈지만, 단지에 관한 묘사는 하지 않는 것이 내 신변에 나을 것이다. 게다가, 피츠제럴드의 집에는 가보지도 못했다. 만약 수소문해 그 집에 간 뒤 인터뷰를 하겠다며 초인종을 눌렀다면, 나는 지금쯤 남부 캘리포니아주 교도소에서 수의囚衣를 입고 이 회고록을 쓰고 있을지도 모른다.

바닷물에 적셔가며 달린 탓에, 내 운동화는 숙소로 온 후에도 젖어 있었다. 내 기분처럼 축축하고, 느릿느릿 말라가는 운동화를 보고 있자니, 결국 별의별 경험을 하게 한 원인 제공자가 『위대한 개츠비』라는 생각이 들었다. 신발이 마를 동안, 다시 한 번 『위대한 개츠비』를 펼쳤는데, 마침 소설 속 개츠비도 젖어 있었다. 내 운동화처럼, 그리고 피츠제럴드처럼. 전자는 물리적 상황이지만, 후자는 상징적인 은유다. 나는 지금 피츠제럴드에게 '물'이, 그리고 '젖는다'는 게 어떤 의미인지 말하고자 하는 것이다. 『위대한 개츠비』에는 이 물에 관한 은유가 흘러넘친다. 물을 빼놓고, 젖는다는 것의 의미를 빼놓고 이 소설을 제대로 읽기란 어렵다.

젖은 개츠비에 관한 메타포

개츠비가 죽었을 때, 소설은 이렇게 묘사한다.

> 5시 무렵, 장례 행렬을 이룬 자동차 세 대가 묘지에 도착해서 제법 굵어진 가랑비를 맞으며 정문에 멈춰 섰다. 끔찍하게 새까만, 비에 젖은 영구차가 선두에 섰고, 그 뒤로는 개츠 씨와 목사와 내가 탄 리무진이, 그리고 맨 뒤에는 하인 네댓 명과 웨스트에그의 우편 배달원 한 명이 탄 개츠비의 스테이션왜건이 따라왔다. 모두 비에 흠 뻑 젖어 있었다.
>
> ─『위대한 개츠비』(임종기 옮김)

왜 피츠제럴드는 개츠비가 떠나는 날, 비가 흠뻑 내렸다고 묘사 했을까. 상투적으로 하늘마저 눈물을 흘렸다는 말을 하고팠던 것일 까? 아니면『위대한 개츠비』의 서사가 나아가는 고개마다 등장하 는 비와 물이 주요한 상징적 역할을 하는 것일까?

개츠비의 출생부터 이야기를 해보자. 개츠비는 원래 보잘것없는 인물이었다. 못 배웠고, 가난했다. 가진 것이 없어 데이지와 헤어져, 부자가 되어 돌아왔다(전통적 설정이지만, 1920년대이니 어쩔 수 없다). 보 잘것없던 시절의 이름은 제임스 개츠였다. 그런 제임스 개츠가 제 이 개츠비로 다시 태어난 순간이 있다. 열일곱 살의 그를 거두어준 백만장자 댄 코디의 요트를 타고 물 위를 떠다니면서부터였다. 반 대로, 제이 개츠비가 죽은 순간이 있다. 윌슨의 총을 맞은 개츠비는 시신이 되어 자기 집 수영장을 떠다닌다. 자신의 막대한 부로 이룩해놓은 저택에서, 그 부의 상징성이 응축된 공간에서 가벼운 매트리스 위에 누운 채 떠다닌다.

> 풀장 한쪽 끝에서 맑은 물이 흘러나와 다른 쪽 배수구로 밀려가기 때문에 물이 보일 듯 말 듯 움직이고 있었다. 물결이라고까지는 할 수 없는 잔잔한 물살 때문에 개츠비를 태운 매트리스가 불규칙하게 풀장 아래로 움직였다. 수면에 잔물결 하나 만들지 못할 정도로 가벼운 한 줄기 바람만으로도, 예상치 못한 짐을 싣고 예상치 못한 방향으로 흘러가는 매트리스의 흐름을 방해하기에 충분했다. 매트리스는 수면 위에 떠 있던 나뭇잎 더미에 닿자 천천히 돌면서 마치 컴퍼스의 다리처럼 물 위에 붉은 동그라미를 남겨 놓았다.
> 우리가 개츠비의 시체를 들고 집으로 간 뒤에야 정원사가 조금 떨어진 잔디밭에서 윌슨의 시체를 발견했다. 그리하여 그 어처구니 없는 학살은 대단원의 막을 내렸던 것이다.
> ─『위대한 개츠비』(김욱동 옮김), 228쪽

『위대한 개츠비』는 물과 연관이 깊다. 개츠비가 비를 맞기도 하고, 물 위에 떠 있기도 하고, 물에 빠져 있기도 하다(그의 죽음은 물 위에 떠 있는 것이지만, 이는 상징적인 익사와 같다). 더욱이 이 소설에서 가장 상징적이고 자주 등장하는 것은 바로 빔마나 개츠비가 자기 집 맞은편의 녹색 불빛을 고독하게 응시하는 것인데, 그 녹색 불빛은 데이지의 집이고, 데이지의 집은 바다 건너편에 있다. 즉, 거대한 물을 무사히 건너야, 데이지에게 닿을 수 있다.

개츠비에게 '물'이란 어떤 의미인가. 당연한 말이지만, 작가의 생각을 살펴야 한다. 피츠제럴드는 「헤엄치는 사람들The Swimmers」이란 단편소설에서, "미국인이라면 지느러미를 가지고 태어나야 한다"라고 썼다. 그는 이 직설적인 제목의 소설에 이런 문장도 썼다.

"그들은(미국인들은) 그렇게 태어난 셈이다. 돈이 지느러미다."

즉, 자본이라는 거대한 강 혹은 바다가 흐르는 곳이 미국이다. 많은 사람들이 이 자본의 바다에서 살아남기를 원한다. 그러니 물은 '뛰어넘어야 할 것', '헤엄쳐서 헤쳐 나가야 할 것'이다. 아메리칸드림을 이루기 위해서는 능숙하게 '헤엄칠 수' 있어야 한다는 것이다. 그렇기에 그는 「헤엄치는 사람들」이라는 제목의 소설을 쓴 것이고, 때로는 돈이라는 '지느러미'가 필요하다고 썼다. 헤엄쳐 나오는 것에 실패한 사람은 익사하게 되는 것이다. 개츠비처럼 말이다. 물론, 『위대한 개츠비』는 시적인 소설이라, 그의 죽음을 직접적으로 묘사하지 않는다. 소설의 은밀한 언어들을 해석해보면, 개츠비는 수영장에 띄워놓은 매트리스 위에 수영복을 입고 누워 햇살을 즐기고 있었는데, 개츠비를 자기 아내의 살해범으로 착각한 윌슨이 와서 총을 쏘았다. 다들 알겠지만, 윌슨의 아내를 차로 친 것은 데이지다.

이 대목이 뜻하는 바가 무엇일까. 표면적으로는 사랑을 얻기 위해 '위대한 부'를 축적했지만, 그 사랑 때문에 모든 것을 잃었다는 의미다. 재물도, 목숨도, 그리고 사랑 자체도. 하지만 내면적으로는 그가 '물' 아래에서 발버둥 치다 마침내 수면으로 떠올랐지만(요트를 탄 순간), 그 수면 위에서 영원히 떠 있게 될 순간은 바로 죽었을

영화 〈위대한 개츠비〉(1974) 속 풀장 수영 장면
로버트 레드포드가 주연한 이 영화에서 주인공 개츠비는 풀장에서 수영을 하다가, 개츠비를
자기 아내의 살해범으로 착각한 자동차 정비공 윌슨의 총에 맞아 최후를 맞는다. 『위대한 개
츠비』에서는 물이 계속적으로 등장한다. 개츠비에게 물은 헤쳐나가야 할 대상이다. 그러기 위
해서는 능숙하게 헤엄칠 수 있어야 한다. 헤엄에 실패한 사람은 결국 익사하게 된다.

때라는 것이다. 떠 있지만, 몸은 이미 죽어 있는 아이러니. 그토록 원하던 물 위에 떠 있는 삶이, 죽고 나서야 가능해졌다. 허망하다. 피츠제럴드가 말하고 싶었던 바는, 애초부터 '떠 있는 삶', 즉 '아메리칸드림'이라는 것은 허상에 지나지 않는다는 사실이다.

누군가는 비록 개츠비가 죽었지만 그래도 물 위에 떠 있는 게 아니냐며, 내 해석에 동의하지 않을 수도 있다. 그렇다면 이것은 어떤가. 개츠비의 장례식에서 그의 시신을 실은 스테이션왜건은 비에 흠뻑 젖어 있다. 생전에 그가 주최한 파티에는 수백 명이 오지만, 그가 죽은 상가喪家에는 아무도 오지 않는다. 그리고 그의 장례식에는 비만 '퍼붓듯이' 내린다. 나는 피츠제럴드가 끊임없이 독자에게 메시지를 보냈다고 생각한다. 개츠비는 계속 물과 싸우려 발버둥 쳤지만, 결국 흠뻑 젖은 채로 이 세상을 떠났다고.

내가 갖고 있는 『위대한 개츠비』는 개츠비가 비를 맞거나, 젖어 있는 페이지마다 접혀 있다. 가장 좋아하는 대목은 데이지와 재회하는 장면인데, 이날 역시 비가 내렸다. 이 대목에서 피츠제럴드는 자신의 시적 재능을 발휘한다. 그렇기에 소설은 명확하게 보여주지 않는다.

닉의 집에서 마침내 데이지와 재회하기로 한 날이다. 집에 있던 개츠비는 긴장했는지 데이지가 도착하자 기다리던 거실에서 사라져버린다. 도망 나간 것이다. 그리고 밖에선 비가 내린다. 소설은 시시콜콜하게 말하지 않기에, 이 장면에서 닉은 개츠비가 없어진 걸 알고 놀란다. 그때, 누군가 문을 두드린다. 문을 열면, 마치 "시체처럼 창백한 얼굴로 양손을 아령처럼 상의 주머니에 찔러 넣은 채" 개츠비가 서 있다. 이때 닉은 개츠비가 "물웅덩이에 서 있었다"라고 말한다.(『위대한 개츠비』(임종기 옮김)) 여기서 또 한 번 물이 나온다. 제목처럼 개츠비는 '위대'했지만, 다시 데이지를 만날 때는 '물웅덩이 속에 있는 것처럼' 작아져 있다.

피츠제럴드의 예술적 취향인지, 가벼운 장난인지 모르겠지만, 그의 불친절한 묘사 탓에 독자는 상상을 해야 한다. 문밖에 서 있다면 당연히 처마 밑에 있었을 것이다. 그럼에도 닉은 개츠비가 '물웅덩이' 속에 있었다고 말한다. 이것은 과연 시적 은유인가, 아니면 실제로 개츠비가 비에 흠뻑 젖어 있다는 것인가. 이에 대해 소설은 다음 문장으로 약간의 힌트를 줄 뿐이다. 닉은 "점점 거세지는 빗줄기를 막기 위해 손잡이를 돌려 현관문을 닫았다"(『위대한 개츠비』(임종기 옮김))라고 한다. 이를 통해, 처마 밑에 있더라도 빗줄기가 거세져 젖었을 수 있다는 상상이 가능하다.

하지만 같은 장면을 다룬 영화는 매우 적극적이다. 배즈 루어먼 Baz Luhrmann이 연출한 〈위대한 개츠비〉(2013)에서 개츠비는 흠뻑 젖어 있다. 닉이 문을 열었을 때, 개츠비는 계속 비를 맞고 서 있다. 그래서 그토록 보고 싶었던 데이지를 다시 만났을 때, 흠뻑 젖은 초라한 꼴이다. 뒤로 세워 넘긴 머리도 볼품없이 얼굴에 착 달라붙어 있고, 슈트도 모두 젖어 몸에 달라붙어 있다. 그래서 오히려 열정적이고 간절하게 보이기도 한다. 당연한 말이지만, 이 신은 매력적이다. 상상할 수 없는 부를 이뤘지만, 그래서 모든 것을 이뤘다고 믿어지지만, 데이지가 거절하거나 냉담해할지도 모른다고 생각한 개츠비는, 초라하고, 불안하고, 떨리는 것이다. 이런 개츠비의 애처롭게 흔들리는 모습이 이 소설에 빛을 더한다. 소설은 이제야 명백히 비가 세차게 내린다고 묘사한다.

그리고 둘의 어색하고 떨렸던 재회의 첫 순간이 지나자, 마침내 비가 그친다. 개츠비는 기다렸다는 듯이 모두에게 말한다.

"비가 그쳤어요."

그는 "다시 드러난 햇살에 황홀해하는 기상캐스터처럼 미소"(『위대한 개츠비』(임종기 옮김))를 짓는다. 그리고 나서 자기 집을 구경시켜주고 싶다며, 데이지를 초대한다. 이제 소설은 완전히 새로운 출발을 향해 달린다. 소설의 이런 중의적 장치에 끌려『위대한 개츠비』를 여러 번 펼치게 된다.

한동안『위대한 개츠비』를 읽었지만, 신발은 여전히 젖어 있었다. 개츠비를 읽고 나니, 당장 마르지 않아도 상관없다 싶었다. 이것도 개츠비를 추억하는 한 방법이 될 것 같았다.

LA를 떠나며

사실 LA에서는 이 책에 실은 것보다 훨씬 많은 곳을 방문했다. 피츠제럴드가 그레이엄을 처음 만난 호텔 '가든오브알라', 첫 데이트를 한 '클로버클럽', 그가 단골이었던 '픽윅서점'에도 가보았다. 말리부를 떠나 살았던 엔시노 집도 가보았다. 하지만 쓰지 않은 이유가 있다. 모두 사라지고, 형체마저 남아 있지 않았다. 가든오브알라는 휑한 공터로, 클로버클럽은 맥도날드로 변했고, 엔시노 집은 도로가 되어 있었다(피츠제럴드가 숨을 거둔 그레이엄의 아파트는 주인의 허락을 받아 방문했지만, 책이 감상적으로 흘러가는 것 같아 빼버렸다). 픽윅서점은 형태만은 유지하고 있었는데, 'I Love Hollywood'가 찍힌 티셔츠를 파는 기념품 가게로 바뀌어 있었다. 피츠제럴드가 죽기 전날 방문한 판타지극장과 종종 데이트를 했던 '선셋트로카데로바Sunset Trocadero Bar'는 남아 있었지만, 그곳에서 피츠제럴드를 느끼는 것은 작가인 나에게도 작가적 상상력을 요하는 일이었다.

픽윅서점이 시대의 흐름에 따라 사라진 점은 시사하는 바가 컸다. 그곳에서 '어쩌면 책은 이렇게 죽어가는지 모르겠다'고 여겼다. 그러면서 '피츠제럴드가 사랑한 것들이 부디 이 서점처럼 죽어 있지 않길 바란다'라고 짧은 메모를 남겼다. 하지만, 그것은 바람에 지나지 않았다. 피츠제럴드가 사랑한 거의 모든 것이 죽어 있었다. LA는 변화가 자양분이 되어 성장하는 도시였고, 할리우드는 그 중심지였다. 이런 도시에 80년 전 사망한 작가를 기억해달라는 것은 무리한 요구 같았다. 작가가 살아온 흔적이 사라진 도시에서 헤매다 보니, 그를 온전히 만나야겠다는 생각이 들었다.

여태껏 작가의 무덤까지 찾아간 적은 한 번도 없다. 하지만 피츠제럴드의 무덤에만은 가봐야 여정이 완성될 것 같았다. 그가 살았고, 앉았고, 마셨고, 썼던 모든 장소를 가더라도, 육신이 여전히 쉬고 있는 곳과는 차원이 다를 거란 생각이 내 몸에 들러붙었다. 그가 행복하게 지냈고, 처음으로 안정적인 일상을 영위했고, 그렇기에 여전히 묻혀 있는 볼티모어로 향했다.

비행기에서 창밖을 보니, 한밤중의 LA는 타오르고 있었다. 아직

쉴 때가 아니라는 듯, 이제 새로운 시작을 해야 할 때라는 듯, 지상은 상공 한가운데까지 빛을 전하고 있었다. 피츠제럴드가 추락한 곳에서 출발했기에, 앞으로 갈 곳들은 밝게 보였다. 우울한 곳에서 출발하는 게 맞는 것일까 회의했지만, 어둠 속에서 출발했기에 새삼 빛의 가치를 간과할 수 없게 되었다.

그러자 평범한 일상을 누린 것이 전부인 볼티모어가, 피츠제럴드에게는 일종의 빛이 아니었을까, 하고 여겨졌다. 동시에 『위대한 개츠비』의 한 장면이 떠올랐다. 닉이 개츠비를 처음 본 순간 말이다. 닉이 화자로 이야기를 한참 서술하고 나서야 개츠비가 등장하듯, 한 도시를 떠나는 지금 비로소 피츠제럴드가 내 여정에 등장할 것 같았다.

어떤 사람의 형체가 두 손을 호주머니에 찌른 채 은빛 후춧가루 같은 별들을 바라보고 서 있었다. 어딘지 모르게 여유로워 보이는 동작과 잔디를 밟고 선 안정된 자세로 보아, 우리 지역 하늘 중 어디까지가 자신의 몫인지 확인하러 나온 개츠비임을 짐작할 수 있었다. (…) 그는 기묘한 자세로 어두운 바다를 향해 두 팔을 뻗었는데, 멀리 떨어져 있어도 그가 부르르 몸을 떨고 있는 것을 분명히 볼 수 있었다. 나도 모르게 바다 쪽으로 시선이 갔다. 저 멀리, 부두 끝자락에서 조그맣게 반짝이는 초록 불빛 하나 말고는 특별해 보이는 것은 아무것도 없었다.

―『위대한 개츠비』(임종기 옮김)

어둠 속에서 빛을 향해 손을 뻗은 개츠비처럼, 나를 태운 비행기도 볼티모어라는 빛을 향해 제 몸을 앞으로, 앞으로 뻗고 있었다.

개츠비를 사랑한 샐린저와 하루키

생전에 재미를 보지 못한 탓일까. 운명은 야속하게도, 작가 사후에 『위대한 개츠비』를 후배들의 찬사 목록에 올려놓았다. 가장 먼저 시도한 이는 J. D. 샐린저였다. 그는 『호밀밭의 파수꾼』에서 주인공인 홀든이 형과 독서에 관해 대화하는 장면에서, 『위대한 개츠비』를 향한 존경을 드러냈다.

형 D.B는, 지난여름에 내게 『무기여, 잘 있거라』를 읽어보라고 했다. 정말 대단한 작품이라면서. 하지만 나는 형이 왜 그렇게 생각하는지 이해할 수가 없었다. (…) 이런 말도 안 되는 책을 좋아하면서도, 어떻게 링 라드너의 작품이나, 형이 미쳐 있는 『위대한 개츠비』 같은 작품을 같이 좋아할 수 있는지 도무지 이해할 수가 없다는 말이다. 내가 이렇게 말하자 D. B는

1961년 《타임》 표지를 장식한 샐린저
샐린저는 자신의 작품 『호밀밭의 파수꾼』에서 주인공 홀든과 형이 나누는 대화를 통해 『위대한 개츠비』에 대한 존경을 드러냈다.

화를 내면서, 그건 내가 아직 어려서 작품을 제대로 이해하지 못하기 때문이라고 말했지만, 난 그건 아니라고 생각한다. 링 라드너의 작품이나, 『위대한 개츠비』 같은 건 나도 좋아하니까. 진짜 그랬다. 나 역시 『위대한 개츠비』에 미쳐 있었다. 개츠비가 쓰던 '형씨'라는 말은 정말 죽인다.

— J. D. 샐린저, 『호밀밭의 파수꾼』, 188~189쪽

샐린저는 여기서 피츠제럴드뿐 아니라, 그의 친구인 링 라드너에 대한 존경도 표했다. 반면, 헤밍웨이에 대해 깎아내린 건 흥미롭다. 『호밀밭의 파수꾼』이 미국에서 출판된 건 1945년인데, 피츠제럴드가 죽은 지 5년이 채 되지 않았을 때. 반면, 헤밍웨이는 이즈음 왕성하게 활동하고 있었다.

당시 성공한 헤밍웨이는 이미 죽어버린 피츠제럴드를 향한 험담을 아끼지 않았다. 나로선 샐린저가 너무나 피츠제럴드에게 동화된 나머지, 피츠제럴드를 깎아내린 헤밍웨이에게 반감을 품었던 게 아닐까 추정할 뿐이다. 아니면 망자에게는 예를 표하지만, 살아남아 유명세를 떨치는 작가에게는 험담을 쏟는 게 주인공의 삐딱한 캐릭터를 완성시키는 데 도움이 되겠다고 여긴지도 모르겠다. 맥락이야 어쨌든 간에, 샐린저가 『위대한 개츠비』를 향한 존경을 작품 속에 담아냈다는 사실은 틀림없다.

무라카미 하루키 역시 세계적으로 유명한 피츠제럴드 애독자 중의 한 명이다. 그 또한 자전소설인 『노르웨이 숲』에서 주인공의 입을 빌려 『위대한 개츠비』에 대한 애정을 드러냈다. 『노르웨이 숲』에서 주인공인 와타나베는 어느 날 기숙사 식당에서 『위대한 개츠비』를 읽고 있다. 그러면서 그는 『위대한 개츠비』가 자신에게는 최고의 소설이라며 상찬한다. 내킬 때마다 아무 페이지나 펼쳐 읽는데, 한 번도 실망하지 않았다고 한다. 시시한 페이지가 한 페이지도 없었다며 어찌 이리 멋진 소설이 있을까, 하며 감탄한다.

이때 기숙사 선배인 나가사와가 등장한다. 이 인물은 약간 기묘한데, 기본적으로 사후 30년이 지나지 않은 작가의 소설은 읽지 않는다. 인생은 짧기에 '시간의 세례'를 받지 않은 작품을 읽는 데 시간을 허비할 수 없다는 것이다. 나가사와는 소설에서 처음으로 등장하자마자, 대뜸 와타나베에게 묻는다. 무슨 책을 읽고 있느냐고. 와타나베는 『위대한 개츠비』를 세 번째 읽는데, 읽을수록 재미있는 부분이 늘어난다고 한다. 그러자 나가사와는 별안간 "『위대한 개츠비』를 세 번 읽은 사람이라면, 나와 친구가 될 수 있다"라며 와타

나베에게 호감을 표한다.

　이 대사를 처음 접했을 때, 약간 과장이 아닌가 싶었다. 어찌 『위대한 개츠비』를 세 번이나 읽을 수 있단 말인가. 하지만, 결국은 나 역시 세 번 읽고 말았다. 몇 번 읽어본 독자라면 이해하겠지만, 『위대한 개츠비』는 와타나베의 말처럼 읽을수록 재미있는 부분이 늘어나기 때문이다.

무라카미 하루키
그는 『위대한 개츠비』를 직접 번역했을 뿐만 아니라, 『노르웨이의 숲』 등장인물을 통해 "『위대한 개츠비』를 세 번이나 읽을 정도면 나하고 친구가 될 수 있을 것 같은데"라며 깊은 애정을 드러내기도 했다.

피츠제럴드가 사랑한 도시 — 볼티모어

젤다의 조현병, 그리고 파국의 시작

피츠제럴드는 생의 마지막 3년을 LA에서 살았고(1937~1940), 그전 2년간 노스캐롤라이나에서 살았다(1935~1936). 그리고 그 전 3년은 볼티모어에서 살았다. 1932년에서 1935년까지. 당연한 말이지만, 노스캐롤라이나까지 방문해보고 싶었다. 하지만 타 지역에 비해 피츠제럴드가 거주한 기간이 짧았고, 내 취재 동선 역시 너무 어그러졌다(LA에서 노스캐롤라이나까지 가는 건 유럽에서 두세 나라 국경을 건너는 것과 같았다). 결국, 노스캐롤라이나는 방문하지 않기로 했다. 반면, 볼티모어에 올 이유는 너무나 명확했다. 이 도시는 피츠제럴드의 삶에 부인할 수 없는 영향을 끼쳤다.

우선, 피츠제럴드의 삶에 돋보기를 갖다 대 1930년의 상황을 살펴보자. 프린스턴대 재학 시절부터 그는 술독에 빠져 살았다. 1930년에는 이미 알코올 중독자가 되어 있었다. 한 집안에 골칫덩어리가 하나라면 합심해 위기를 극복해보겠지만, 그 이상이라면 이야기가 달라진다. 이해를 기점으로 피츠제럴드 가정은 파국의 길로 들어서는데, 아내 젤다에게도 문제가 생긴 것이다.

젤다는 1930년 처음으로 조현병 증세를 겪었다. 시장의 꽃들이 말을 걸기 시작했고, 내면에서는 자살하라는 목소리가 들려왔다. 아파트 마룻바닥에서 모래 장난을 하기도 했고, 거울 앞에서 무려 열 시간 동안 발레 연습을 하다 그만 쓰러지기도 했다.(셰일러 그레이엄, 제럴드 프랭크,『사랑하는 이단자』, 240쪽) 피츠제럴드는 아내를 데리고 스위스의 요양원에 갔고, 젤다는 그곳에서 16개월 동안 병마와 싸웠다. 그리고 1931년 9월이 되어서야 퇴원을 했다. 부부와 열 살 난 딸 스코티는 마침내 고국인 미국으로 돌아왔지만, 정상적인 삶은 불가능했다. 불과 5개월 뒤, 다시 젤다와 떨어져야 했다. 조현병 증세가 재발한 것이다.

피츠제럴드는 동료 작가인 헨리 멩켄Henry Louis Menken에게 편지를 써 조언을 구했다. 멩켄은 답장을 보내 존스홉킨스대의 '핍스정신병동Henry Phipps Psychiatric Clinic'을 추천했다. 병원장은 당시 정신의학계 최고 권위자인 아돌프 마이어Adolf Anton Meyer였는데, 그는 정신 질환이 심리적 요인에 의한 것이라 믿고 있었다. 환자들이 '자신의 몸과 마음을 정신적 위협에 빠뜨리기 때문에' 질환을 앓는다고 믿었던 것이다. 게다가, 이 믿음을 과학적으로 증명하려 했다.

여기서 피츠제럴드에게 고민이 하나 생긴다. 그건 바로 마이어가 피츠제럴드 부부를, 자기 이론의 타당성을 입증할 '살아 있는 본보기'로 여겼기 때문이다. 그는 피츠제럴드 부부의 결혼 자체가 '감응성 정신병'*의 결합이라 진단했다. 즉, 마이어는 건강한 정신 상태

유럽 체류 시절의 피츠제럴드 가족

유럽 체류 시절 후반, 젤다는 조현병 진단을 받고 스위스의 요양원에서 병마와 싸웠다. 젤다의 발병에 피츠제럴드 자신의 알코올 중독까지 더해지면서 이 가족의 삶은 파국의 길로 접어든다. 1931년, 긴 해외 체류를 마치고 고국으로 돌아왔지만 정상적인 삶은 불가능해졌다.

를 유지하기 어려울 만큼 불안정하고 충동적인 삶의 방식을 유지해 온 두 사람이 결합해 부부가 되었다고 이해했다. 간단히 말해, 피츠제럴드 역시 제정신이 아니라 판단했다. 이에 대한 피츠제럴드 부부의 반응은 전해지지 않지만, 지역 언론은 부부가 병원장을 몹시 혐오했을 것이라 추정한다.

비호의적인 태도에도 불구하고, 부부에게는 대안이 없었다. 젤다는 1932년 2월, 핍스정신병동에서 치료를 받기로 했다. 그리고 같은 해 봄, 피츠제럴드는 결국 볼티모어 시내에서 조금 벗어난 타우슨 지역에 집을 한 채 빌려서 살기 시작했다.

남편의 그늘에 가려진 젤다의 예술성

부부가 이사한 곳은 빅토리아풍의 작은 집이었다. 이 집은 지역 건축가인 베이어드 턴불Bayard Turnbull이 짓고 소유한 것으로, '라패La Paix'라는 이름까지 붙어 있었다(현재는 성요셉병원으로 바뀌었다). 피츠제럴드가 '라패하우스'를 빌린 후, 젤다는 여기서 통원 치료를 받았다. 이때 친구에게 보낸 편지에서 그녀는 이 집에 대해 묘사했다.

우리는 페인트도 칠하지 않은 버려진 극장 같은 '부드럽고 그늘진 곳'에 있어. 이 집은 '미안해하는 나무들과 경고하는 목초지', 그리

---

* 가족 등 밀접한 두 사람이 동일하거나 유사한 정신 장애를 갖는 것.

발레리나를 꿈꾸었던 젤다

피츠제럴드의 아내인 젤다는 원래 발레리나가 되고 싶어 했으나, 조현병 진단을 받으면서 완전히 꿈을 접었다. 이후 그녀의 예술적 재능과 열정은 문학과 그림으로 옮겨 갔다. 하지만 피츠제럴드는 그녀의 예술적 재능과 열정을 그다지 높이 평가하지 않았으며, 평단 역시 마찬가지였다.

고 '삐걱대는 곤충들'로 둘러싸여 있어.

— 앤드류 턴불, 『스콧 피츠제럴드』, 207~208쪽

젤다의 조현병에 '문학성'까지 더해져, 편지는 대체 무슨 말을 하려는 것인지 알 수 없다(내게는 특히 작은따옴표를 친 부분이 그랬다). 언급한 김에 보충하면, 젤다에게는 문학적 재능이 상당했다. 조현병 진단을 받기 불과 두 달 전에 단편소설 「재능 있는 여자The Girl with Talent」를 《칼리지유머College Humor》지에 발표했고, 8년 전인 1922년에는 에세이 「플래퍼 예찬Eulogy on the Flapper」을 《메트로폴리탄매거진 Metropolitan Magazine》에 발표했다. 하지만, 문학은 그녀에게 두 번째 순위였다.

그녀는 줄곧 발레리나가 되고 싶어 했다. 발병한 첫해에도 발레 연습을 열 시간 하다 쓰러질 만큼 열정적이었다. 조현병 진단을 받기 불과 3년 전에는 발레를 직업으로 삼고자 진지하게 훈련했다. 하지만 1930년 스위스의 프랑장진료소에서 조현병을 확진받자, 발레리나의 꿈을 완전히 접었다.

이후부터 그녀에게 내재해 있던 예술적 열망은 문학과 그림으로 뻗어나갔다. 조현병 진단을 받고 4년 후, 뉴욕에서 전시회를 열 만큼 그림에도 열성을 보였다. 그럼에도 발레가 빠져나간 열망의 자리에 먼저 들어온 것은 문학이었다.

젤다는 조현병 진단을 받고도 스위스의 요양원에서 단편소설을 썼다. 편수篇數가 정확히 알려지진 않았지만, 16개월 동안 열여섯 편에서 스무 편 가까이 썼다 한다. 그 문학성은 차치하고서라도, 건강이

젤다의 장편소설 『나에게 왈츠를』 초판 표지(1932)

젤다는 조현병 증세를 겪는 와중에도 장편소설을 완성했다. 한 소녀가 여성 편력이 심한 남편을 따라 유럽으로 가서 발레리나로 성공을 거둔다는 이야기를 담고 있다. 하지만 평단뿐만 아니라 피츠제럴드마저도 젤다의 소설을 혹독하게 평가했다. 오직 편집자 맥스 퍼킨스만이 젤다의 작품을 지지해주었다.

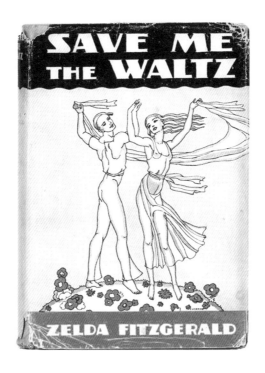

악화되어가는 중에도 창작열을 키웠나갔다는 사실만은 명백하다.

　나아가 젤다는 장편소설도 썼다. 얼마나 몰두했는지, 초고를 6주 만에 완성했다. 제목은 『나에게 왈츠를*Save Me the Waltz*』. "줄거리는 남부 출신의 한 소녀가 여성 편력이 심한 남편을 따라 유럽으로 가서 발레 댄서로 성공을 거둔다는 내용이었다."(스콧 도널드슨, 『헤밍웨이 Vs. 피츠제럴드』, 229쪽) 줄거리를 보며 불안감을 느꼈다면, 맞다.

　피츠제럴드는 이 소설을 싫어했다. 소설 속에 등장하는 자신의 모습이 '아내를 유럽에 데려간, 여성 편력이 심한 남편'이었기 때문이다. 피츠제럴드는 이런 식으로 자신이 묘사되는 것이 싫었을 것이다. 자전 소설이지만 그래도 어디까지나 소설이기에, 피츠제럴드에게는 싫어할 그럴듯한 이유가 필요했다. 그는 젤다의 소설에 '자신의 사생활이 드러난다'고 싫어했다. 하지만 그의 소설에도 아내의 모습은 언제나 보였다.* 나아가 그는 젤다가 자신의 소설을 베꼈다고 했고, 이 점에 대해 젤다는 오히려 피츠제럴드가 베꼈다고 주장했다. 제3자이기에 판단을 보류할 수밖에 없지만, 미루어 짐작할 수 있는 것이 있다. 표현 기법을 제외한 소재에 관해서라면, 둘이 같은 경험을 했고 그 공통의 경험을 토대로 각자 자전 소설을 썼다는 것이다. 그렇기에 둘의 소설에는 공통점이 있을 수밖에 없다. 예컨대, 프랑스 리비에라만에서 경험한 것을 피츠제럴드는 『밤은 부드러워』에, 젤다는 『나에게 왈츠를』에 쓴 것이다.

* 『아름답고 저주받은 사람들』은 알코올과 불안정한 정신 건강으로 어려움을 겪던 피츠제럴드 부부를 암시한 작품이고, 『밤은 부드러워』는 신경 쇠약에 걸린 여자와 결혼한 남자의 이야기다. 그 외 다수의 소설에 젤다의 모습이 그림자처럼 드리워져 있다.

피츠제럴드는 아내의 작품에 점수를 박하게 매겼다. 단편소설은 젤다가 조현병 진단을 받고 난 후에 썼음에도 불구하고, "재능 있는 작품들이긴 하지만 평범한 고등학교 학생 수준에 불과하다"(스콧 도널드슨, 『헤밍웨이 Vs. 피츠제럴드』, 229쪽)라고 엄격히 평가했다. 느껴지는가. 당대 사람들이 젤다의 소설을 어떻게 받아들였는지. 정신착란을 일으킨 사람이 자기 치유를 위해 쓴 글로 여기지 않았다. 젤다의 소설을 일반인이 쓴 것과 똑같은 무게로, 진지하게 받아들였다. 특히 헤밍웨이는 누구보다 진지했다. 편집자 맥스가 『나에게 왈츠를』을 한 권 보냈는데, 헤밍웨이는 "도저히 읽을 수 없는 작품"이라 평한 뒤, "선생이 보기에 그 책을 읽을 만한 사람에게나 보내주시오"라고 편지에 썼다. 무엇 때문에 화가 났는지, 급기야 "만일 선생이 앞으로 내 아내가 쓴 소설을 출판한다면 당장에 선생을 쏘아 죽이고 말겠습니다"라고 덧붙이기도 했다.

평단도 헤밍웨이와 피츠제럴드 같은 반응을 보였다. 호평을 한 이가 거의 없었다. 시장에서도 실패했다. 그렇다면 여러 문인들의 혹평에도 불구하고 왜 맥스는 젤다의 소설을 출판했을까. 우선, 맥스는 젤다의 소설을 훌륭하다고 여겼다. 그는 앞서 언급한 편지를 헤밍웨이에게 보낼 때, 젤다의 소설이 상당히 훌륭하니 읽어보라고 추천했다. 단지 대중적이지 않았을 뿐, 맥스에게는 훌륭했던 것이다. 출판 배경에는 또 다른 이유도 있다. 맥스는 젤다가 혹시나 인기 작가가 되어, '그 수입으로 피츠제럴드 가족의 힘든 경제 사정이 나아질 수 있을까' 기대했다.(스콧 도널드슨, 『헤밍웨이 Vs. 피츠제럴드』, 231쪽) 피츠제럴드는 이미 다음 작품 선인세까지 상당히 받아 썼기에,

차기작으로 성공해도 한동안 경제적 회복을 할 수 없기 때문이었다. 물론, 그 지출은 젤다의 치료비, 스코티의 교육비, 그리고 피츠제럴드 자신의 생활비였다.

사교계 인사에서 '쓰는 작가'로

이처럼 볼티모어에 살던 때에는 사정이 나빴다. 그럼에도, 피츠제럴드는 볼티모어 생활을 만족스럽게 여겼다. 여기에는 여러 요인이 얽혀 있다.

우선, 그는 1925년 작 『위대한 개츠비』 이후로 장편소설을 내지 못했다. 1932년에 볼티모어로 이사 왔으니, 자그마치 7년간 못 낸 것이다. 그렇기에 불안하고 가난했다. 때로 예술가는 직업적, 재정적으로 고난을 겪으면, 오히려 작업에 몰두하여 위기를 돌파하는데, 피츠제럴드가 그러했다. 더 이상 물러날 수 없다는 심경으로 소설을 썼다. 장편소설 『밤은 부드러워』 집필에 몰두했고, 네 번째 소설집 『기상나팔 소리 *Taps at Reveille*』에 실릴 소설도 썼다.

어떤 이는 고개를 갸웃거릴 수 있다. 아내가 정신병원에 있는데, 어찌 원고에 집중할 수 있느냐고. 그렇다면 그의 작업 스타일에 대해 말할 필요가 있다. 피츠제럴드는 알코올 중독자였지만 글을 쓸 때만큼은 심연에 잠재된 힘까지 끌어올렸다. 프랑스에 체류하던 시절 젤다가 프랑스 조종사인 에두아르 조장 *Édouard Jozan*과 연애를 할 때도 마찬가지였다. 그는 이 시기 동안 『위대한 개츠비』의 초고를

미국 국가를 작사한 피츠제럴드 조상의 동상

볼티모어는 피츠제럴드의 가계와 인연이 깊은 도시다. 이곳에는 미국 국가를 작사한 그의 조상 프랜시스 스콧 키의 동상이 있다. 변호사이자 시인인 스콧 키는 1814년 볼티모어에서 「맥헨리 요새 방어Deffence of Fort M'Henry」라는 시를 쓴다. 이 시가 유명해지며 곡조가 더해져 국가처럼 널리 불렸고, 1931년에 공식 국가로 지정되었다. 그렇기에 피츠제럴드는 자신의 가문에 커다란 긍지를 갖고 있었다.

쓰고, 후에는 이탈리아를 여행하는 와중에도 퇴고를 했다.

말하자면, 피츠제럴드는 술에 취해 있건, 아내가 연애를 하건, 외국에 나가서 또 외국으로 여행을 가건, 써야 할 상황이 되면 쓰는 작가였다. 게다가, 그에겐 더 이상 물러날 곳이 없었다. 어쩌면 피츠제럴드에게 '쓴다'는 '산다'와 동의어였을 만큼, 사는 동안 써야 했다.

앞서 말했듯, 젤다 역시 소설을 썼다. 소설을 써냈다는 것이 무엇을 의미하겠는가. 훗날 장편소설을 완성하고서는 갈등을 겪었지만, 적어도 여러 편의 단편소설과 장편소설을 쓰는 시간만큼은 부부가 예술가로서의 시간을 보낸 것이다. 작가는 작품에 온전히 몰입할 때, 주변이 보이지 않고, 자신을 둘러싼 고통을 잠시나마 잊을 수 있는데, 피츠제럴드가 볼티모어에서 이런 시간을 보낸 것이다. 젤다 역시 마찬가지였을 것이다.

볼티모어를 사랑한 이유가 또 있다. 존경하는 소설가 에드거 앨런 포가 이곳에 살았다. 그 사실이 그에게 많은 위안을 주고 작업 의지를 불어넣었다. 피츠제럴드는 볼티모어에 사는 동안 안정을 되찾았고, 딸 스코티는 학교에 다녔다. 비록 젤다는 치료를 받아야 했지만, 비로소 그나마 가족다운 생활을 한 것이다. 여기서 빚을 갚고, 언젠가는 작가로서 재기하겠다는 꿈을 꾸며 살았다.

그는 술을 마시지 않을 때면, 온종일 작품에 휩싸여 하루를 보내곤 했다. 비서로 일한 오언스 부인은 인터뷰에서 그가 라패하우스에 살던 시절을 이렇게 회고했다.

서재에서 생각에 잠긴 채 서성대다, 갑자기 입식 책상에 가서 선 채로 신문지에 무언가를 마구 적었어요. 그러고선 구겨서 바닥에 버렸죠. 시간이 흐르면, 그중 몇 개를 다시 주워 깔끔하게 펴서 쌓아놓은 뒤, 타이핑을 했어요. 그가 술을 마시지 않았을 때는 말이죠.*

그녀에 따르면, 피츠제럴드의 손 글씨는 깔끔했고 정제되어 있었다(물론, 술을 마시면 아무렇게나 휘갈겨댔다). 오언스 부인은 치료를 받고 있는 젤다를 대신해 스코티의 엄마 역할을 했고, 오후가 되면 핍스 병동에서 치료를 받고 돌아오는 젤다의 친구 역할도 해주었다.

오언스 부인 덕분인지 집중력 때문인지, 피츠제럴드는 작품에 몰두하는 시간을 보냈다. 그러나 1년 뒤, 이곳 생활은 하루 만에 끝이 난다. 집에 불이 난 것이다. 화재 후, 타우슨 소방서는 누전이 원인이라 했지만, 대부분의 사람들과 지역 언론은 젤다의 탓으로 여겼다.**

결국, 피츠제럴드는 살던 곳에서 약 10분 거리인 볼턴힐의 파크 애비뉴 1307번지로 옮겼다. 젤다는 상태가 더욱 악화되어 핍스병동에서 셰퍼드프랫병원으로 옮겼다. 어느새 젤다는 주중에는 병원에서 지내고, 주말에만 가족들과 시간을 보내는 신세로 전락했다. 한때 상태가 호전돼 메릴랜드예술대학의 회화 클래스를 수강할 정도가 되었지만, 다시 악화되어 치료비가 비싼 뉴욕의 크레이그하우

---

* Deborah Rudacille, "F. Scott Fitzgerald in Baltimore", *Baltimore Style*, December 19, 2009.

** 테네시 윌리엄스Tennessee Williams가 1980년에 쓴 희곡 「여름 호텔을 위한 의상Clothes for a Summer Hotel」은 피츠제럴드와 젤다에 관한 이야기인데, 극 중 광기에 휩싸인 아내는 불 공포증에 시달리다 나중에 불에 타 죽는다. 실제로 젤다는 1948년, 입원 중이던 정신병원의 화재로 여성 환자 열세 명과 함께 사망했다.

피츠제럴드 가족이 볼티모어에서 두 번째로 살았던 집

젤다의 정신 질환 치료를 위해 이사 온 라패하우스에 불이 나자, 피츠제럴드 부부는 볼턴힐의 파크애비뉴 1307번지(사진에서 가운데 회색 건물)로 옮겼다. 이곳에 머무는 동안 피츠제럴드는 장편 『밤은 부드러워』를 비롯하여 단편집 『기상나팔 소리』 등을 펴냈다. 젤다의 상태는 날로 악화되었지만, 피츠제럴드는 어느 시절보다 집필에 몰두했다. 더 이상 물러날 수 없다는 심경으로 말이다.

스요양원Craig House Sanitarium으로 옮겼다. 1934년 5월에는 다시 셰퍼드프랫병원으로 돌아오는데, 이때 건강은 그녀의 인생에서 가장 나빠진 상태였다. 하지만 끝이 아니었다. 이후에도 그녀의 건강은 계속 최저점을 갱신했다.

파크애비뉴 집은 그의 유명한 친척 프랜시스 스콧 키의 기념비가 세워진 곳에서 멀지 않았다. 이곳에서 약 2년을 보냈는데, 그 사이 피츠제럴드는 햇수로는 10년 만에 장편소설을 세상에 선보이게 되었다.

1934년 4월, 마침내 회심작『밤은 부드러워』를 출판했다. 하지만 기대와 달리, 판매는 1만 2,000부에서 그쳤고 평가는 엇갈렸다. 재기작의 실패는 무엇보다 그를 헤어날 수 없는 재정난에 빠뜨렸다. 월세마저 제대로 낼 수 없었다. 딸 스코티가 주인의 월세 독촉을 끊임없이 아버지에게 전하는 메신저 노릇을 하게 되자, 피츠제럴드는 결국 이 집을 포기하고 말았다.

술로써 '무너져 내리다'

1935년 10월, 피츠제럴드는 딸과 함께 존스홉킨스대 맞은편인 케임브리지암스아파트Cambridge Arms Apartment로 이사했다. 재정 문제가 날로 악화되었고, 아내는 나아질 기미가 보이지 않았다. 어느 정도였느냐면, 불과 열네 살인 딸의 친구 조앤 헬먼Joan E. Hellman이 보기에도 젤다는 "회복의 기미가 보이지 않는 상태"였다.

작품, 경제적 상황, 아내의 건강…… 어디에서도 희망이 보이지 않자, 그의 알코올 의존도 역시 날로 높아져갔다. 평생 동안 상당한 음주가였으면서, 그중 대부분의 시간을 알코올 중독자로 보낸 피츠제럴드는 이렇게 말했다.

"처음에는 당신이 술을 마시고, 나중에는 술이 술을 마시고, 급기야 술이 당신을 마신다."

술이 피츠제럴드를 마신 시기가 있다면, 바로 이때부터였다. 그는 이제 술 때문에 불면증은 물론, 자다가 갑자기 비명을 지르며 공황에 빠지는 야경증까지 겪게 됐다. 육체를 온전히 통제할 수 없는 수준에 이른 것이다. 헤밍웨이가 피츠제럴드를 헐뜯는 레퍼토리는 수없이 많은데, 그중 하나가 파리에서 처음 만났을 때 그가 술에 취해 오랫동안 횡설수설했다는 것이다. 사실, 피츠제럴드는 신혼 때 뉴욕의 빌트모어호텔 회전문을 30분간 반복해서 도는 등, 여러 기행을 일삼았다. 그는 꽤나 자주 술에 취해 사람들 입에 오르내릴 행동을 하거나, 자기 육체를 소비하면서까지 나락으로 떨어졌다. 가끔은 그의 마음 어딘가 인생을 허비하고픈 본능이 있지 않았을까 생각해본다. 자신이 창조한 인물 딕 다이버의 대사처럼 말이다.

"정말 못된 파티를 열고 싶어, 진심이야. 떠들썩한 싸움이 벌어지고, 유혹의 눈길이 오가는 파티 말이야. 그래서 사람들은 기분이 상해 집으로 가버리고, 여자들은 술에 취해 욕실에서 정신을 잃는 그런 파티를 열고 싶어. 당신은 그냥 지켜만 봐."

— 『밤은 부드러워』, 47쪽

『밤은 부드러워』 초판 표지(1934)

볼티모어 시절, 피츠제럴드가 10년 만에 선보인 회심작이자, 그가 생전에 마지막으로 출간한 장편소설이다. 그러나 이 책은 시장에서 실패했고, 피츠제럴드의 재정난은 월세마저 내기 힘들 만큼 악화돼갔다. 결국 파크애비뉴 집에서도 떠나야 했다.

소설 속 인물들은 그냥 지켜만 봐줬을지 모르겠지만, 현실에서는 그렇지 않았다. 하나둘씩 피츠제럴드를 떠나기 시작했다. 당시 상황을 작가이자 친구인 멩켄은 이렇게 정리했다.

> 피츠제럴드는 점차 사람들에게 고통을 주기 시작했다. 그는 거친 방식으로 술을 진탕 마셨고, 그럴 때마다 골칫거리가 되어버렸다.[*]

피츠제럴드는 이후부터 여생을 술과 싸우며 보내게 된다. 골칫거리가 된 것을 깨닫고 술에서 헤어나려 하기도, 그 진창에 빠져 허우적대기도 한다. 뫼비우스의 띠처럼, 자기가 술을 마시는지 술이 자신을 마시는지 파악조차 할 수 없는 상태로 이 악순환의 고리 위에서 죽을 때까지 헤맸다.

그즈음 피츠제럴드에게 일어난 또 다른 변화가 있었는데, 바로 정치적으로 변했다는 것이다. 돈 문제를 겪게 되자, 사회주의와 공산주의에 관심을 가지게 되었다. 어쩌면 그에게는 사회주의에 관한 호기심 섞인 동경이 예전부터 있었는지도 모른다. 데뷔작 『낙원의 이편』에는 자본주의 사회의 적통 같은 주인공이 일자리를 구하는 장면에서 이런 대사를 한다.

> "물론 저도 돈이 아주 많으면 좋겠어요."
> 작은 사내는 하나도 우습지 않으면서도 정성껏 소리 내어 웃었다.

---

[*] Deborah Rudacille, 앞의 글.

"돈이야 요즘 세상에 누구나 원하지. 하지만 돈 때문에 일하고 싶어 하지는 않소."

"지극히 당연하고 건강한 욕망이지요. 정상적인 사람이라면 거의 누구나가 큰 고생 없이 부자가 되고 싶어 합니다. — 문제극에 나오는 자본가들은 빼고요. 그 사람들은 '밀어붙이는 걸' 좋아하지요. 선생님은 돈을 쉽게 벌고 싶지 않나요?"

"그럴 리가 있나." 비서가 발끈하며 말했다.

"하지만." 에이머리가 그를 무시하며 말을 이었다. "아주 가난한 처지가 되고 보니 전 사회주의를 될 수 있는 대로 제 특기로 삼고 있어요."

— 『낙원의 이편』, 402쪽

주인공 에이머리의 말처럼, 피츠제럴드는 '아주 가난한 처지가 되고 난 후' 카를 마르크스Karl Marx를 읽었다. 그리고 마르크스주의자인 문학평론가 빅토르 캘버튼Victor Francis Calverton과 친구가 되었다. 그는 피츠제럴드의 집에 상당히 자주 놀러 왔는데, 젤다는 그를 두고 "동네 공산주의자community communist"라고 불렀다(젤다의 정신이 온전하지 않아 이 표현이 얼치기 사회주의자를 향한 빈정거림인지, 온전하지 않은 사람이 보기에도 캘버튼의 정치적 성향이 명백했다는 것인지는 알 수 없다. 그럼에도, 별명에까지 두운을 맞춘 젤다의 문학성이 엿보인다). 이때의 영향으로 피츠제럴드는 훗날, 스코티에게 보낸 편지에서 "마르크스를 읽어보고, 마르크스에 대해 공부해보라"고 조언한다. 간간이 시나리오 작가로 일하며 자본이라는 거대한 바위에 끊임없이 부딪히는 계

피츠제럴드에게 자충수가 되고 만 에세이 「무너져 내리다」

1936년, 피츠제럴드가 《에스콰이어》지에 발표한 이 한 편의 에세이는 그의 추락을 더욱 가속화했다. 그는 이 에세이에서 자신의 궁핍한 처지를 가감 없이 토로했는데, 이는 자충수가 되어 결국 그의 명성을 무너뜨리는 역할을 하고 말았다.

SCENES from the crack-up years, clockwise from upper left: Fitzgerald in 1936; with his wife, Zelda, in 1935; his 1934 novel; the Skyland Hotel in Hendersonville, North Carolina, where he wrote The Crack-Up; Arnold Gingrich, founding editor of Esquire, who commissioned the articles.

란 신세가 되었기에, 딸만은 자본주의의 첨병인 나라에서 돈 때문에 실패하지 않도록, 균형 잡힌 지식과 태도를 갖추기를 원했던 것이다.

『밤은 부드러워』가 실패한 후 2년간, 피츠제럴드는 직업적으로 계속 추락했다.《에스콰이어*Esquire*》지에 자신의 궁핍한 처지를 가감 없이 밝힌 논쟁적 에세이를 발표했는데, 바로 유명한 「무너져 내리다*The Crack-up*」이다. 문제는 이 에세이로 인해, 편집자와 에이전트들 사이에서 그의 명성이 제목처럼 '무너져 내렸다'는 것이다. 헤밍웨이는 그에게 분노의 편지를 보내 "절망적인 사생활을 글로 써낸 것은 어리석은 행동이라고 꾸짖기"(스콧 도널드슨,『헤밍웨이 Vs. 피츠제럴드』, 297쪽)까지 했다. 어려운 생활을 솔직히 고백해, 딛고 일어서려 했던 피츠제럴드의 시도는 자충수가 되었다. 그는 더 이상 순문학 작가로서 '찾지 않는 사람'이 되어버렸다.

1936년 4월이 되자, 피츠제럴드는 젤다를 노스캐롤라이나에 있는 하일랜드정신병원으로 옮겼다. 그리고 이해 여름, 케임브리지암스아파트마저 월세 문제로 떠나야 했다. 지낼 곳이 없어진 그는 스태퍼드호텔*Stafford Hotel*에서 숙소 생활을 잠시 하다, 결국 아내가 입원한 노스캐롤라이나주 애슈빌로 이사를 했다.

그리고 1936년 9월 24일,《뉴욕포스트*New York Post*》지와 혹독한 인터뷰를 치르는데(린다 로드리게스 맥로비,「가장 위대한 인터뷰: 피츠제럴드,《뉴욕포스트》와 만나다」), 이날은 공교롭게 그의 마흔 번째 생일이었다. 피츠제럴드를 비웃은 이 인터뷰는 이미 평단과 업계로부터 외면당한 그를 한없이 초라하게 만들었다. 조금 뒤에 자세히 다루겠지만, 그는 이 '생일 인터뷰'로 더 이상 이 세계에 발을 붙이는 것이 어려울 것이라 판단했는지도 모른다.

빚까지 많았던 피츠제럴드는 업계에서 추락하자, 아예 할리우드로 건너가버렸다. 오로지 돈을 벌기 위해 본격적인 시나리오 작가 생활을 시작한 것이다. 여기서 주목할 것이 있다. 바로 그의 부부 관계다. 젤다가 조현병을 앓고 입원 생활을 했기에, 둘의 심리적 부부 관계는 사실상 예전에 끝난 상태였다. 젤다가 남동부의 정신병원에 입원한 상황에, 피츠제럴드마저 서부로 이주하게 되자 둘은 이제 물리적으로도 끝난 관계가 돼버렸다. 피츠제럴드는 이전까지는 '때로 함께 지내며' 치료비를 대는 법적 보호자였지만, 이때부터는 '아예 동떨어져' 치료비만 대는 법적 보호자가 되었다.

혼자 남게 된 그는 이후 그레이엄을 만나 함께 지내다 1940년에 죽었다. 그리고 젤다는 입원 중인 하일랜드정신병원에 불이 나 1948년에 사망했다. 이 화재 역시 공식적인 원인은 밝혀지지 않았다. 하지만 대부분의 사람과 미국 언론은 젤다가 불을 지른 것으로 추정하고 있다. 이 점에 대해서는 어떠한 평가도 내리고 싶지 않다. 단지 하고픈 말은, 젤다의 삶이 너무나 불행했다는 점뿐이다. 피츠제럴드 부부에게 일상의 기쁨은, 개츠비가 끝없이 손을 뻗어도 잡을 수 없었던 녹색 불빛처럼 아득히 먼 곳에만 존재하는 것 같았다. 그렇기에 볼티모어가 소중한 곳인지도 모르겠다.

젤다의 치료를 위하여, 핍스정신병동

피츠제럴드는 볼티모어에서 두 번에 걸쳐 이사를 했기에, 그가 살았던 집만 세 곳이다. 그중 한 곳은 병원으로 바뀌었지만, 두 곳은 아직 집으로서의 기능을 유지하고 있다. 하지만 이미 캘리포니아에서 피츠제럴드가 살았던 집들을 방문해보았기에, 나는 이 책이 '부동산 기행'처럼 되는 것을 원하지 않았다. 피츠제럴드는 한 번도 집을 소유하지 않고 평생 셋방살이를 했기에, 살았던 집은 곳곳에 널려 있다. 게다가 1장에 쓴 바와 같이, LA에서 피츠제럴드가 살며 『마지막 거물』 원고를 썼다는 엔시노 집에 갔다가, 아예 도로로 바뀌어버린 것을 목격했다.

이쯤 되자 볼티모어에서까지 거주한 집들을 방문하고 싶진 않아졌다. 굳이 집을 또 방문해야 한다면, 그곳은 뉴욕의 그레이트넥에 있는 집이어야 했다. 그곳에 살면서 『위대한 개츠비』를 구상하고 썼으니까. 그곳에 살면서 경험한 이웃 부자들의 생활이 『위대한 개츠비』라는 꺼지지 않는 이야기의 불을 지피는 땔감이 되었으니까. 막상 미국에 도착해 피츠제럴드가 살았던 모든 집을 방문하는 게 무의미하다는 것을 깨닫자, 볼티모어에서는 갈 곳이 그리 많지 않게 돼버렸다.

원점으로 돌아가, 피츠제럴드의 입장에서 생각해보았다. 피츠제럴드가 이곳에 온 최초의 이유가 바로 젤다의 치료 때문이었다는 사실이 새삼 떠올랐다. 그렇다면, 최초 방문지는 존스홉킨스대학병원이 되어야 할 것이다. 이 생각에 핍스정신병동이 있는 존스홉킨

젤다가 입원했던 핍스정신병동

피츠제럴드 부부가 볼티모어로 오게 된 이유는 무엇보다 젤다의 정신병을 치료하기 위해서였
다. 당시 이곳의 존스홉킨스대 부속 핍스정신병동에는 정신 의학계 최고 권위자인 아돌프 마
이어가 있었다. 그는 정신 질환이 심리적 요인에 의한 것이라고 생각했고, 피츠제럴드 부부를
자기 이론의 타당성을 입증할 본보기로 여겼다.

스대학병원으로 향했다. 결론부터 말하자면, 그곳은 출입 금지 구역이었다. 나는 병원 관계자에게 사정을 설명했지만, 보기 좋게 거절당했다.

내가 할 수 있는 것이라고는 고작 젤다가 입원했던 핍스정신병동의 닫힌 유리문 앞에 서서 안을 들여다보는 것뿐이었다. 천장에는 1910년대풍의 금촛대로 장식된 샹들리에가 매달려 있었고, 바닥에는 흰 벽 한가운데 벽난로가 있었다. 단아한 가죽 소파와 단출한 간이 책상이 벽면에 붙어 있었고, 사람은 한 명도 없었다. 텅 빈 로비 안의 풍경을 보며 희미해진 100년 전 과거를 상상했다. 모든 공간이 흰색으로 칠해진 정신병동, 가죽 소파와 벽난로가 있고, 금촛대 샹들리에가 있는 곳. 이곳에서 젤다는 치료를 받았을 것이다. 피츠제럴드 역시 이곳으로 아내를 데려다주고, 데리러 왔을 것이다.

사실상 아무런 취재도 못 하고 왔는데, 한편으로는 이 경험이 고맙게 느껴졌다. 피츠제럴드의 삶이 한 뼘 더 이해되었기 때문이다. 전업 작가는 어떠한 상황에서도 글을 써야 한다. 취재지에서 문전 박대를 당하고 생산성 없는 경험을 했다 해서, '바깥 공기 한번 상큼했다'는 식으로는 쓸 수 없는 노릇이다. 피츠제럴드는 아내가 정신병동에 입원해 있을 때에도, 더 이상 책을 내는 것이 불가능해 무명 시나리오 작가로 지낼 때에도, 계속 소설을 썼다. 빚더미에 앉았을 때에도, 계단을 오르내리기 벅찰 만큼 건강이 악화됐을 때에도, 죽기 며칠 전까지도 희망을 품고 재기작 원고를 썼다. 역으로 말하자면, 그는 언제나 써야 했던 작가였다. 피츠제럴드라는 산에 비하면 고작 한 움큼 정도 자라난 풀에 불과하지만, 작가의 삶은 어떠한 상황에서라도, 어떠한 이야기라도 써내야 하는 날들의 이어짐이라는 사실이 다시 한 번 새겨졌다.

거절하고 거절당하는 삶을 말하다, 「분별 있는 일」

취재지에서 거절을 당하고 돌아오자, 피츠제럴드의 단편소설이 한 편 떠올랐다. 젊은 시절 피츠제럴드가 겪은 청혼 거절은 창작의 원동력이 되는데, 「분별 있는 일」(1924)은 그렇게 탄생한 작품 중 하나다. 사실 여타 작품도 그렇지만, 유독 이 소설이 빛나는 이유가 있다. 사랑을 위해 간절히 원했던 성공을 이룬 후, 연인에게로 갈 때의 허탈감이 잘 그려져 있기 때문이다.

좋은 술과 소설에는 공통점이 있다. 시간이 흐를수록 익는다. 「분별 있는 일」을 꺼내 읽을 때마다 다른 향과 맛을 느낀다. 이 글을 쓰려고 다시 읽어보니, 행간에 밀봉되어 알아채지 못한 새로운 향이 풍겨왔다. 「분별 있는 일」의 이야기 얼개는 이렇다.

조지 오켈리는 MIT(매사추세츠공과대학)를 우수한 성적으로 졸업한 인재다. 그의 꿈은 황무지를 삶의 터전으로 만드는 것이라, 테네시주에서 건설 엔지니어로 일할 때 보람을 느꼈다. 하지만 지금은 오로지 돈 때문에 뉴욕의 보험 회사에서 근무한다. 꿈을 포기하면서까지 돈을 더 벌고 싶은 이유는 사랑하는 여인이 있기 때문이다. 그녀의 이름은 존 퀼 캐리. 그녀는 그의 고향인 테네시주에서 흑인 하녀가 일하는 2층 저택에 살고 있다.

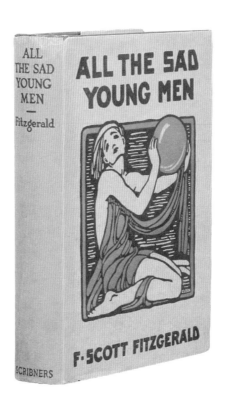

「분별 있는 일」이 수록된 『모든 슬픈 젊은이들』의 초판 표지(1926)

「분별 있는 일」에는 사랑을 얻기 위해 성공을 이뤘지만, 이 과정 중에 자신이 변해버렸다는 것을 깨달은 주인공의 심경이 잘 그려져 있다. 피츠제럴드만의 개성이 듬뿍 묻어 있는 작품이다. 피츠제럴드의 세 번째 단편집인 이 책에는 이외에도 「부잣집 청년」,「겨울 꿈」 등이 수록되어 있다.

조지에게 그녀는 언제든 날아가버릴 새처럼 느껴진다. 게다가, 이미 한 번 청혼을 거절당했다. 그렇기에 조지는 불안하다. 불과 2주 전에 캐리를 보려고 고향에 다녀왔지만, 여전히 안절부절못한다. 결국 또 휴가를 신청하자 상급자가 그를 해고해버리는데, 조지는 오히려 반긴다. 스스로 결단하지 못한 사직을 결정해주어서 고맙다며. 하지만 고향에 내려간 조지는 당황한다. 그녀가 기차역에 남자 친구들과 배웅을 나왔기 때문이다. 게다가 조지는 그 남자 친구 중 한 명이 새로 산 차를 얻어 타고 가느라 초라해진다. 아니나 다를까, 조지는 다시 청혼을 하지만, 또 거절당한다. 그녀 역시 그를 사랑하지만, 지금 그와 결혼하는 것은 '분별 있는 일'처럼 보이지 않는다며 말이다.

둘은 헤어지고, 조지는 미국을 떠난다. 페루로 가서 엔지니어로서 큰 성공을 거두고, 신문에도 그의 성공이 실리고, 뉴욕에서 멋진 일자리도 제안받았다. 이렇게 1년이 흐른 뒤, 마침내 미국으로 돌아왔다. 그는 오자마자 캐리의 집으로 향한다. 그런데, 이상하다. 예전에는 그토록 커 보이던 그녀의 집이 어쩐지 작아 보인다. 하지만 캐리는 여전히 아름다워 보인다. 그는 캐리를 앞에 두고 마음에도 없는 말을 한다.

"지나가는 길에 잠시 보려고 들렀어."

그의 '허영심이 낭만적인 생각을 압도'한 것이다. 성공한 조지가 말을 할 때마다, 그의 입에서 허세가 공기처럼 새어 나온다. 조지는 캐리의 사랑을 얻기 위해, 지난 1년간 달려왔다. 하여 마침내 성공을 얻었는데, 아이러니하게도 그 출세가 자신의 사랑을 가로막는 장애물이 되어버렸다.

조지는 그녀에게 또 고백을 한다. 만나고 싶었노라고. 그녀를 사랑했던 만큼, 그 어떤 사람도 사랑할 수는 없을 거라고. 그런데, 이 말은 어쩐지 연극적이고, 진부하게 들린다. 둘 사이엔 무거운 공기가 가득한 가운데 마침내 조지는 묻는다. 자신을 사랑하지 않느냐고. 질문의 어조에는 높낮이가 없고, 그녀의 대답 역시 간단하다.

"그래요."

그녀 역시 변했다. 이제 둘은 그야말로 어색한 시간을 보낸다. 방에 들어온 엄마를 따라, 난데없이 맞은편 집에 따라가 식사까지 하고 다시 방으로 돌아온다.

다급해진 조지는 다시 청혼을 하고, 또 거절을 당한다. 그러자 그는 급기야 없는 말을 지어낸다. 내일 워싱턴으로 가야 한다고. 둘에게 허락된 시간이 별로 없음을 깨닫자, 캐리의 눈빛이 조금씩 변한다. 눈빛의 변화를 직감한 조지가 잽싸게 부탁한다. 예전처럼 무릎 위에 앉아줄 수 있겠느냐고. 그 와중에 상처받은 남자답게 '싫으면 그만두어도 상관없다'며 둘러댄다.

다행히 그녀가 무릎에 앉아주자, 그는 마음을 제대로 전해야 할 때임에도 불구하고, 엉뚱하게도 그간 얼마나 성공을 거뒀는지 떠벌린다.

다급히 페루로 떠났던 때를 이야기하던 참인데, 그녀가 갑자기 묻는다.

"단 1분의 여유도 없었어요?"

그는 질문의 의도를 짐작해본다. 그녀는 왜 자신에게 알리지 않고 떠났느냐고, 작별 인사 할 1분의 여유도 없었느냐고 묻는 것이다. 하지만 확실하지 않기에 그는 반문한다.

"무슨 시간 말이야?"

그러며 그는 기대 반 관습 반으로 머리를 숙이는데, 그녀 역시 응답하듯 그에게 가까이 몸을 숙인다. 또한 그녀의 입술은 '꽃봉오리처럼 반쯤 벌어져 있다'. 과거에 나눴던 무수한 키스 직전의 분위기가 재현된 것이다. 키스를 하지 않으면 오히려 어색해지는 순간, 그는 "맞아"라며 그녀의 입술에 대고 속삭인다.

"세상에 시간은 얼마든지 있지……."

마치 이제 둘이 사랑할 시간이 얼마든지 남아 있다는 것처럼.

하지만 독자는 이 둘이 관습에 기대 행동하는지, 과거의 오해를 뒤로한 채 새로운 사랑을 할 것인지 알 수 없다. 어쩌면 조지에게 캐리는 그저 성취 대상이 돼버렸는지도 모른다. 캐리에게 조지 역시 자신의 삶을 유지시켜줄 하나의 도구가 되어버렸는지도 모른다. 독자가 여러 상황을 궁리할 때, 소설은 이렇게 끝맺는다.

세상에는 시간이 얼마든지 있었다. 그의 시간과 그녀의 시간 말이다. 그러나 그녀의 입술에 키스하는 순간, 그는 아무리 영원히 찾아 헤매더라도 잃어버린 4월의 시간만큼은 절대로 되찾을 수 없다는 사실을 깨달았다. 두 팔의 근육이 저려올 때까지 그녀를 꼭 껴안을 수도 있었다. 그녀야말로 갖고 싶은 고귀한 그 무엇이었고, 분투한 끝에 마침내 자기 것으로 만들었다. 그러나 그 옛날 어스름 속에서나 산들바람 살랑거리던 밤에 주고받은 그 속삭임은 이제 다시는 되찾을 수 없을 것이다…….

그래, 갈 테면 가라, 그는 생각했다. 4월은 흘러갔다. 이제 4월은 이미 지나가 버렸다. 이 세상에는 온갖 종류의 사랑이 있건만 똑같은 사랑은 두 번 다시 없을 것이다.

— 「분별 있는 일」, 『리츠호텔만 한 다이아몬드』, 100~101쪽

이 마지막 문장을 읽고 나면, 어김없이 슬픔이 진주進駐해 있다. 아득한 어디엔가 맺힌 작은 물방울이 굴러오는 사이 점점 커져, 어느새 물보라가 나를 덮치는 느낌이 든다.

그런데 출세한 조지가 캐리의 집에 다시 갔을 때, 왜 그 집은 작고 초라해 보였을까. 지독한 노력 끝에 뭔가를 성취한 사람은 안다. 바로 자신이 변했음을. 자신을 둘러싼 세계는 그대로인데, 자기 존재가 커져 그 세계가 작게 느껴짐을. 조지에게 이런 변화가 일어난 것이다. 그렇기에 소설은 질문한다. 취향과 계급이 바뀐 사람은 여전히 과거에 머물러 있는 상대를 동일하게 사랑할 수 있을까.

이 의문을 미학적이고 은은한 어투로 제기하기에, 이 소설은 아름답다. 게다가 독자들은 알지 않는가. 사실, MIT를 프린스턴으로 바꾸고, 테네시를 앨라배마로 바꾸면, 이는 피츠제럴드와 젤다의 이야기가 되기도 한다는 것을. 물론, 여주인공 캐리가 완전히 젤다와 일치하지는 않는다. 캐리 안에는 피츠제럴드에게 처음으로 상처를 준 지네브라 킹도, 청혼을 거절했다가 『낙원의 이편』이 성공을 거둔 후 승낙한 젤다도, 그 외에도 자신이 경험한 연인들이 복합적으로 담겨 있다. 소설의 어떤 페이지는 작가의 삶과 겹치고, 어떤 페

이지는 비슷하게 전개된다. 그렇기에 「분별 있는 일」은 사실적이면서도, 슬프게 다가온다. 피츠제럴드가 겪었던 일일 수도 있고, 그가 이런 슬픈 현실 자각 속에서 살아갔다는 뜻일 수도 있으니까.

「분별 있는 일」은 '거절하고, 거절당하는 삶'을 다룬다. 당하는 사람은 물론, 거절하는 이도 결국은 내쳐진 이에게 거부당한다. 상처를 주었기에, 나중에는 상처를 되받게 되는 것이다. 이 차가운 삶의 본질을 경험하면 사람은 달라지기 마련이다. 생은 비정할 수밖에 없기에 그 비정함에 맞춰 살아가야 하는데, 그 때문인지 생은 위스키처럼 쓰고 진해진다.

피츠제럴드의 안식처, 벨베데레호텔

화려한 삶을 즐겼던 작가답게, 피츠제럴드가 자주 들렀던 곳은 대부분 호텔이다. 1903년에 완공된 '벨베데레호텔Belvedere Hotel' 역시 피츠제럴드가 즐겨 찾던 곳이다. 이 호텔은 보자르Beaux-Arts 양식*으로 지어졌는데, 이름에서 알 수 있듯이 프랑스식 건물이다. 도착해 보니 외관뿐 아니라 로비의 샹들리에, 금문金文으로 꾸며진 엘리베이터, 심지어 우편함에서도 유럽의 정취가 묻어났다. 센강의 알렉상드르3세다리처럼, 곳곳이 금장으로 둘러져 있었다. 재즈 시대 상

---

* 프랑스 국립 미술 학교 에콜데보자르에서 가르친 건축 양식으로, 고딕 양식과 르네상스 양식에 철과 유리 등의 현대적 재료를 사용해 프랑스 신고전주의의 원칙을 확립한 기법이다.

벨베데레호텔

피츠제럴드의 생애에서 호텔은 제2의 집과도 같은 공간이다. 볼티모어 시절, 아내는 입원해 있었지만 그에게도 쉴 공간은 필요했을 것이다. 그는 종종 이 호텔을 찾아 숨을 돌렸다. 1902~1903년에 만들어진 이 건물은 곳곳이 금장으로 꾸며져 있는 등 유럽적 정취를 물씬 풍긴다.

징 인물답게 프랑스에서 3년간 생활한 피츠제럴드에겐 이곳이 어쩌면 제2의 고향처럼 느껴졌을지도 모르겠다.

이 호텔은 현재 콘도미니엄으로 바뀌었기에 피츠제럴드가 찾던 때와 실내가 똑같이 보존되어 있지는 않다. 하지만, 외관은 과거 모습을 그대로 유지한 듯했다. 실내에 전시된 오래된 흑백 사진 속 외관이 현재 모습과 동일했다. 바bar로 연결된 복도로 들어서자, 건물은 자신의 나이를 증명하듯 벽면에 흑백 사진부터 컬러 사진까지 유명인 단골들의 얼굴을 훈장처럼 달고 있었다.

작은 박물관 같은 로비를 지나, 다소 현대적인 이름의 '올빼미바Owl Bar'로 들어갔다. 정말 올빼미들만 모일 것처럼, 어두컴컴하고 아늑했다. 천장은 높았고, 프랑스풍 건물답게 프로방스의 지하 와인 저장고처럼 시원했다. 벽 한쪽에 순록 머리가 박제되어 걸려 있었고, 창 사이로 들어오는 햇빛이 실내에 깔린 어둠을 깨워주고 있었다. 전반적으로는 호그와트마법학교의 비밀 교육 장소 같았지만, '그래도 이곳은 미국'이라는 듯 텔레비전 화면에선 메이저리그 야구 경기가 중계되고 있었다.

맥주를 한잔 마시며, 가보지 못한 과거를 떠올렸다. 아내는 입원해 있지만, 피츠제럴드에게도 숨 돌릴 곳은 필요했을 것이다. 환자뿐 아니라 보호자도 지치므로, 쉴 공간은 간절했을 것이다. 피츠제럴드가 왔을 때의 분위기와 동일하진 않겠지만 내가 느끼는 것과 크게 다르지 않다면, 이곳은 그의 갑갑한 일상에 숨통을 틔워줄 공간이 되었을 것이다. 마침내 딸은 안정적으로 학교생활을 시작했고, 아내는 전문적인 치료를 받기 시작했고, 그는 작가로서의 반복적인 작업 리듬을 회복했다. 그리고 이곳에 와서 간간이 여유로운 시간을 즐긴다. 어쩐지 피츠제럴드가 이 공간을 사랑했을 것이라는 예감이 들었다.

이곳에 앉았을 85년 전의 피츠제럴드를 떠올리며 한 잔 두 잔 걸치다 보니, 나 역시 기분이 좋아졌다. 고개를 들어보니 화면 속 타자가 안타를 치고 2루를 돌고 있었다. 미국인들은 신나서 떠들어댔고, 천장에 매달린 선풍기가 내 머리카락을 살며시 흔들었다. 1932년의 시간도 이렇게 흘러갔겠구나, 싶었다.

간혹 생은 일상이 고통으로만 이어질 때 기쁨의 순간을 휴가처럼 주는데, 이곳이 그 휴가지 같았다. 아마, 피츠제럴드에게도 그랬을 것이다. 우리 경험의 시간적 배경이 일치하지는 않더라도, 이런 공기가 흐르는 곳이라면 누구에게라도 그럴 것이다.

낙원의 반대편에서

1936년 9월 25일은 피츠제럴드의 마흔 번째 생일 다음 날이다. 이날 《뉴욕포스트》지는 인터뷰 기사를 하나 싣는다. 기사 제목은 「낙원의 반대편에 있는 마흔 살의 피츠제럴드, 절망에 둘러싸이다 The Other Side of Paradise, Scott Fitzgerald, 40, Engulfed in Despair」.*

* 이 기사는 2007년 9월 18일 《가디언 The Guardian》에 편집되어 재수록되었다. Michel Mok, "One blow after another⋯⋯ and finally something snapped", The Guardian, September 18, 2007.

인생 후반부의 피츠제럴드(1935년경)

이 무렵 피츠제럴드는 작품의 실패, 알코올 중독, 아내의 병세 악화로 추락을 거듭하고 있었다. 급기야 마흔 살 생일을 맞이하여 《뉴욕포스트》와 한 인터뷰는, 독자들에게 그를 완전히 한물간 작가로 인식하게끔 했다. 기자는 노골적으로 피츠제럴드가 '낙원의 반대편'으로 추락했다고 비꼬았다.

기사는 노골적으로 피츠제럴드의 출세작인 『낙원의 이편』을 패러디하여, 그가 낙원의 반대편, 즉 지옥에 추락해 있다고 비꼬고 있다. 기자는 인터뷰 장면을 적나라하게 전달하는데, 피츠제럴드가 인터뷰 도중에도 줄곧 간호사에게 "술 한 잔 더 해도 되냐?"라며 조른다고 서술한다. 그러면서 그 간호사를 "부드럽게 말하고, 남부 출신의 엄마 같고, 응석을 다 받아주는" 인물로 묘사한다. 게다가 피츠제럴드는 두 달 전 다이빙대에서 추락한 사고로 후유증을 앓고 있었는데, 기자는 이를 인정하면서도 몰인정하게 묘사한다.

그는 8주 전에 15피트 높이의 다이빙대에서 떨어져 오른쪽 어깨가 부러졌고, 그 후유증을 앓고 있다. 그러나 골절로 인한 고통을 느끼고 있더라도, 그것이 그가 안절부절못하며 침대로 뛰어올랐다가 내려오는 것과, 끊임없이 방 안에서 돌아다니는 것과 떨어대는 손, 그리고 마치 심하게 두드려 맞은 아이가 짓는 불쌍한 표정 같은 씰룩거리는 얼굴을 설명할 수는 없다.

또한 술병이 들어 있는 서랍장으로 계속 '여행을 떠나는 것' 또한 설명될 수 없다. 침대 옆 탁자 위에 놓인 유리 계량컵에 술을 따를 때마다, 그는 애원하듯 간호사를 보며 묻는다.

"딱 1온스만?"

— 마이클 목, 「낙원의 반대편에 있는 마흔 살의 피츠제럴드, 절망에 둘러싸이다」

아무리 알코올과 소설 실패로 추락을 했고, 불안한 생활을 하고 있다 해도, 이 기사를 본 독자들은 그를 어떻게 생각할까. 불안하고,

어린애 같고, 자신을 통제할 수 없는, 그야말로 한물간 글쟁이로 여기지 않을까. 아니나 다를까. 피츠제럴드는 굳이 하지 않아도 될 법한 성장 스토리를 감상에 젖어 늘어놓는다.

고조할아버지의 형제가 국가國歌를 작사한 프랜시스 스콧 키이고, 자기 이름은 거기서 따왔다는 둥, 아버지의 이모가 사형을 당했는데 그것은 이모 집에서 링컨 암살범이 범행을 모의했기 때문이라는 둥, 아버지가 실업을 당했던 일 등을 늘어놓다가, 나아가 자신이 군 복무 시절 데이트를 하기 위해 부대에서 몰래 빠져나갔다가 돌아오는 차편을 놓쳐, 결국 '윌슨 대통령의 비밀문서를 전달해야 한다'며 워싱턴까지 기차를 얻어 타고 갔다는 이야기를 하면서, 아마 자신이 "미 육군 역사상 유일하게 열차를 징발한 인물"이었을 것이라고 말한다. 게다가, 벌도 받지 않았다고 덧붙인다.

기자는 술에 취한 피츠제럴드의 횡설수설을 모두 보도하는데, 이 중에는 인터뷰 얼마 전에 발표한 에세이 「무너져 내리다」에 대한 언급도 있다. 피츠제럴드는 아버지의 실업을 말한 뒤, 「무너져 내리다」에 대해서도 이야기한다.

아버지는 한물갔고, 나 역시 한물갔지My father lost his grip and I lost my grip. 하지만 나는 이제 돌아가려 해요. 우선은 《에스콰이어》에 글을 쓰는 걸로 시작했죠. 하지만 그게 실수였나 봐. 너무 깊은 절망의 구렁텅이에서 헤어 나오지 못한 글이었어요. 내 절친한 작가가 내게 화를 잔뜩 내며 편지를 썼더군요. 그는 내가 우울한 개인사를 쓴 게 멍청한 짓이었다고 말했어요.

기사는 그의 자책을 지나, 재즈 시대에 관한 질문으로 이어진다. 그러다 기자는 "『낙원의 이편』 시대의 재즈와 진gin에 광분했던 세대는 어떻게 됐느냐"고 묻는다. 이는 물론, 피츠제럴드의 소설이 대개 자전적이기 때문에 물은 것이다. 피츠제럴드는 답한다.

몇몇은 중개인이 되어 창밖으로 자기 몸을 던졌죠. 다른 몇몇은 은행가가 되어 자기에게 총을 쐈죠. 여전히 몇몇은 신문기자로 지내고, 그리고 몇몇은 성공한 작가가 됐죠.

기자는 이렇게 이어 썼다.

그리고 그의 얼굴이 떨린다.
"성공한 저자들!" 그가 울부짖었다. "오, 맙소사! 성공한 저자들!"
그는 서랍장으로 터벅터벅 걸어가더니, 술을 꺼내 또 들이부었다.

일부를 소개했지만, 이후 피츠제럴드가 얼마나 조롱거리가 되었을지 짐작할 수 있을 것이다. 더 이상 소개하고 싶지 않다. 나는 피츠제럴드가 지금에라도 사랑받기를 원하니까. 다만, 이 인터뷰를 읽을 때마다, 그가 했던 말이 떠오른다.
"처음에는 당신이 술을 마시고, 나중에는 술이 술을 마시고, 급기야 술이 당신을 마신다."

영혼의 고향에 묻히다, 성마리아교회묘지공원

생전에 피츠제럴드는 볼티모어에 묻히고 싶다고 피력했다. 대부분의 도시가 그렇듯, 시내에는 묘지공원이 없기에 피츠제럴드는 볼티모어 인근에 있는 '록빌묘지공원Rockville Union Cemetery'에 묻혔다. 하지만 딸 스코티의 희망은 달랐다. 그녀가 애초에 바랐던 곳은 피츠제럴드의 부모가 묻힌 '성마리아교회묘지공원St. Mary's Church Cemetery'이었다. 그런데 이 묘지를 관리하는 가톨릭교회는 피츠제럴드가 사망 당시 가톨릭 출석 교인이 아니었다는 이유로 안장을 거부했다. 결국, 피츠제럴드는 스코티의 오랜 간청 끝에 1975년이 되어서야 이장됐다. 당시 아내 젤다도 함께 옮겨졌기에, 피츠제럴드는 죽은 뒤 35년이 지나서야 부모와 아내, 몇몇 조상이 묻힌 곳에서 영원한 안식을 할 수 있게 됐다. 그리고 1986년이 되자, 딸 스코티도 피츠제럴드의 곁에 함께 잠들게 됐다.

취재를 준비하며 이 점들을 알았기에, 방문했을 때 허탕 치지 않으려고 꼼꼼히 조사했다. 숙소에서 묘지까지 차로 50분 걸리고, 주말에는 폐장하기에 평일 오전 8시부터 오후 5시까지만 입장할 수 있다는 것까지 기록해뒀다. 그리하여 넉넉하게 오후 2시에 묘지에 도착했는데, 어찌된 영문인지 관리인이 묘지공원의 출입문을 닫고 있었다. 다음 날에는 또 다른 취재 일정이 있기에, 다급히 관리인에게 달려갔다. 할 수 있는 한 최대한 불쌍한 표정을 지으며, 애절하게 사정을 설명했다. 그러자 내 이야기를 한참 들은 70대 노인이 반문했다.

"¿Qué dijiste?(뭐라고 말씀하셨죠?)"

새로운 문제에 봉착했다. 그는 영어를 한마디도 못했던 것이다. 뇌 구석에서 지난 10년간 꽁꽁 얼어 있었던 기초 생활 스페인어 단어를 해동하여 유치원생 같은 대화를 나눈 후 겨우 입장하니, 똑같은 비석과 무덤이 수백 개 넘게 즐비했다. 주소 없이는 원하는 무덤을 찾을 수 없을 지경이었다. 혹시나 싶어 노인에게 "¿Sabes Fitzerald?(피츠제럴드 아세요?)"라고 물으니, 연신 "Tengo que beber, beber, beber……(마시러 가야 해. 마시러. 마시러……)"라는 말만 했다. 서둘러 관리 사무소 연락처를 검색해 통화를 하고 난 후에야, 내가 저지른 멍청한 실수를 깨달았다. 관리 사무소 직원은 익숙하다는 듯이 답했다.

"피츠제럴드는 이장된 지 40년이 넘었어요."

그제야 교회가 보이지 않았다는 사실이 떠올랐다. 성마리아교회 묘지공원으로 가야 하는데, 멍청하게도 록빌묘지공원으로 간 것이다. 결국 다시 주소를 찾아 서둘러 운전대를 잡았는데, 가는 길이 몹시 길었다. 버지니아주도 나왔고, 어찌된 영문인지 워싱턴 D. C.도 나왔다. 주 경계를 넘어가며 세 시간 운전을 하니, '피츠제럴드는 말년에도 고생하고, 이장될 때도 고생했구나' 하는 생각이 들었다. 우여곡절 끝에 성마리아교회에 도착하니, 오후 5시가 다 되었다. 그런데, 불안한 기시감이 들었다. 세 시간 전쯤에 본 도로명과 방금 본 도로명이 같았다. 알고 보니, 록빌묘지공원과 성마리아교회 사이의 거리는 불과 2.2킬로미터밖에 되지 않았다. 차로는 7분 거리였다. 도대체 버지니아주와 워싱턴 D. C.는 왜 갔다 온 것인지 아직도 이해되지 않는다. 1년이 지나도 이해되지 않는 멍청한 실수를 저지른 탓에, 세포 구석까지 허탈감으로 젖었다. 피츠제럴드가 힘겹게 보낸 말년의 고충에다 이장될 때의 고충까지 동시에 밀려오는 듯했다.

성마리아교회는 1817년에 세워졌는데, 아직도 예배를 위해 사용되는 희소성 높은 교회다. 교회의 유구한 역사를 소개하는 안내문을 읽었는데, 친절하게도 다음과 같은 문장으로 끝을 맺고 있었다.

> (이 교회 묘지에) 피츠제럴드와 젤다, 그리고 그의 가족이 함께 묻혀 있다.

7분 거리를 세 시간 만에 온 탓인지, 어쩐지 정체 모를 감동이 느껴졌다. 고생 끝에 무덤에 도착하니, 지금 이 느낌을 잊어서는 안 되겠다는 절박한 마음이 들었다. 나는 수첩과 볼펜을 꺼내 따가운 햇볕 속에 땀을 흘리며 글을 썼다. 다음 글은 그때 쓴 것을 조사하나 바꾸지 않고 그대로 옮긴 것이다.

이 글은 피츠제럴드의 무덤 앞에 서서 휘갈기듯 메모한 글이다. 태어나서 특정 작가의 무덤에 온 것은 처음이다.

> 그리고 지금 내 발 바로 앞에 그와 그의 아내, 그리고 그의 딸이 잠들어 있다. 완벽하게 평화로운 날이었다. 오후 5시였지만, 햇살은 충분히 셌고, 새들은 지저귀고 있었다. 묘지는 도로와 이웃하고 있고, 차들은 경적을 울리며 지나갔다. 묘지 옆에는 전면 유리로 장식

된 현대식 건물이 우뚝 서 있었다.

묘지 위에는 언제 바쳤을지 모를 마른 꽃 하나가 놓여 있었다. 나는 꽃을 사 오지 못한 걸 후회하며, 대신 무덤 위에 달라붙은 새똥들을 맨손으로 치웠다. 딱딱하게 말라붙어 마치 비석과 하나인 것 같았다. 언제 붙은 것인지 가늠할 수 없을 만큼 오래된 것 같았다. 코를 훌쩍거렸고 눈물이 나기 시작했다. 이것이 미국에서 한때 가장 영화로웠던 작가의 최후라 생각하니 근원을 알 수 없는 눈물이 흘렀다. 아마 이것이 작가의 최후, 아니 인간의 마지막 모습일지 모르겠다. 나는 그의 무덤 위에 손을 얹은 채 눈물과 콧물을 흘리며 한참을 앉아 있었다.

더 슬펐던 것은 견딜 수 없었단 것이다. 마치 산 자는 조의할 여유도 없이 살아가야 한다는 듯 얼굴과 목과 귀에 날파리들과 벌레 수십 마리가 달라붙었다. 나를 여기까지 부른 망자 앞에서 벌레 떼의 가려움을 참지 못하는 산 자의 경망함이 나를 더욱 서글프게 만들었다.

여기까지가 현장에서 남긴 메모다. 지금도 그때를 생각하면, 별 조의가 표해지지 않는 피츠제럴드의 쓸쓸한 무덤이 떠오른다. 언제 놓았을지 알 수 없을 만큼 화석처럼 굳은 헌화, 왠지 초등학생이 올려놓았을 법한 비석 위의 조약돌들. 기묘하리만치 무덤을 따갑게 내리쬐던 오후 5시의 햇살, 그리고 무엇보다 짧은 메모를 하는 와중에도 나를 끊임없이 괴롭히던 벌레들. 어느 하나 빠지지 않고 기억이 생생히 재생된다. 그리고 놀랍게도 이 모든 것을 예견했다는 듯,

피츠제럴드의 무덤

피츠제럴드는 생전에 볼티모어에 묻히고 싶어 했다. 처음 그의 유해는 메릴랜드주의 록빌유니
언묘지에 묻혔다가 35년 뒤에 생전의 바람대로 볼티모어 외곽에 있는 성마리아교회묘지로 이
장되었다. 아내 젤다와 딸 스코티도 이곳에 함께 잠들어 있다.

돌에 한 문장이 새겨져 있었다. 마치 돌고 돌아 자신에게 도착한 내게 보라는 듯이.

So we beat on, boats aginst the current, borne back ceaselessly into the past.

그리하여 우리는 조류를 거스르는 배처럼 끊임없이 과거로 떠밀려 가면서도 앞으로 앞으로 계속 나아가는 것이다.

—『위대한 개츠비』(김욱동 옮김), 254쪽

그 문장이 내게 말하는 듯했다. '인생은 원래 이렇다, 세계는 자신의 흐름대로 흘러가니 우리는 그 흐름에 떠밀리지 말고 우리의 속도와 방향으로 흘러가야 한다, 그것이 살아남은 자의 의무다.' 자기 무덤에 찾아온 이에게 이런 말을 하고 싶다는 듯, 비석에는 『위대한 개츠비』의 마지막 문장이 새겨져 있었다.

돌아오며 생각했다. 길을 잘못 들고, 시간을 낭비하고, 진전 없어 보이더라도, 생을 살아가는 이는 앞으로 한 발짝을 내디뎌야 한다는 것을. '끊임없이 과거로 떠밀리어 가더라도' 말이다……

밤은 부드러워

흔히 피츠제럴드가 『밤은 부드러워』를 7년 동안 썼다고들 한다. 하지만 어떤 자료는 9년 동안 썼다고 한다. 이에 대해 나는 별로 의아하지 않다. 대개 이렇게 오래 걸린 작품은 작가의 머릿속에서 오랫동안 소재로 살아왔던 것이다. 그렇기에 손으로 쓰지 않아도 머리로 이미 쓴 시간까지 합하면 이처럼 7년이 되기도 했다가, 9년이 되기도 한다. 게다가 7년이라는 기간 역시, 매일 이 원고만 썼다고 보기는 어렵다. 이렇게 본다면, 7년이 걸렸는지 9년이 걸렸는지 따지는 것은 무의미하다. 중요한 사실은, 피츠제럴드가 『밤은 부드러워』를 역작으로 여기며 심혈을 기울였다는 점이다. 그는 이 작품을 무려 열일곱 번 개고했다.

피츠제럴드가 소설을 쓰는 데 이토록 오래 걸린 이유가 있다. 그는 볼티모어에서 아내 젤다의 치료비를 대기 위해 짧은 글들을 써야 했다. 이것이 생활의 주 수입원이었다. 소설가이지만 본업에 주력할 수 있는 상황이 못 되었다. 동시에 스코티를 양육해야 했고, 무엇보다 스스로 알코올 중독과 싸워야 했다.

소설가로 살기 위해서는 몸 상태가 중요하다. 천재적인 영감에 둘러싸여 지낼 시기에는 술병을 끼고 살더라도 잠시 술이 깨면 멋진 글을 남길 수도 있다. 하지만, 이것은 어디까지나 젊을 때의 이야기다. 소설을 쓰는 것이 일상이 되고, 작가 생활을 오래 하다 보면, 결국 소재는 떨어지고, 자신만의 독창적인 표현은 진부해지기 마련이다. 이때부터 작가들은 소설 쓰기가 육체노동이라는 것을 깨닫게 된다. 장편소설은 고도의 집중력을 요하는데, 이 집중력은 몸이 건강할 때 발휘할 수 있다. 게다가 이 집중력을 적게는 석 달, 길게는 반년을 유지해야 한다. 운동선수가 시즌 중에 술을 마시지 않듯, 소설가가 장편소설을 쓰는 동안에는 몸을 잔뜩 긴장시킨 채 한두 계절을 보내는 것이다. 그럴 때 초고는 고칠 것이 별로 없어진다.

피츠제럴드는『밤은 부드러워』를 짧게는 7년, 길게는 9년을 썼고, 열일곱 번을 고쳤다. 나는 이게 피츠제럴드의 몸 상태가 장편소설을 쓰기에 적합하지 않았기 때문이라 생각한다. 또한 그는 천재적인 영감에 휩싸여 신이 불러주는 대로 받아 적는 청춘의 시기를 지났다. 즉, 스스로 이룩한 문학적 토대 위에서 발전시킬 것은 발전시키고, 개선해야 할 것은 고쳐가며 글을 쓰는, '관록의 시기'에 접어든 것이다. 그런 시기를 청춘의 시기처럼 지냈으니, 피츠제럴드의 알코올 중독이 안타까울 수밖에 없다.

어찌 되었든, 피츠제럴드의 역작『밤은 부드러워』는 1920년대를 배경으로 하고 있다. 그리고 그의 모든 소설이 그러하듯, 이 작품 역시 자전적 요소로 가득하다. 일단, 주인공인 정신과 의사 딕 다이버에게는 정신 질환을 앓고 있는 아내가 있다. 그리고 아내 니콜은 대부호의 딸이다. 딕은 피츠제럴드, 니콜은 젤다인 셈이다.

스토리는 간단하다. 딕은 니콜의 정신 질환이 근친상간 때문임을 알게 된다. 하지만 니콜에게 사랑을 느껴 결혼을 했고, 남편이자 담당 의사 역할을 하며 지낸다. 딕은 아내의 가문이 가져다준 막대한 부에 빠져 안일한 삶을 살아가는데, 어느 날 휴양지 리비에라에서 열여덟 살의 영화배우 로즈메리와 사랑에 빠지게 된다. 딕은 가치관의 혼란을 겪게 되고, 아내 니콜은 어느새 건강을 되찾아 토미 바르방이라는 남자와 재혼을 하게 된다. 그리고 딕은 버림받은 뒤 혼자서 살아간다.

『밤은 부드러워』에는 피츠제럴드의 인생과 겹치는 요소가 좀 더 있다. 일단, 피츠제럴드는 프랑스 남부에서 미국인들과 함께 지낸

피츠제럴드 부부가 머물렀던, 남프랑스 리비에라의 저택

1925년, 피츠제럴드 부부는 남프랑스 리비에라로 향했다. 그들은 앙티브의 작은 만에 위치한 빌라생루이에서 체류했다. 피츠제럴드는 이곳을 배경으로 야심작인 『밤은 부드러워』를 집필했다. 이 작품은 리비에라, 스위스 등을 무대로 미국인 정신과 의사인 딕과 그의 아내 니콜, 열여덟 살의 배우 로즈메리 사이에서 일어나는 사건을 다뤘다. 피츠제럴드의 소설이 그러하듯 이 작품에도 자전적 요소가 많이 담겨 있다. 1929년, 빌라생루이는 5성급인 호텔벨리브로 바뀌었다.

적이 있다. 소설에서도 딕 다이버 부부는 프랑스 남부에서 미국인들과 함께 지내며, 그들의 문화에 대해 비판한다. 물론, 다이버 부부에게 자신들의 모습이 투영되기도 했지만, 정확하게는 젤다의 친구이자 당시 함께 지낸 미국인 명사 부부 제럴드와 새라 머피Gerald and Sara Murphy가 실제 모델이기도 하다. 또한 젤다가 스위스의 요양원에서 받았던 심리 치료에 대해서도 이 소설은 묘사한다. 차이점이 있다면, 소설에서 니콜은 온전히 건강을 되찾았지만, 젤다는 그러지 못했다는 것이다. 이는 아마 피츠제럴드의 희망이었으리라.

자, 그럼 『밤은 부드러워』에 독자들은 어떻게 반응했을까. 결론부터 말하자면, 이 책은 객관적으로는 실패했다. 전작 『위대한 개츠비』도 시장에서 실패했는데, 9년 만에 낸 『밤은 부드러워』 역시 처음에는 겨우 1만 2,000부가 팔렸다. 현재 한국 도서 시장의 기준으로 본다면 베스트셀러가 될 수 있는 기록이지만, 당시 미국 상황과 피츠제럴드의 명성을 고려한다면 형편없는 수치였다. 피츠제럴드는 실패의 원인을 되짚어보았다. 그러다 이 소설의 플롯이 복잡하다고 생각했다. 중반부의 회상 때문에 독자들이 혼란스러워한다고 여긴 것이다. 그래서 자신의 책을 직접 찢어서 앞뒤로 이동시키며, 이야기 순서를 재배치했다. 프린스턴의 파이어스톤도서관 컬렉션에 있는 저자 소장본이 이를 입증한다. 그의 아쉬움이 얼마나 컸는지, 죽은 지 11년, 초판본이 출간되고 17년 후인 1951년, 친구이자 문학평론가인 맬컴 카울리Malcolm Cowley가 작가의 기록을 토대로 개정판을 냈다. 사건이 연대기적으로 전개되는 버전이었다. 하지만 이마저도 실패를 했고, 출판사는 결국 초판본으로 돌아갔다.

피츠제럴드의 팬이기에, 당연히『밤은 부드러워』를 읽었다. 미안한 말이지만, 피츠제럴드의 염려는 틀렸다. 그는 소설의 중간 부분이 회상으로 되어 있어 독자들이 헷갈려할 것으로 여겼는데, 중간으로 가기도 전에 이미 많은 인내심을 발동해야 했다. 피츠제럴드의 아름다운 문체를 존경하지만,『밤은 부드러워』에는 종종 문장에 수식이 너무 많았다. 그 때문에 문장은 길어졌고, 이는 수준 높은 지구력을 요했다. 예컨대, 한 문장이 이 정도 길이다.

> 최근에 찍은 영화 세트에서 나온 별난 부스러기들과 파괴된 인도의 거리 장면, 마분지로 만든 커다란 고래, 농구공만 한 버찌가 주렁주렁 매달린 거목이 창백한 애머랜스(비름 속의 관상 식물─옮긴이)나 미모사가 코르크나무나 분재소나무같이 특정 지역에서만 고유하게 자라는 이국적 산물들 옆에서 흐드러지게 핀 꽃처럼 널려 있었다.
>
> ─『밤은 부드러워』, 39쪽

> 점심에 마신 포도주 때문에 기분이 좋아진 니콜은 어깨 위로 꽂은 인조 동백꽃이 볼에 닿을 만큼 두 팔을 포개서 머리 위로 쭉 뻗어 올리고는 예쁘게 가꾸어놓은 정원으로 나갔다.
>
> ─『밤은 부드러워』, 44쪽

어떤 문장은 수식이 모호하기도 하다.

로즈메리는 물에 얼굴을 묻고 서툰 네 박자 크롤로 물결을 일으키며 조금씩 헤엄쳐 물에 띄워놓은 뗏목을 향해 나아갔다. 물이 다가와 그녀의 몸을 물 밖의 열기로부터 슬그머니 아래로 끌어내리더니, 머리카락 속으로 스며들고 몸 구석구석으로 달려들었다.

—『밤은 부드러워라』, 17쪽

'물 밖의 열기로부터 끌어내린다'는 표현의 뜻을 정확히 이해하는 사람이 과연 얼마나 많을까. 내가 언급한 것은 피츠제럴드가 우려한 소설 중반으로 가기 전에 나오는 문장들이다. 사실, 이런 문장은 수도 없이 많다. 책의 상당 부분이 이런 문장으로 채워져 있다. 물론, 번역의 문제일 수 있다. 번역자들 역시 이 문제를 의식했는지 최근에 출시된 번역본은 예전 판본보다 부드럽게 읽힌다. 그럼에도 『밤은 부드러워』는 쉽게 읽히는 소설이 아니다. 결국 원문의 문제로 이어지는데, 종종 그의 원문을 읽어보면, 분사 구문이나 절로 구성된 장문이 많고, 원래 수식어가 많아 문장이 긴데, 이를 또 복문으로 늘어뜨린 문장도 있다. 나는 명백히 피츠제럴드의 소설과 피츠제럴드라는 사람을 사랑하지만, 그렇다고 해서 문장마다 수식을 하고자 하는 그의 욕심까지 사랑하는 것은 아니다. 당시 독자들이 나와 같이 여겼는지는 모르겠지만, 어쨌든 그의 역작은 세상의 인정을 받지 못한다. 그리고 그는 이제 역작의 실패로 추락의 길에 접어든다.

심혈을 기울인 『위대한 개츠비』가 외면을 당하고, 그 때문에 글을 쓰기 어려운 생활 환경과 몸 상태임에도 불구하고 쥐어짜듯이 오래 써낸 소설이 또 한 번 외면을 받은 사실은 어쩔 수 없이 삶의 비정함을 일깨운다. 나마저 『밤은 부드러워』에 손을 들어줄 수 없다는 게 너무 미안하다. 하지만, 누군가 간단하게 『밤은 부드러워』가 어떠냐고 묻는다면, 나는 헤밍웨이처럼 "그 속에는 위대한 표현들이 많다"고 답할 것이다. 나는 은퇴하지 않을 피츠제럴드의 애독자이니까 말이다.

피츠제럴드공원에서

볼티모어에서 보내는 마지막 날인지라, 어디를 갈까 고민했다. 피츠제럴드가 살았던 집은 일찌감치 방문 리스트에서 빼버렸다. 딸 스코티가 다녔던 고등학교도 있었지만, 다른 학생들이 수업을 받고 있기에 이 역시 뺐다. 조금 망설이긴 했지만, 결국 남은 곳은 한국에서 미리 조사해보고 별 기대를 하지 않았던 '피츠제럴드공원Fitzgerald Park'뿐이었다. 내 기준으로 고인의 이름을 딴 공원이라면 적어도 도산공원 정도는 되어야, 고인에게 민망하지 않을 것 같았지만, 피츠제럴드공원은 '공원'의 정의가 위협받을 만큼 작은 놀이터처럼 보였다. 하지만 무덤에 다녀온 후 별 기대는 하지 않기로 했기에, 마지막 날에 쉬는 것보다 피츠제럴드에 관해 무엇이든 추억해보는 것이 낫겠다고 여겼다.

내가 사는 합정동에는 양화대교로 건너기 직전, 도로변에 서서 배기가스를 온몸으로 맞고 있는 동상이 하나 있다. 그 동상은 작정하지 않고서는 접근하기 싫을 만큼, 차도 한가운데에 서 있다. 당연히, 그 동상의 주인공이 누구인지 아는 사람은 거의 없다. 내 생각에는 아마, 나와 그 동상을 거기에 세운 사람밖에 없을 것이다. 그는 바로 고려의 학자 정몽주다. 이곳 역시 입구 석문石門에 '피츠제럴드 파크'라고 작은 글씨로 새겨져 있었지만, 어떤 공원인지 알고 와 있는 사람은 거의 없는 듯했다. 공원의 규모는 인터넷에서 미리 살펴본 것과 별다를 바 없었다. 직접 와서 확인한 사실이 있다면, 이름이 무색할 만큼 공원에 피츠제럴드와 관련된 것이 하나도 없다는 것이다. 공원 안에는 개와 산책 중인 커플과 한 남자, 그리고 나뿐이었다. 바닥에는 이끼가 잔뜩 끼어 있고, 타일 사이로 잡초가 삐져나와 있었다.

위안 삼을 것이 있다면, 햇살이 매우 따스하게 공원을 비추고 있다는 점이었다. 햇살이 멀리서 온 나를 데워줬고, 노란 은행잎들은 말라서 공원 앞 거리에 쌓여 있었다. 벤치에 앉아 한동안 미국에서의 여정을 떠올리고 있으니, 개가 나를 향해 짖으며 반겨줬다. 어찌된 영문인지 개는 주인인 커플 곁을 떠나 내게로 슬금슬금 왔다. 개가 다가오자 낙엽 밟는 소리가 부스럭부스럭 났다. 그 개가 내 옆에 자리를 잡고 엎드리고, 커플은 내게 미소를 지어주었다. 개가 너무나 살갑게 대해, 피츠제럴드가 이곳까지 찾아온 나를 개를 통해 위

피츠제럴드공원
공원 이름이 무색할 만큼 작가와 관련된 것은 전혀 찾아볼 수 없지만, 그를 기억해주는 공간이 있다는 사실만으로도 볼티모어는 그에게 따뜻한 곳이다.

로해주는 것이 아닌가 하는 신이한 생각까지 들었다.

평생 집을 갖지 못한 채, 자신의 부모처럼 이 도시 저 도시를 떠돌며 살았던 피츠제럴드. 그는 이곳을 떠나고 1년 후, 할리우드로 이사하면서 더욱 가파른 추락의 미끄럼틀을 탄다. 그렇기에 볼티모어에서 보낸 시간이 그의 인생에서 사실상 마지막으로 행복했던 때라 여긴다. 비록 아내의 치료 때문에 왔지만, 이곳에서의 생활이 신이 그에게 허락한 행복의 시기였던 것이다.

피츠제럴드가 사랑한 볼티모어. 미국에서 범죄율이 가장 높은 도시이자, 그렇기에 에드거 앨런 포가 살며 추리 소설의 원형이 된 범죄 소설을 탄생시킨 도시. 아울러, 피츠제럴드가 유일하게 작품에 집중하며 그나마 '쓰는 작가'로 지낼 수 있었던 도시.

이번 취재를 하며 여러 도시와 시골을 다녔지만, 돌이켜보니 '볼티모어'가 작가가 지내기에는 가장 알맞다는 생각이 들었다. 시계탑이 중심이 된 도심의 풍경도 고즈넉했고, 빛바랜 오렌지색 벽돌로 세워진 건물들도 고풍스러웠다. LA처럼 뜨거운 태양이 작열하지도 않고, 뉴욕처럼 전 세계인들이 몰려와 각자의 욕망을 좇아 달려가는 도시도 아니다. 그렇기에 누군가에게 볼티모어는 범죄의 도시로 기억될지 모르겠지만, 내게는 평화로운 도시이자 글쓰기에 좋은 도시였다.

생각을 정리한 후, 아담한 공원을 둘러보았다. 커플은 담소를 나누고 있었고, 혼자 온 남자는 무위를 즐기고 있었다. 개가 다가와 내 다리에 자기 얼굴을 비비고서 돌아갔다. 안온한 시간을 보내고 나니, 이 도시에서 작게나마 피츠제럴드를 기억해주는 공간이 있다는 점이 고맙게 느껴졌다. 그러고 보니, 피츠제럴드가 어느 날 노스캐롤라이나에 있는 비서에게 보낸 편지가 떠올랐다.

볼티모어는 따뜻하고, 기분 좋은 곳입니다. 생각했던 것 이상으로 볼티모어를 사랑하고 있어요. 이곳에는 여러 추억이 담겨 있습니다. 거리를 둘러보는 것도, 위대한 친척의 기념비를 보는 것도 좋고, 에드거 앨런 포가 이곳에 묻혀 있다는 점도, 수많은 조상들이 구시가지의 만灣을 따라 걸었다는 사실도 정겹습니다. 나는 이곳에 속해 있습니다. 고상하고, 따분하고, 예의 바른 이곳에 말이죠. 만약 몇 년 뒤에 젤다와 내가 이곳의 어느 오래된 묘지의 비석 아래 서로 안은 채 묻혀 있더라도 전혀 개의치 않을 겁니다. 그건 정말로 행복한 상상이고, 전혀 우울하지 않습니다.*

* Deborah Rudacille, 앞의 글.

성장과 인식의 공간 — 프린스턴

어떠한 변명으로도 뺄 수 없는 행선지

눈치챘겠지만, 피츠제럴드는 평생 자전 소설을 썼다. 중·단편소설은 160여 편에 달하니, 장편소설 몇 가지만 살펴보자.

『마지막 거물』은 일단, 배경지가 자신이 살았던 할리우드다. 주인공인 거물 영화 제작자는, '죽은 아내를 빼닮은 여인'에게 마음을 빼앗긴다. 피츠제럴드는 한평생 지네브라 킹을 닮은 여인과 사랑에 빠졌다. 아내 젤다는 물론, 집필 당시 동거했던 연인 셰일러 그레이엄까지 모두 닮은 여인이다. 더욱이 이때 젤다는 살아 있었지만, 조현병 때문에 '살아도 죽은 존재처럼' 지냈다. 피츠제럴드는 이미 상처喪妻한 남편처럼, 아내를 닮은 다른 여인과 사랑하고 있지 않았던가.

『밤은 부드러워』는 좀 더 솔직하다. 주인공은 정신 질환을 앓고 있는 아내를 두고, 열여덟 살의 여배우 로즈메리 호이트와 사랑에 빠진다. 피츠제럴드는 할리우드 일을 처음 시작한 1927년에 여배우 로이스 모런Lois Moran과 사귄 바 있다. 소설의 배경 역시, 피츠제럴드 부부가 1924년에 체류했던 남프랑스 리비에라만이다.

『위대한 개츠비』역시 자신이 살았던 그레이트넥을 배경으로 하고 있다. 그레이트넥은 소설에 묘사된 대로 상당한 부촌이다. 소설에서 이름만 '웨스트에그'로 바꾸었을 뿐 실제 공간을 그대로 가져다 썼다. 아울러, 개츠비는 데이지에게 청혼했다가 거절당했는데, 피츠제럴드 역시 젤다에게 청혼을 했다가 거절당했다. 이유 역시 같다. 표면상으로는 '불투명한 미래' 때문이었고, 현실적으로는 '부잣집 출신이 아니었기' 때문이다. 피츠제럴드는 젤다와 결혼하기 위해 『낙원의 이편』을 써 성공을 거두었고, 한평생 부를 향해 돌진했다. 개츠비는 데이지의 사랑을 얻기 위해, 상상할 수 없을 만큼 막대한 부를 일구었다. 그렇기에 내게 개츠비는 피츠제럴드가 차마 성취해내지 못한 금전적 욕망의 대리 실현자처럼 보이기까지 한다.

피츠제럴드가 자전 소설을 쓰는 작가라는 점에 동의해준다면, 하고픈 이야기로 넘어가겠다. 대개 작가들은 자기 이야기로 첫 소설을 쓴다. J. D. 샐린저도, 무라카미 하루키도, 심지어 나도 그랬다. 한평생 자전 소설을 썼던 피츠제럴드는 더욱 그랬다. 청년기에 경험한 모든 것을 원료 삼아 첫 작품을 빚어냈다. 대개 작가의 삶을 추적하면, 작품은 물론 작중 인물까지 이해할 수 있는데, 그게 바로 이 기행을 시작한 이유다. 그러니 자전 소설을 쓰는 작가라면 두말할 나위가 없다. 즉, 피츠제럴드와 그의 첫 작품을 이해하고픈 이에게, 프린스턴은 어떠한 변명으로도 뺄 수 없는 행선지였다.

볼티모어에서 차를 몰고 프린스턴으로 가는 길은 평온했다. 전형적으로 쭉 뻗은 미국식 도로가 한없이 이어졌고, 너무 한적하다 싶으면 주유소가 나왔다. 그러면 어김없이 맥도날드, 타코벨 따위의 프랜차이즈 식당이 모습을 드러냈다. 이런 도로를 두 시간 반 정도 달리고 나니, 어느 순간 키 큰 가로수가 줄지어 서 있었는데, 그 가로수 그늘 사이로 이따금 햇살이 쏟아졌다. 뻔하고 산업적인 도로가 끝나자, 호젓하고 학구적인 분위기의 도로가 나왔다. 혹시나 싶어서 둘러보니, 역시나 노변에 붉은 벽돌 건물들이 비슷한 형태로 세워져 있었다. 프린스턴대학교였다. 미국 대학답게 학교와 외부를 구분 짓는 담장은 없었다. 게다가, 한적한 시골에 위치한 대학답게 학생들은 편안한 복장으로 자전거나 스케이트보드를 타고 다녔다.

차를 타고 학교를 한 바퀴 둘러보니, 미국 대학답게 몹시 넓었다. 학교 안에는 아스팔트 도로가 쭉 이어졌고, 그 옆으로 각종 연구실과 기관, 클럽, 도서관, 강의동이 쉼 없이 이어져 있었다. 300년 남짓한 대학이라는 것을 방증하듯, 캠퍼스 곳곳에 설립자를 비롯한 여러 학자의 동상이 세워져 있었다. 학교의 상징이라 할 수 있는 파이어스톤도서관 앞에서는 학생들이 의자에 아무렇게나 걸터앉아, 무릎 위에 맥북을 올려놓고 토론하고 있었다. 늦깎이 대학원생인지 지역 주민인지 모를 젊은 아빠는 아기를 유모차에 태운 채 산책도 하고 있었다.

주차를 한 뒤 본격적으로 둘러보니, 학교 앞 거리에는 오래된 이발소와 서점이 있었고, 현대적인 중식당과 일식당도 있었다. 수제 맥주와 희귀 와인을 파는 가게도 있었다. 행인들의 여유로운 표정과 선선한 날씨 덕인지, 다붓하고 아담한 느낌의 대학가라는 인상을 받았다. 가을의 프린스턴은 단풍으로 물들어, 낭만적으로 보였다. 프린스턴의 첫인상은 아주 평화로웠다. 하지만 나는 갓 섬에 도착한 인류학자처럼 오판하고 있을지도 모른다. 인류학자의 눈에 그들은 한가롭게 낚시나 하는 것처럼 보일지 모르겠지만, 실상은 생존을 위해 저녁거리를 포획하느라 끙끙대는 것일 수 있으니 말이다. 결론부터 말하자면, 프린스턴은 평화롭고 평등해 보였지만, 경쟁적이고 계급적이었다. 물론, 이 역시 내 느낌일 뿐이지만……

세계의 맨얼굴을 보여준 프린스턴

피츠제럴드는 1913년에 프린스턴대에 입학했다. 몇몇 국내 도서가 그를 프린스턴 졸업생으로 소개하지만, 명백히 자퇴했다. 원인은 다소 복잡하다. 표면적으로는 학업 부진이 이유였지만, 근원적으로는 그가 받은 여러 상처와 이로 인한 의욕 상실이 이유였다. 우선, 아이비리그 생활을 감당하기에 피츠제럴드 가정은 상대적으로 가난했다. 부친의 실업으로 피츠제럴드는 친구들에 비해 형편이 어려웠다. 상승 욕구가 강하면서 예민했던 그는 이 때문에 상처받았고, 상처를 극복하고 일어서려니 돈이 필요해 또다시 상처를 받는 악순환을 겪었다. 계급의 상처뿐 아니라, 실연의 상처(지네브라 킹), 거절의 상처(풋볼 팀)까지 복합적으로 겪었는데, 이를 좀 더 들여다보자.

피츠제럴드는 입학하자마자 풋볼 팀에 찾아가 입단 테스트를 받았다. 하지만 그 자리에서 시원하게 탈락해버렸다(당시 그는 키 170센

하늘에서 본 프린스턴대학교

피츠제럴드는 1913년에 프린스턴대에 입학하여 장차 미국을 대표하는 평론가가 되는 에드먼드 윌슨과 시인이 되는 존 필 비숍과 교유했다. 하지만 그의 대학 생활은 학업 부진과 누적된 계급적 상처 등으로 인해 1915년, 자퇴로 막을 내렸다.

티미터에 몸무게가 62킬로그램이었다. 게다가 훗날 프린스턴 동기 중에서 "가장 예쁘장한 학생"으로 뽑힐 만큼, 유약한 외모의 소유자였다. 모린 코리건, 『그래서 우리는 계속 읽는다』, 78쪽). 그는 꽤나 깊은 심적 상처를 받았는데, 우리 식으로 표현하자면 '꿈과 희망에 부푼 새내기'의 기가 처참히 꺾여버린 것이다. 물론, 그에게는 작가가 되려는 야심이 있었다. 그렇기에 훗날 미국 문단에서 평론가로 활약할 에드먼드 윌슨과 시인으로 활약할 존 필 비숍John Peale Bishop과 친구가 되어 문학적 교류를 했다(학생 때부터 인맥 관리를 할 만큼, 야심 찼다). 교내 문예지인《나소문학Nassau Literary Magazine》과 교지인《프린스턴타이거Princeton Tiger》에 단편소설, 시도 발표했다(포트폴리오 관리도 한 것이다). 뮤지컬 동아리인 '트라이앵글클럽'에도 희곡을 써냈다(쐐기를 박은 것이다). 그는 이토록 꾸준히 글을 썼지만, 프린스턴에서의 학업에는 회의를 품고 있었다. 냉정히 말해, 프린스턴의 학업과 글쓰기는 아무런 연관이 없다. 학업에 동기 부여가 일지 않자, 필력은 좋아졌을지 모르겠지만 성적은 떨어졌다. 당시 상황에 대해 모린 코리건은 아래와 같이 서술했다.

그는 라틴어와 화학에서 불완전 이수 학점을 받았고, 1915년 가을에 재시험을 봤지만 낙제했다. 가을 학기가 끝날 때에는 재시험을 봤지만, 말라리아에 걸렸기 때문인지 결핵이 악화됐기 때문인지 아무튼 허약해진 피츠제럴드는 자퇴를 했다. 그리고 1916년 가을, 용감하게 학교로 돌아왔다. 하지만 교과 과정을 따라갈 가능성은 낮았다. 트라이앵글클럽의 회장에 선출될 자격도 얻지 못했다. 부

《나소문학》(1913)

프린스턴대 교내 문예지로, 피츠제럴드도 여기에 단편소설과 시를 기고했다. 피츠제럴드가
입학한 해에 나온 위 호에는 훗날 미국 문단에서 활약하게 될 에드먼드 윌슨의 단편소설과 존
필 비숍의 시도 실려 있다.

모가 아예 돈이 없지는 않았지만, 뭔가 해보려는 아들에게 큰 도움
이 될 형편은 아니었다.

— 모린 코리건, 『그래서 우리는 계속 읽는다』, 85~86쪽에서 편집 인용

풋볼 팀의 입단 거절, 낙제, 악화된 건강, 게다가 위화감을 느끼
게 하는 동문들, 여기에 자세히 알려지진 않았지만 학과장으로부터
상처를 받았다는 일화까지 곁들여져 이제 피츠제럴드는 프린스턴
을 다닐 이유를 완전히 잃어버렸다. 그는 더 이상 학교로 돌아가지
않았다.

책의 초반에 언급한 적이 있는데, 피츠제럴드에게는 조금 극단적
인 면이 있었다. 연애도, 학업도, 글쟁이로서도, 무엇 하나 잘 풀리
지 않자 그는 제1차 세계대전에 참전해 영예롭게 죽기를 원했다. 그
리하여 미 육군 소위가 된 후 롱아일랜드에서 마침내 유럽으로 가
려고 대기하던 중, 그만 전쟁이 끝나버렸다. 병약했던 소년이 장교
가 되어 용감히 참전해 공을 세우는 스토리를 원했으나, 이마저 좌
절된 것이다. 그는 더욱 낙심했다. 언뜻 이해하기 어려운 그의 심리
는, 간혹 줄곧 약골이라 놀림받던 어린 시절 친구들이 해병대를 다
녀온 뒤 어깨를 펴고 다니는 걸 보면 이해가 된다. 피츠제럴드는 예
쁘게 생긴 자신의 외모에 자부심뿐만 아니라 콤플렉스도 품고 있었
기에 참전하고 싶었던 것이다. 후일담이지만, 훗날 파리에서 친해
진 헤밍웨이는 참전하지 못한 콤플렉스에 시달리던 피츠제럴드를
편지로 들쑤셔놓는다. 『위대한 개츠비』가 시장에서 외면당해 잔뜩
낙심해 있을 때였다.

프린스턴대 시절의 피츠제럴드(좌)

이 시절 피츠제럴드는 풋볼 팀 입단 실패, 학업 부진, 건강 악화, 실연, 쟁쟁한 집안 출신의 동문들에게서 느낀 계급적 위화감 등으로 인해 학교생활을 이어갈 동기를 찾지 못했다. 대신 제1차 세계대전에 참전해 영예롭게 죽기를 원했다.

자네가 슬픔에 잠기는 이유는 전쟁에 가보질 않아서야. '전쟁'이 가
장 좋은 주제라고. 소재도 풍부하고 박력도 있으며, 흔히 전 생애를
거쳐야 얻을 수 있는 온갖 자료가 거기에 다 있는 거야.

— 어니스트 헤밍웨이, 『헤밍웨이 서간집』, 81~82쪽

헤밍웨이에게는 탁월한 문장력뿐만 아니라, 피츠제럴드의 마음
을 아프게 하는 재주까지 있었다. 게다가 그 재주는 피츠제럴드가
죽은 지 10년이 되었을 때까지도 지치지 않고 발휘됐다. 복싱과 사
냥을 즐겼던 헤밍웨이는 여러모로 왕성한 작가였다.

그나저나 작가는 어떤 존재인가. 자신의 콤플렉스마저도 창작의
동력으로 삼는 존재 아닌가. 피츠제럴드는 개츠비를 자기 대신 참전
시켜 무공 훈장을 받게 했다. 그리고 개츠비만으로는 성에 차지 않
았는지 『위대한 개츠비』의 화자인 닉까지 제1차 세계대전에 참전한
것으로 설정했다. 이 점에 대해 모린 코리건은 이렇게 분석했다.

피츠제럴드는 자기 세대의 결정적인 순간(1차 대전)에 끼지 못했다
는 사실에 마음이 아팠다. 그래서 짠하게도 자기는 겪지 못한 복무
경험을 개츠비와 닉에게 부여했던 것이다.

— 모린 코리건, 『그래서 우리는 계속 읽는다』, 91쪽

실제로, 피츠제럴드는 동시대인들에게서 군복무를 빼놓을 수 없
는 경험의 공통분모로 여긴 것 같다. 『위대한 개츠비』에서 닉은 일
면식도 없는 이웃집 거부 개츠비의 파티 초대장을 받아 그의 저택

으로 간다. 닉은 집주인에게 인사를 하지 못해 불안한 상태였는데, 이때 한 남자가 나타나 갑자기 군대 이야기를 꺼낸다.

"낯익은 얼굴이군요. 혹시 전쟁 중에 3사단에 있지 않았나요?" 그가 정중히 물었다.
"아, 네. 제9기관총 대대에 있었죠."
"저는 1918년 6월까지 제7보병대에 있었어요. 전에 어디선가 본 분 같더니만."
　　　　　　　　　　　　　　　　—『위대한 개츠비』(임종기 옮김)

그렇다. 불안하지만 이 둘은 만나자마자 군대 이야기를 한 것이다. 한국 도서 시장의 소비자 대부분이 여성인 점을 감안해볼 때, 요즘 이렇게 썼다가는 2쇄도 찍지 못한다. 그렇다고, 당시『위대한 개츠비』의 판매 성적이 좋았다는 건 아니지만⋯⋯. 다행인 점은 이 둘이 축구 이야기까지 하진 않는다는 것이다.

"이 집의 개츠비라는 분이 운전기사를 통해 초대장을 보냈더군요."
내 말을 못 알아들은 듯, 그는 잠시 나를 빤히 쳐다보았다.
"내가 바로 개츠비입니다." 그가 불쑥 말했다.
"뭐라고요! 이런, 실례했군요." 나는 소리쳤다.
"아는 줄 알았어요, 친구. 내가 주인 노릇을 제대로 못한 것 같군요."
　　　　　　　　　　　　　　　　—『위대한 개츠비』(임종기 옮김)

육군 소위 시절의 피츠제럴드(1918)

1917년에 육군 보병 소위로 임관된 피츠제럴드는 롱아일랜드의 캠프 밀스에 전속되어 해외
파병을 기다리던 중 제1차 세계대전 휴전 소식을 듣는다. 전후 작가인 그에게 전쟁 경험의 부
재는 콤플렉스로 작용했다. 그리하여 자기 대신 개츠비를 참전시켜 무공 훈장을 받게 했다.

피츠제럴드는 군 복무를 주인공과 화자의 첫 대화 소재로 택할 만큼 중요히 여겼다. 냉정히 말해, 참전하지 못한 게 그에게 부채 의식이었고 상처였던 것이다. 전후 세대인 작가에게 전쟁 경험은 자산이었다. 헤밍웨이를 비롯한 동시대 작가에 비해, 피츠제럴드는 쓸 수 있는 소재를 제한받은 것이다. 그렇기에 개츠비의 계급이 소령이었고, 몬테네그로에서 무훈 메달을 받았다는 설정, 실제로 피츠제럴드가 군용품을 수집했다는 사실은 어쩔 수 없이 처량하게 들린다.

한편, 피츠제럴드가 받은 상처의 대부분은 태생적인 것이었다. 유년기에는 곱상한 외모 때문에 세인트폴의 고약한 소년들에게 시달렸고, 청소년기에는 뉴저지의 명문 가톨릭 기숙학교 뉴먼에서 상류층 자제들에게 상대적 박탈감을 겪으며 지내야 했다. 대학생이 된 후에는 지네브라 킹의 아버지에게 거절당했다. 부자 가문 출신이 아니었기 때문이다. 자신의 잘못이 아닌, 태생적 결정 요인에 의해 상처를 주고받는 미국 사회에 대해 그는 어찌 느꼈을까. 이런 사회에 태어난 자신은 어떻게 살아가야 한다고 느꼈을까. 그리고 자신들만의 공고한 벽을 쌓아둔 미국의 지배 계층, 그중에서도 부자들에 대해 어떻게 느꼈을까.

이 점에 관해서 그는 표면적으로는 '쿨했다'. 관찰자의 입장을 견지하려 했다. 부자들을 존경하지도, 비난하지도 않았다. 자본주의 사회에서 일어나는 계층 생성을 냉정하게 관찰하려 했다. 그 관찰이 너무나 자신을 초라하게 만들었기에 때로 좌절했지만, 그럼에도 긍정적인 희망을 품고 체제 내에서 성공하길 바랐다. 하지만 피츠제럴드는 어느 순간 깨달았을 것이다. 아무리 발버둥을 쳐봐야, 자신이 태생적 부자 가문의 자손들과 같아질 수 없다는 것을. 가난한 사람들은 갑자기 큰돈을 만지면 한을 풀듯이 한동안 돈을 펑펑 쓰기도 하는데, 나는 피츠제럴드의 사치가 이러한 맥락의 연장선상에 있다고 여긴다. 행위의 범위가 크고 지속적이긴 하지만 그 출발의 이유는 콤플렉스라 생각한다. 행위를 반복하면 습관이 되기에, 결국은 생에 걸쳐 지속적인 사치를 한 것이라고. 그렇기에 내면적으로는 그가 '쿨하지 못했던' 것 같다.

동시에, 그의 상처와 콤플렉스는 누적된 것이었다. 뉴먼스쿨을 다닐 때 집안은 이미 기울어진 상태였다. 부친의 실업으로 수입이 부족했지만, 상대적으로 유복한 집안 출신인 어머니가 교육에 욕심을 냈다. 결국, 피츠제럴드는 쟁쟁한 가톨릭 명문가 자제들 틈에서 자신이 처한 상황을 비교하며 지냈다. 행인지 불행인지 성적이 좋았던 피츠제럴드는 동부의 아이비리그인 명문 프린스턴대에 입학했다. 그리고 이곳에서 또 한 번 다른 세상의 또래들을 만나게 된다. 뉴먼스쿨과는 차원이 다른, 훨씬 강한 우월 의식에 사로잡힌, 특권층의 자제들을 만났다. 그들과 교유하며 피츠제럴드는 세상이 드러내지 않은 계급의 민낯을 여실히 보게 된다. 훗날 상처의 원인이 되기도 하고, 성공하고픈 욕망의 원인이 되기도 한 경험을 하게 된다. 바로, 그가 정신적 고향이라 여기는, '유니버시티코티지클럽University Cottage Club'에서부터 말이다. 내가 가장 먼저 찾아간 곳 역시 유니버시티코티지클럽이었다.

상류 사회로 가는 관문, 코티지클럽

코티지클럽을 우리말로 옮기면, '오두막 동아리'다. 이 동아리의 주목적은 함께 식사하는 것이다. 즉, 내가 가고자 했던 곳은, 우리 기준으로 '동아리 방'이었던 것이다. 이런 생각으로 코티지클럽에 가서, 인사하고, 분위기가 좋으면 피츠제럴드에 대해 이런저런 수다나 떨어볼까 하는 마음으로 향했다.

돌이켜 생각해보니, 낭만적이다 못해 순진한 생각이었다. 그때 생각을 달리 했어야 했다. 프린스턴은 동부 아이비리그 아닌가. 피츠제럴드가 동부 대학에 대해 서술한 적이 있다. 바로 프린스턴 경험을 바탕으로 쓴 『낙원의 이편』에서 말이다. 주인공 에이머리는 상대적으로 순진한 톰에게 이렇게 말한다.

> 동부의 대학으로 온 건 네가 선택한 일이잖아. 비열하게 싸우는 인간의 본성에 눈을 떠, 아니면 눈을 감은 채 그냥 지나가든가.
>
> —『낙원의 이편』, 151쪽

단정할 순 없지만, 피츠제럴드는 아이비리그에서 지내는 것을 에이머리가 말한 대로 '비열하게 싸우는 인간의 본성에 눈을 뜨는 일'이라 이해한 듯하다. 프린스턴 입학을 바로 이런 세계로의 편입이라 여긴 것이다. 그러니 식사 동아리라고 할지라도 아이비리그라면 그 성격과 규모가 달라질 수 있다. 단순히 선배가 후배에게 덮밥한 그릇 사주면서 "힘내. 좋은 일이 있을 거야"라며 잔디밭에서 어깨를 두드려주는 풍경과는 매우 다르다. 일단, 표현부터 고치자. 정찬 모임, 혹은 '다이닝 클럽'이라 하고, 동아리 방이 아니니 '클럽하우스'라 하자. 공식적인 활동이라고는 밥을 같이 먹는 것뿐인 이 동아리는 건물을 소유하고 있으니까. 그것도 '조지안 리바이벌Georgian Revival'이라는 고상한 양식의 건물을 말이다.

동아리는 유서 깊게도, 조선의 고종 29년인 1892년에 함께 식사할 건물을 짓기 시작했다. 그런데 몇 년을 짓다가 동문들이 '좀 아닌 것 같다'는 느낌을 받았는지 1903년에는 갑자기 세계적인 건축가 찰스 폴런 맥킴Charles Follen McKim을 고용한다. 잠깐 소개하자면, 그는 당시 뉴욕에 유니버시티클럽, 필라델피아에 메트로폴리탄앤드유니언리그, 로드아일랜드에 뉴포트카지노 등의 건물을 지으며 명망을 높인 건축가였다. 그는 명성에 걸맞게 자재를 영국에서 수입해왔다. 내친김에 흔한 빅토리아풍 하우스를 새로운 느낌의 조지안 리바이벌 양식으로 변경했다. 이게 어떤 양식인지는 중요하지 않다. 이 책은 건축 디자인 도서가 아니니까. 중요한 것은, 이 코티지클럽의 디자인이 프린스턴대학의 건축 양식을 선도했다는 점이다. 조지안 리바이벌 양식은 20세기 프린스턴대학 건축 양식의 표본이된다. 그는 프라이버시를 중요히 여겼는데, 그 때문인지 단지 식사를 하는 동아리일 뿐인데도 방이 총 다섯 개가 있다. 건물 안에는 식당은 물론, 참나무가 심긴 마당과 당구장, 그리고 도서관도 있다. 도서관은 옥스퍼드대학교의 14세기 머튼칼리지도서관을 본떠서 만들었다. 곳곳에 덧댄 참나무 패널은 런던에서 수입한 자재다.* 1994년 영화 〈아이큐I. Q.〉에서 알베르트 아인슈타인Albert Einstein의 친구

코티지클럽 외부 전경

1889년에 탄생하여 지금까지 그 전통이 이어져오고 있는 코티지클럽은 멤버들 간의 친목을 도모하는 식사 모임이다. 그러나 코티지클럽 건물은 단순히 식사만 하는 공간은 아니다. 식당 뿐만 아니라 도서관, 응접실, 독서실, 중정, 당구장까지 갖추고 있어서, 이곳에서 멤버들은 자신들만의 결속을 단단히 다지며 캠퍼스 생활을 한다. 피츠제럴드는 백인 상류층 남학생들만 들어갈 수 있었던 이 클럽에 가입해 활동하면서 계급 문화의 일면을 경험한다.

역할로 맥 라이언Meg Ryan, 팀 로빈스Tim Robbins 등이 이 도서관에서 연기했다. 그 외 응접실Palmer Room, 독서실Tiger Room이 있는데, 애초에 이 독서실은 식사 후 커피를 마시며 음악을 듣거나 카드 게임을 하는 공간이었다. 하지만 (세상의 눈치가 보였는지) 현재는 홈페이지에 '토론과 학업을 위한 방'으로 쓰인다고 안내돼 있다. 끝으로 클럽하우스 마당에는 오래된 참나무가 굳건하게 심겨 있다.

이쯤 되면 모르기 어렵다. 이 클럽은 명문가 자제들이 중세 귀족처럼 친목과 결속을 도모하고, 자신들만의 울타리를 공고히 하는 공간이라는 것을.

그렇다면, 왜 이런 동아리가 생긴 것일까. 사실, '식사 동아리', 아니 '다이닝 클럽'은 프린스턴만의 독특한 문화다. 올바른 이해를 위해, 잠깐 역사를 살펴볼 필요가 있다. 훗날인 1896년에 프린스턴대학교로 이름이 바뀌는 뉴저지칼리지의 1700년대 후반 사정은 열악했다. 타운 내는 물론, 교내에도 하수 시설이 없었고 물도 제대로 공급되지 않았다. 학생들은 학생 식당인 '나소홀Nassau Hall'에 모여 식사했는데, 주로 빵, 버터, 우유 따위로 때웠다. 사과 철에는 애플파이를 디저트로 먹었다는 게 회자될 만큼 식사가 형편없었다.

그러다 1855년에 학교에 큰 화재가 발생했고, 급식 서비스가 중단됐다. 어쩔 수 없이 학생들은 스스로 식사를 준비해 와 기숙사에

* 피츠제럴드는 이 도서관이 마음에 들었는지, 『위대한 개츠비』에 등장하는 개츠비의 서재를 '머튼칼리지 서재'라고 표현했다. 진위 여부는 밝혀지지 않았지만, 소설에서 개츠비는 옥스퍼드 출신이라고 '주장'하는 설정이었기에 머튼칼리지 서재라 표현했을 뿐, 실은 코티지클럽 도서관으로부터 영감을 받은 것 같다.

서 끼니를 해결해야 했다. 자연스레 1879년에 최초의 식사 모임인 '아이비 클럽Ivy Club'이 생겼다.

그리고 1884년에 신입생 몇 명이 자기들끼리 식사할 곳으로 나소 거리의 '돔스태번Dohm's Tavern'이라 불리는 간이식당 2층을 정했다. 이름도 붙였다. '기름기 낀 일곱 명의 현명한 남자들The Seven Wise Men of Grease'(여기서 '기름기Grease'는 머릿기름이 아니라, 그들이 감내해야 했던 식사를 뜻한다). 이들은 내친김에 집을 하나 빌리고, 식사를 주문해서 먹기로 한다. 그리하여, 1886년에 캠퍼스의 두 번째 다이닝 클럽이 태동했다. 아직까지 이름은 '기름기 낀 일곱 명의 현명한 남자들'이었다(이때까지는 남학생 동아리였다). 이때 이들이 빌린 건물 이름이 바로 '유니버시티코티지'였다. 그리고 1889년이 되자, 이들은 코티지 클럽을 공식적으로 탄생시켰다.

이후에 이들이 아예 땅을 사고 건물을 짓기로 했다는 것, 짓는 김에 원조 격인 아이비클럽의 맞은편에 짓기로 했고, 하는 김에 유명 건축가까지 고용했다는 것 등의 역사가 이어진다. 그리고 1889년에 공식적으로 탄생한 이 클럽은 놀랍게도 1986년이 되어서야 여학생 입단을 허용한다. 말하자면, 130여 년을 이끌어온 유서 깊은 이 클럽 역사 대부분은 상류층 자제들, 그중에서도 백인 남성의 유물이었던 것이다(때문에 대학 당국은 다이닝 클럽이 계급 문화를 조장한다고 한동안 금지했으나, 이 역시 전통이라는 점을 인정하여 다시 허용하였다. 피츠제럴드의 말대로, 아이비리그답다).

코티지클럽의 다이닝룸

명문가 자제들이 모여 식사하는 다이닝룸은 매우 고풍스러웠다. 하지만 이 공간은 클럽 창립부터 약 100년간 백인 남학생들의 공간이었다. 클럽은 1986년이 되어서야 여학생들을 회원으로 받기 시작했다. 학교 당국은 이 식사 동아리가 계급 문화를 조장한다는 이유로 한때 금지하기도 했으나, 전통을 존중하여 다시 허용했다.

'친구가 있는 곳에 부가 있다'

지금은 어떨까. 2018년 6월 현재, 홈페이지 대문에 걸린 사진 속에서는 약 70여 명의 남녀 학생이 웃고 있다. 이 중 흑인 학생은 남녀 각 한 명씩이다. 동양인은 한 명도 없다. 라틴 계열이 많은 것도 아니다. 눈이 아플 만큼 사진을 들여다봐도, 조상이 중남미 출신으로 보이는 사람은 기껏해야 한 명인데, 이마저도 불확실하다. 나머지는 머리카락이 갈색이거나, 검정에 가까울지라도 모두 백인이다. 미국은 이민자의 나라이지만, 이곳은 96퍼센트 이상이 백인인 사회다. 말하자면, 교육받은 앵글로색슨족의 씨족 사회 같은 곳이다. 이런 분석은 좀 잔인하지만, 내게 흑인 학생 두 명과 라틴계(일지도 모르는) 학생 한 명은 클럽이 직면하게 될 인종적 편향성에 대한 비판을 모면하기 위해 마련한 최소한의 방패처럼 보였다(물론, 동양인은 여기에도 속하지 못했다).

그럼 이들은 왜 사실상의 백인 사회를 유지하고 있는 걸까. 백인들끼리 식사를 할 때 식욕이 더 자극되기 때문일까. 아니면 통계적으로 백인들 중에 미식가가 더 많다는 조사 결과라도 있기 때문일까. 알고 보면 미식가들 위주로 선정한 '미식 클럽'이기 때문일까. 왜 식사 동아리에서 이토록 한 인종에 치우친 인구 구성이 이뤄지고 있는 걸까. 여기서 잠깐, 이 동아리의 목적인 식사에 대해 짚고 넘어가자.

식사는 의미가 광범위하다. 우선 식사를 생존의 개념으로 이해하면, 매일 만나서 함께 먹는 사람은 가족과 다름없다. 가족을 뜻하는 식구食口는 '함께 밥을 먹는 입'이라는 뜻 아닌가. 밥을 매일 같이 먹으면 가족이 된다. 실제로 코티지클럽의 회원들은 서로를 가족처럼 여긴다. 동시에 식사에는 친교의 의미가 있다. 설명할 필요도 없이, 우리는 흔히 '다음에 밥 한번 먹자'고 인사하며 우정을 확인한다. 나아가, 식사에는 정치적 의미까지 포함된다. 70년간 적대 관계를 유지해온 북한과 미국이 첫 정상회담을 할 때, 언론은 정상끼리 어떤 음식을 먹었는지 생중계로 보도하고, 메뉴의 의미까지 분석했다. 결론부터 말하자면, 코티지클럽의 식사에는 이 모든 의미가 포함된다. 이들은 서로를 같이 공부하는 친구로, 청춘을 함께 통과하는 동료로, 졸업 후에는 거래를 할 비즈니스 파트너로, 그리고 자신들이 진출하게 될 미국 상류 사회에서의 운명 공동체로 인식한다.

그렇기에 좀 노골적으로 말하자면, 멤버 구성은 애초부터 상류 사회에서 살아남을 출신으로 이뤄지는 것이다. 인종의 벽, 가난의 벽, 사회적 소수자의 벽에 부딪혀 사회에서 도태될 사람은 처음부터 이 클럽 문을 열지 말라는 것이다. 일단 프린스턴에 입학했다는 점에서 '가난의 벽'은 거의 걸러진다. 1986년부터 남학생 클럽이라는 정체성도 버렸기에 이제는 여학생이 절반 이상이다. 그렇다면 남은 게 무엇인가. 바로 인종이다. 이러다 보니 사실상 백인 사회가 된 것이다.

이들의 만남 목적은 홈페이지에 좀 더 명확히 드러난다. 홈페이지 대문에는 회원들이 활짝 웃고 있는 단체 사진 아래 이런 문구가 쓰여 있다.

Ubi Amici Ibidem Sunt Opes.

라틴어로 쓰인 이 문장은 친절하게도 바로 아래 영어로도 쓰여 있다.

Where there are friends, there are riches.

'친구가 있는 곳에 풍요로움이 있다.' 나는 이 문장을 이렇게 해석했다. 하지만 자꾸 마음 한편에 문장을 이렇게 해석하고도 싶어졌다. '친구가 있는 곳에 부富가 있다.' 어떤 해석을 고를지는 독자의 몫이다. 어찌 됐든, 나는 이 문장이 이 클럽의 성격을 여실히 드러낸다고 생각한다. 상징적인 인생의 풍요로움이건, 직접적인 금전적 부이건, 이 클럽이 친구들과 함께 풍요롭고 윤택한 길로 나가고자 하는 바는 명확한 것 같다.

'정신적 고향'이자 '제2의 고향'

『낙원의 이편』을 쓰기 전의 피츠제럴드는 문학청년이었다. 수많은 아이디어와 이를 표현하고픈 열망과 열정을 가진 청춘이었다. 하지만 그런 사람은 수도 없이 많았다. 단 몇 명만이 그 어수선한 열망과 열정을 아름답고 품격 있게 표현해낸다. 피츠제럴드는 『낙원의 이편』을 써내며 단번에 스타로 발돋움했다. 재즈 시대의 내로라하는 인물들이 주목할 만한 새로운 작품을 써낸 것이다. 그가 생전에 팔아치운 『낙원의 이편』은 『위대한 개츠비』보다 훨씬 많다. 동시대인들은 피츠제럴드를 언제나『낙원의 이편』을 쓴 작가로 기억했다. 그만큼, 우리가 아는 바와 달리 피츠제럴드에게『낙원의 이편』은 중요한 작품이었다(동시에 극복해야 할 작품이기도 했다).『낙원의 이편』을 본격적으로 쓴 것은 프린스턴을 자퇴하고 나서이지만, 작품의 기반이 된 경험은 대부분 프린스턴에서 했다. 그 경험의 대부분을 코티지클럽에서 했다는 점 역시 어렵지 않게 유추할 수 있다. 생애 여러 번에 걸쳐 코티지클럽을 '정신적 고향' 혹은 '제2의 고향'이라고 표현했으니까. 프린스턴 학창 시절 중 코티지클럽을 빼버리면 남는 게 없을 정도로, 피츠제럴드에게 이 클럽은 소중한 추억의 공간이었다. 그 덕인지 비록 자퇴를 했지만, 클럽 내 도서관 벽 한쪽에 놓인 탁자 위에는 피츠제럴드가 사인한『낙원의 이편』초판본이 전시돼 있다.

『낙원의 이편』으로 성공했고, 그 성공의 발판에는 코티지클럽이 있었다. 그렇기에 그에게는 클럽에 관한 좋은 기억이 많이 남아 있었을 것이다. 마침『낙원의 이편』에 코티지 클럽이 구체적으로 언급돼 있는데, 바로 다음 장면이다. 작가의 분신과 같은 주인공 에이머리와 친구인 톰이 봄을 맞이하는 대목이다.

6월이 오자 날씨가 너무 덥고 나른해져서 그들은 시험 걱정도 제대로 못 할 지경이었다. 몽롱한 저녁이면 코티지클럽의 뜰에 앉아 기나긴 주제를 놓고 이야기를 주고받았다. 그러다 보면 스토니브룩으로 이어지는 산굽이가 파란 아지랑이가 되고, 테니스장 주변에는 라일락이 하얗게, 이야기가 끊어진 자리에는 담배가 조용히 타

『낙원의 이편』 초판 표지(1920)

피츠제럴드는 첫 장편소설인 이 작품으로 크게 성공하며 단박에 문단의 총아로 떠올랐다. 그는 프린스턴대를 자퇴한 이후 본격적으로 이 작품을 썼지만, 바탕이 된 경험은 대부분 대학 시절에, 그것도 코티지클럽에서 한 것이었다. 클럽 내 도서관 한쪽에 놓인 탁자에도 『낙원의 이편』 초판본이 전시되어 있다.

올랐다⋯⋯. 그다음에는 인적이 끊긴 프로스펙트를 지나 매코시를 끼고 사방에 깔린 노랫소리를 따라가다 보면 어느새 나소 거리의 신나는 열기 속에 이른다.

—『낙원의 이편』, 149쪽

코티지클럽에서 나눠준 소개 자료에 따르면, 피츠제럴드는 코티지 클럽을 "영리한 모험가들과 잘 차려입은 바람둥이들의 멜랑주(혼합)an impressive mélange of brilliant adventurers and well-dressed philanderers"라 표현했다.

나는 피츠제럴드가 이곳에서 많은 영감은 물론, 상처 역시 받았음을 방문하고 나서야 이해했다. 코티지클럽은 더 큰 세계로 가기 위한 관문 역할과 보잘것없는 출신 성분을 보여주는 차가운 거울 역할을 동시에 했다.

그렇기에 그는 『낙원의 이편』에 이렇게 썼을지 모른다. 주인공 에이머리와 순수한 톰이 프린스턴의 문화에 대해 대화하는 장면이다. 톰이 먼저 말한다.

"(⋯) 난 이 좁아터진 곳에서 편협한 속물 짓을 하려니까 역겨워. 넥타이 색이 어떻고 외투 천이 어떻고 하는 걸로 사람을 가르지 않는 곳에 가고 싶어."

"그럴 순 없어, 톰." 에이머리가 못을 박으며 말을 이었다. 자전거를 타는 동안 서서히 날이 밝았다. "이제 넌 어디를 가더라도 너도 모르게 '뭐가 있고' '뭐가 없고'의 기준을 적용하고 말 거야. 좋든 싫든 간에 우린 너한테 도장을 찍었어. 프린스턴 유형이라고!"

"쳇, 그렇다면." 투덜거리는 톰의 갈라진 음성이 처량하게 올라갔다. "도대체 내가 왜 돌아와야 하는 거지? 프린스턴이 가르칠 건 이미 다 배웠는데. 2년 더 공부하는 척, 클럽에서 뒹굴어봐야 좋을 건 하나도 없다고. 난 너 망가지고 완전 속물이 돼버리겠지. 지금도 너무 줏대가 없어서 어떻게 살아야 할지 모르겠는걸."

"하지만 톰, 넌 중요한 사실을 잊고 있어." 에이머리가 그의 말을 끊으며 말했다. "좀 얼떨떨하겠지만 넌 이제 막 세상의 속물근성에 눈을 뜬 거야. 프린스턴은 생각이 있는 사람에게는 틀림없이 사회적 감각을 심어줘."

—『낙원의 이편』, 150~151쪽

이 대사를 보면 피츠제럴드가 왜 프린스턴을 자퇴했는지, 약간 이해할 수 있다. 동시에 프린스턴이 속물을 길러낸다고 생각했지만, 한편으로는 그것이 바로 필요한 사회적 감각이라는 것도 인정한다. 나는 피츠제럴드에게 이런 복잡한 생각을 갖게 한 코티지클럽으로 가보았다.

용기를 내어 코티지클럽 안으로 들어가, 제일 먼저 보이는 남학생에게 내 소개를 했다. 찰리라는 이 남학생은 한국 소설가가 클럽까지 찾아온 게 신기했는지 의외로 호기심을 표하며, 선뜻 식당으로 안내했다.

가보니 한 클럽의 식사 공간으로 묵혀두기엔 너무나 고풍스러웠다. 천장에는 금촛대가 매달려 있었고, 한쪽 나무 벽에는 코티지클럽의 엠블럼이 양각돼 있었다. 그 아래에는 대리석으로 장식된 벽난로도 있었다. 벽난로의 대리석 면에는 이 클럽의 좌우명과도 같은 "UBI AMICI IBIDEM SUNT OPES(친구가 있는 곳에 부가 있다)"가 대문자 라틴어로 새겨져 있었다. 둥근 테이블마다 붉은 식탁보가 깔려 있었고, 식탁보 위에는 투명한 유리잔, 스푼, 포크, 나이프가 가지런히 놓여 있었다.

오후 3시쯤이었으니, 저녁 식사를 위해 세팅한 것 같았다. 테이블은 프린스턴 학생들의 미래만큼이나 찬란히 쏟아지는 햇빛을 제 한가운데 받고 있었다. 마침 클럽이 위치한 거리 이름마저 '프로스펙트애비뉴Prospect Avenue', 즉 '전망가'였다. 미래가 밝아 보이는 찰리에게 물었다.

"매일 여기서 식사를 하나요?"

"네. 매일 합니다."

"클럽 멤버 모두요?"

"가능하면 모두 하려고 합니다."

"그럼, 식사는 누가 준비하나요?"

"외식 업체에서 매일 출장 요리사를 보내옵니다."

"메뉴는 주로 어떤 건가요?"

"뷔페식입니다. 다양한 메뉴가 있어, 학생들이 취향에 따라 골라 먹습니다."

클럽의 돈으로 요리사를 고용해 매일 식사를 하는 학생의 표정에서는 자부심도, 쑥스러움도 없었다. 그저 매일 이렇게 식사를 하는 게 자신들의 일상이라는 표정이었다. 나는 찰리와 함께 클럽 안도 둘러보기로 했다. 당구장에서 남학생들이 여유롭게 포켓볼 게임을 하고 있었다.

"언제 이렇게 클럽에 와서 휴식을 취하나요?"

게임 중인 학생들에게 물어보니, 그들이 대답했다.

"우린 강의가 비는 시간이면 항상 코티지클럽에 있어요. 당구도 치고, 책도 읽고, 인터넷 서핑도 하고, 과제도 하고……."

왜 피츠제럴드가 코티지클럽을 제2의 고향으로 여겼는지 알 만했다. 이들은 이곳을 거의 집처럼 여기며 식사를 하고, 당구를 치고, 음악을 듣고, 잡담을 하고, 때론 토론도, 공부도 했다. 그러니 피츠제럴드가 이곳에 앉아서 『낙원의 이편』을 구상했다는 게 전혀 이상하지 않았다. 몇몇 학생은 소파에 비스듬히 눕듯이 앉아서 리포트를 작성하고 있었다.

나는 가장 궁금했던 도서관으로 가보았다. 그리고 그곳에 들어서는 순간, 이 클럽의 위용을 실감하고 말았다. 한국에 있는 어떤 대학의 중앙 도서관보다 고풍스럽고 멋진 도서관이 이 클럽 안에 있었다. 격자무늬 마룻바닥, 페르시아 양탄자, 참나무 책장 그리고 그 안에 담긴 가죽 장정 양서들. 금촛대 장식으로 된 샹들리에가 도서관 실내에 은은한 빛을 선사하고 있었다. 그 빛 아래 100년 가까이 된 책들이 아무렇지도 않게 책장 여기저기에 꽂혀 있었다. 그리고 책장과 책장 사이 한쪽 벽에 피츠제럴드가 사인한 『낙원의 이편』 초판본이 있었다. 이 또한 대단한 것이 아니라는 듯이. 자그마한 나무책상 위에 책이 펼쳐져 있고, 그 위를 유리 덮개로 덮어놓았을 뿐이었다. 참고로 프린스턴의 중앙 도서관인 파이어스톤도서관 내에 비치된 『위대한 개츠비』 초판본을 실물로 한번 보겠다고 내가 한 고

코티지클럽 도서관

옥스퍼드대학교의 14세기 머튼칼리지도서관을 본떠서 만든 도서관은 코티지클럽의 위용을 가장 잘 보여주는 공간이다. 이곳에는 피츠제럴드가 사인한 『낙원의 이편』 초판본이 자그마한 책상 위에 펼쳐져 있다.

생에 비하면, 이건 실로 아무것도 아니었다. 마치, 로마 콜로세움 근처에 가면 길가에 1,000년 이상 된 유물이 방치되듯 놓인 것과 같았다. 중앙 도서관에서 피츠제럴드 책 초판본을 한번 만져보기 위해 했던 일련의 행위(출입증을 만들고, 담당자를 만나고, 물품을 보관함에 넣고, 서약서를 쓰는 등…… 자세한 설명은 파이어스톤도서관 방문기 참조)를 떠올려보니, 이들은 정말 여러 특권을 누린다는 게 새삼 실감 났다.

찰리에게 혹시 이 클럽 학생회장을 만날 수 있느냐고 물었다. 나는 좀 더 공식적으로 취재를 해보고 싶었다. 인터뷰가 되어도 좋고, 하다못해 사진 촬영 허락이라도 받고 싶었다. 그는 "슈어Sure!(물론입니다!)"라며 도서관 내실에서 체스 게임 중인 한 명을 가리켰다. 그렇다. 학생회장이 있었던 것이다. 학생회장은 공화당 출신 상원 의원처럼 사무적이고 잘 훈련된 미소를 지으며 악수를 청했다. 덩치가 크고, 빠르게 말하는 백인 남성이었다. 마치 『위대한 개츠비』에서 막 튀어나온 톰 뷰캐넌(데이지의 남편) 같았다. 그는 자신감에 가득 찬 동부 악센트로 자신을 소개한 뒤 "무엇을 도와드릴까요?"라며 물었다(여러 번 경험했지만, 백인 남성이 "무엇을 도와드릴까요"라고 묻는 건, '어서 나가라'는 뜻이다). 나는 일단 캘리포니아와 볼티모어에서 수백 번 한 자기소개를 또 한 번 반복한 뒤, 문화체육부에서 몇 년 전에 제작해준 내 영문 소개 팸플릿을 보여주었다. 잠자코 듣고 있는 이 미식축구 팀 주장 같은 청년의 얼굴에선 자신들의 선배를 취재하러 온 외국인 소설가에 대한 호기심보다는, '그래서 뭐 어쩌라는 거지?'라는 회의가 이는 것 같았다. 나는 프린스턴과의 연관성을 찾으려 잠자는 해마를 깨웠는데, 내 인생에서 이 명문 대학과의 연관성이라고는 예전에 다닌 '프린스턴어학원'밖에 없었다. "아, 저도 한때 미국 대학원에 올까 싶어 입학시험을 준비하며 어학원에 다녔는데, 바로 프린스턴어학원이죠"라고 말하려다 참았다(게다가 이곳은 대학원을 무시하는 학부 중심 대학이다. 이 또한 엘리트적이다). 나는 작가적 자존심을 버리고『낙원의 이편』의 문학성에 대해 길게 칭송한 뒤, 피츠제럴드의 초판본을 찍을 수 없겠느냐 물었다. 물론 플래시를 쓰지 않겠다고 첨언했다.

그러자 회장의 얼굴에 슈마허가 모는 경주차 같은 광속의 미소가 지나갔다. 금세 굳은 얼굴로 돌아와 취재를 할 수 없다고 했다. 그는 몹시 일정이 많은 공화당 상원 의원 대표처럼 내게 다시 악수를 청하더니, "만나서 반가웠습니다, 선생님. 혹시 필요한 게 있으면 이걸 참고하십시오"라며, 클럽 소개 책자를 건네줬다. 그러면서 덧붙였다.

"우리 홈페이지 주소는 www……."

그 후 곧장 자기 자리로 돌아가 체스를 뒀다. 찰리는 내게 어깻짓을 하며, 어쩔 수 없다는 표정을 지었다. 실은 사진을 몇 장 찍어두긴 했지만, 회장이 허락하지 않았으므로 이미 찍은 사진은 쓰지 않기로 했다. 회장이 준 책자의 마지막 장에는 이런 문구가 있었다. "우리는 모든 멤버들을 가치 있게 여긴다. 특별히 다음 몇몇 두드러지는 인물들을 포함하여……."

그다음에 열아홉 명의 동문을 언급하고 있는데, 아버지가 거금을 기부한 에드거 팔머Edgar Palmer를 비롯해(그렇기에 응접실 이름이 '팔머룸'이다), 대부분 클럽하우스 건설에 필요한 거금을 쾌척한 동문들이다(주목할 점은, 비록 자퇴했지만, 피츠제럴드의 이름도 이 열아홉 명 중에 언급돼 있다는 것이다. 이런 경험을 하고 나니, 이 대목에선 고마워 눈물이 날 것 같았다).

  책자는 기부금의 액수까지 세세히 밝히고 있었다. 팔머룸의 주인 공인 팔머 동문의 아버지 스테판 S. 팔머Stephen Squires Palmer는 1903년 에 6만 5,000달러를 기부했다(과거 달러를 현재 가치로 환산해주는 사이 트http://www.officialdata.org에 따르면, 한화로 19억 7,400만 원이 넘는다). 말하자 면, 현재 한국의 한 대학에 입학한 아들이 밥 먹는 데 필요한 동아리 방을 꾸미는 데 아버지가 20억 가까이 내준 것이다. 그 덕에 클럽 소개 책자에는 아직도, 그의 아들인 에드거 팔머의 초상화가 크게 실려 있다. 나는 바로 이것이 이 동아리의 성격을 여실히 보여주는 대목이라 여긴다. 이미 대학 자체가 중산층 이상이 다니는 곳인데, 거기에서 또 부잣집 아들만 추려서 운영하는 '배타적 모임'인 것이 다. 페이스북이 애초에 하버드에서 시작된 '배타적 연애용 앨범'인 것처럼 말이다. 이 클럽은 1999년에 뉴저지의 '역사적 명소'로 선정 됐고, 같은 해에 '미국의 역사적 명소'로도 선정됐다. 우리는 자라며 미국을 자유와 평등의 나라라고 배웠지만, 문체부의 교육 외에 내 가 실제로 체험한 미국은 여러 면에서 계급적이고, 배타적이었다. 피부색과 머리카락 색을 결정하는 것은 멜라닌 소체melanosome의 수 와 크기, 분포 따위인데, 아직도 이 세포 소체 때문에 인생 상당 부 분이 결정되는 사회가 미국이다. 코티지클럽을 나와서 한참을 걸어 다녔다.

  해는 점차 기울어 하늘을 오렌지 빛깔로 물들이고 있었다. 저녁 시간이 되자, 여기저기서 슈트 차림을 한 남학생과 드레스 차림을 한 여학생들이 나타났다. 남학생들은 대개 짙은 남색 계열의 슈트에 줄무늬 넥타이를 맸고, 여학생들은 몸매가 확연하게 부각되는 원피스 드레스를 입었다. 중세 유럽 부인처럼 어깨가 노출되고 가슴이 파인 옷을 유니폼같이 입고 나타났다. 이들 모두 각자 다이닝 클럽에 가서 식사를 하고, 그들만의 식사와 파티를 즐기려는 것이었다. 평일 저녁이었지만, 한두 명만 이런 것이 아니라 여러 명의 학생들이 곳곳에서 이런 차림으로 다녔다. 마치 캠퍼스 곳곳마다 성대한 파티가 치러지는 것 같았다.

저녁노을을 배경으로 우뚝 선 건물은 웅장하고, 역사가 느껴질 만큼 오래됐다. 총장이 미국 독립선언서에 서명을 하고, 피츠제럴드가 선배로 있고, 존 내시John Forbes Nash Jr. 같은 노벨상 수상자를 열다섯 명 배출하고, 하버드, 예일과 함께 매년 랭킹 1위를 다투는 대학. 그러면서도 학부 중심이라 아이비리그에서 다트머스대학교 다음으로 학생 수가 적고, 개교 이후 200년간 남자 학교를 고수했던 가장 보수적인 대학(1969년에 남녀 공학이 됐다).

아무것도 모르고 교정을 걷는다면, 프린스턴은 낭만의 대명사가 될 만큼 아름다웠다. 프린스턴의 보수성과 배타성은 정평이 나 있기에, 오히려 교정의 아름다움마저 위압적으로 다가왔다. 드레스와 슈트 차림의 남녀 학생이 웃으며 대화를 주고받고 있었고, 그들의 얼굴에서 피어나는 것은 자신감이었다. 어쩌면, 코티지클럽의 학생회장이 내게 보여준 미소처럼, 훗날 미국 역사의 중심에 설지도 모른다는 자신감이 깃든 것 같은 얼굴이었다. 좀 더 솔직히 말하자면,

프린스턴대 교정

프린스턴대는 하버드대, 예일대와 함께 매년 종합 평가 1위를 다투는, 아이비리그의 명문 사립
대다. 1746년 개교 이래 200년간 남자 학교를 고수했을 만큼, 또한 코티지클럽 같은 백인 중심
의 식사 모임 전통이 이어져오고 있을 만큼 보수적이고 배타적이다. 피츠제럴드는 프린스턴
이 속물을 길러낸다고 생각했지만, 한편으로는 그것이 필요한 사회적 감각이라는 것도 인정
했다.

특권 의식에서 비롯된 자신감이었다. 아인슈타인이 교수로 온 학교에서 공부하다 보면, 매일 옷을 갖춰 입고 자기들끼리 100년 이상 된 공간에서, 금장식이 된 공간에서 식사를 하다 보면 없던 귀족 의식도 생기려나, 하며 그들을 이해하려 했다.

대학 진학 이전의 피츠제럴드

피츠제럴드의 출생과 부모에 대해 이야기해보자. 『헤밍웨이 Vs. 피츠제럴드』를 쓴 스콧 도널드슨이 이에 대해 꽤나 자세히 연구를 했다. 다음은 그가 쓴 글을 내가 요약정리한 것이다. 주의할 점은 원문이 피츠제럴드에게나 헤밍웨이에게나 그다지 호의적이지 않다는 것인데, 이는 저자의 특성이라기보다는 둘의 생이 거칠고 유별난 데에서 기인한 것이니 감안하고 보자.

저자는 피츠제럴드의 출신에 대해 적나라하게 말한다.

> 한마디로 그의 어머니 쪽이 돈을 가지고 있었다면, 아버지 쪽은 교양을 갖추고 있었다.
> — 스콧 도널드슨, 『헤밍웨이 Vs. 피츠제럴드』, 16쪽

풀어서 말해보자. 부계를 거슬러 올라가면 미국 국가를 작사한 시인 프랜시스 스콧 키가 있다. 피츠제럴드 본인 역시 이 부계의 명망을 상당히 중시해, 조상의 뿌리가 있는 메릴랜드주를 '미국에서

가장 아름다운 주'라 했고, 그중 볼티모어에서는 모든 게 '예의 바르고, 즐겁고, 성숙하고, 정중하다'고 표현했다. 언급했듯이, 그 때문에 피츠제럴드는 지금도 매릴랜드주에 묻혀 있다.

반면 모계는 도널드슨의 표현에 따르면, '속물근성을 바탕으로 자수성가한 상인 계층의 표본'이었다. 피츠제럴드가 여기기에 모계는 '1850년 기근 때 미국으로 이민 온 전형적인 아일랜드인'이었다. 피츠제럴드는 자신의 외조부가 소매상이 아니라 도매상이었다는 사실을 강조했는데, 이는 조금이라도 장사꾼 이미지를 희석해 외가의 체면을 살리려 했다는 것이 도널드슨의 분석이다. 그 때문인지 피츠제럴드는 작가 존 오하라John O'Hara에게 보낸 1933년의 편지에 이렇게 썼다.

> 내 몸속에는 반은 아일랜드 촌놈의 피가 흐르고 있고, 반은 조상에 대한 자부심이 남다른 미국 구가舊家의 피가 흐르고 있네. 외가 쪽은 돈을 가지고 있으면서 과묵하고 의리를 아는, 다시 말해 오래전에 사어가 돼버린 '교양'을 갖춘 친가 쪽 사람들을 깔보았네…….
> — 스콧 도널드슨, 『헤밍웨이 Vs. 피츠제럴드』, 16쪽

피츠제럴드의 생가

피츠제럴드는 1896년, 미네소타주 세인트폴 481번지에서 태어났다. 부계 조상 중에는 미국 국가를 작사한 시인 프랜시스 스콧 키가 있었기에, 피츠제럴드는 이런 부계의 명망에 대해 늘 자부심을 품고 있었다. 모계는 1850년 아일랜드 기근 때 미국으로 이주하여 자수성가한 상인 계층의 표본이다.

한편, 피츠제럴드는 아버지가 뼈대 있는 가문 출신이라는 것에 안도하면서도, 그의 현실 감각 없는 생계유지 능력에 대해 한탄했다. 피츠제럴드는 술을 마셨는지 1926년 2월, 편집자 맥스에게 보낸 편지에서 양친을 이렇게 헐뜯었다.

> 나의 아버지는 얼간이고, 나의 어머니는 걱정을 사서 하는 신경과 민에다 반미치광이입니다……. 만약 일찌감치 그런 사정을 알았더라면 미국 최고의 작가가 됐을 겁니다.[*]
>
> ― 스콧 도널드슨, 『헤밍웨이 Vs. 피츠제럴드』, 16~19쪽

아버지는 교양은 있었지만, 경제적 능력이 없었다. 반면, 어머니는 교양은 없었지만, 경제적 능력이 있었다. 도널드슨은 그 결과, 피츠제럴드 집에서는 어머니가 곧 법이었다고 한다. 그녀는 "외할아버지가 안 계셨다면 우리 가족이 어떻게 됐겠니?"라고 입버릇처럼 말했다. 하지만 어머니 역시 상인 계층이 아닌, 상류층으로 발돋움하기를 간절히 원했다. 피츠제럴드 역시 그 기질을 물려받았다. 앞서 언급했듯이 피츠제럴드가 어머니에게 제일 처음 배운 말이 '업up!'일 만큼, 상승 욕구가 생기는 환경에서 자랐다.

모친 몰리가 무리해서 자신을 명문 학교로 보냈고 그 때문에 상처를 받았지만, 여기에는 피츠제럴드의 잘난 척하는 성격도 한몫했다. 피츠제럴드는 세인트폴아카데미에서 심심찮게 따돌림을 당했

---

[*] 최고의 작가가 됐을 거란 말은, 풍부한 소재를 확보했을 것이라는 뜻이다.

다. 스스로 기록한 '원장元帳, ledger'에 따르면, 그의 생일에 아무도 오지 않았고, 감자구이를 파는 가게에서는 또래에게 쫓겨나기도 했다. 심지어 세인트폴아카데미 교내 신문에는 "스코티(스콧의 별칭)에게 독을 먹이든지 어떤 식으로든 그의 입을 다물게 할" 사람을 구하는 광고까지 실렸다.

이런 피츠제럴드의 별난 성격과 관계없이, 몰리는 아들 자랑하길 좋아했다. 잘 차려입혀서 사람들한테 선보이고, 피츠제럴드를 시켜 집에 찾아온 손님들 앞에서 브루투스Marcus Junius Brutus의 연설문을 암송하도록 했다. 시를 낭독하게 하기도 했다. 여기까지는 도널드슨의 연구이자 의견이고, 내 의견은 '어머니가 피츠제럴드를 통해 지적 허영을 채우고 싶었다'는 것이다.

이처럼 어머니는 피츠제럴드에게 외적 교양을 주입하듯 교육시켰는데, 이러한 장면은 『낙원의 이편』의 첫 대목인 주인공 에이머리의 성장 과정과 비슷하다. 심지어 소설의 첫 문장마저 이러하다.

꼭 집어 말하기 어려운 얼마 안 되는 경우를 제외하고 에이머리 블레인을 사람답게 만드는 특징은 모두 어머니에게 물려받은 것이었다. 바이런에 심취하고 『브리태니커 백과사전』을 펼쳐놓고 꾸벅거리는 버릇이 있던 아버지는 무력하고 존재감이 없는 남자였다.
―『낙원의 이편』, 39쪽

어떤가. 교양은 있지만, 사업에 실패하고 실직한 실제 아버지와 소설 속 아버지가 닮지 않았는가. 소설 속 어머니 비어트리스 역시

열 살 무렵의 피츠제럴드(1906년경)

피츠제럴드는, 교양은 있지만 경제적으로는 무능한 아버지와, 교양은 없지만 경제적 능력은 있는 어머니 사이에서 자랐다. 상류층으로 발돋움하기를 간절히 원했던 어머니의 기질에서 영향을 받아 일찍부터 상승과 성공에 대한 욕구를 내면화했다.

모친 몰리처럼 교양 교육을 시킨다.

> 그가 열 살도 되기 전에 비어트리스는 『화려한 잔치』를 가르쳐주
> 었고, 열한 살이 되자 에어머리는 자못 추억에 잠기듯이 브람스와
> 모차르트와 베토벤에 대해 주절주절 떠들게 되었다.
>
> ―『낙원의 이편』, 42쪽

　작중 어머니가 교양 교육을 시킨 점이 닮긴 했지만, 실제 어머니
보다는 훨씬 화려했다. 친모 몰리는 스타일이 촌스럽다 평가받았
고, 사교성도 부족했다. 웬만해선 남들 앞에서 웃지도 않았다. 하지
만, 소설 속 어머니 비어트리스는 수려한 외모에 화려한 언변을 자
랑한다. 아마, 피츠제럴드가 바란 환상 속의 어머니를 쓴 것 같다.
그가 태생적 조건을 바꿀 수 있는 수단은 소설뿐이었으니까.

> 어느 날 에이머리는 한방 가득 모인 여자들이 어머니의 위엄에 눌
> 려 황홀하게 바라보는 가운데 어머니가 이렇게 말하는 것을 들었
> 다. "여기 내 아들은 완전히 교양을 갖춘 데다가 사람을 끄는 매력
> 도 대단해요―하지만 섬세하죠―우리는 모두 섬세하잖아요." 어
> 머니의 손은 아름다운 가슴을 배경으로 눈부신 윤곽을 그려냈다.
> 다음 순간 어머니는 목소리를 낮춰 살구주 사건을 이야기했다. 어
> 머니가 대담한 이야기꾼이라 (…)
>
> ―『낙원의 이편』, 42쪽

피츠제럴드는 양陽으로든 음陰으로든, 부모의 영향을 받았다. 그 영향에서 자유롭지 못했기에 소설 속에 부모의 모습을 거의 유사하게 그려내거나, 때로는 그가 원하는 부모의 모습을 그려낸 것이다.

계급과 출신에 대한 회고

어머니의 사회적 야망을 물려받은 피츠제럴드는 프린스턴으로 진학했다. 그리고 상류층 자제들로 득실거리는 코티지클럽에 가입했다. 자, 이제 그의 머릿속이 어떻게 됐을 것 같나.

우선, 부모에 대한 생각은 이렇다. 여러 편지와 소설, 말들을 토대로 볼 때, 피츠제럴드는 아버지에 대해 원망과 동정을 동시에 품은 것 같다(유명한 생일 인터뷰에서 그가 술에 취해, 아버지에 대한 연민 어린 회고를 늘어놓았던 것을 떠올려보라). 어머니에 대해서는? 몰리로부터 물려받은 사회적 야망에서 절대 자유로워질 수 없었기에, 더 위로 올라가길 원했고 한계에 부딪힐 때마다 태생적 조건에 원망과 회의를 품었던 것 같다. 그가 부친의 사업 실패를 여기저기에 줄기차게 언급하고, 외조부가 아일랜드 가톨릭 출신이라는 점을 평생 부끄럽게 생각한 점, 즉 출세의 걸림돌로 여긴 점을 떠올려보면 이런 추정은 어렵지 않다.

그럼, 사회적 인식에 대해서는? 청소년기부터 상류층 자제 사이에서 치이며 지냈고, 아이러니하게도 한을 품듯이 교양을 쌓으라고 주장한 어머니 밑에서 자란 덕에 피츠제럴드는 자연스레 사회 계층에

아버지와 네 살 무렵의 피츠제럴드(1900년경)

아버지 에드워드 피츠제럴드는 남부식 매너를 갖춘 점잖은 신사였다. 피츠제럴드는 아버지가
교양 있고 뼈대 있는 집안 출신이라는 것에 안도하면서도 현실 감각이 없는 것에 늘 한탄했다.

관심을 갖게 됐다. 그렇기에 그는 사회 계층에 관한 연구까지 했다.

> 1928년, 피츠제럴드는 세인트폴의 계층 구조를 나름의 시각으로 분석하기도 했다. 당시 그가 분석한 세인트폴 계층 구조를 살펴보면 맨 꼭대기에는 '전국적으로 알려진 두세 개의 가문'이 있었고, 그 뒤를 이어 동부에서 '돈이나 문화'를 가져온 사람들을 조부모로 둔 3세대 가문이 포진해 있었다. 그다음으로는 1860년대와 1870년대에 이주해 온 '자수성가한 상인' 가문들로, 국적별로 보면 미국계-영국계 스코틀랜드인, 독일인, 아일랜드인이 주류를 이루었다. 그리고 마지막으로는 배경은 불투명하지만 돈이 많은 '신흥 계층'이 위치하고 있었다.
>
> — 스콧 도널드슨, 『헤밍웨이 Vs. 피츠제럴드』, 15쪽

자신의 분류법에 따르면, 피츠제럴드는 '자수성가한 상인 가문'과 '신흥 계층' 어디쯤에 속했다. 노동 계층은 아니었지만, 어떻게 보더라도 주류 사회 지배층은 아니었다. 그렇기에 태생적 한계를 느끼고, 공고한 계층의 벽을 깨버리는 상상을 했을지 모른다. 근본도 알 수 없는 신흥 계층이 거대한 부로, 기존의 체계를 전부 전복하는 스토리 말이다. 기존 권력이 쉬쉬하며, 때로는 경멸해 마지않는 '천박한 부'로 모두를 굴복시켜버리는 인물을 말이다. 짐작컨대, 바로 이런 상상이 결합되어 탄생한 것이 『위대한 개츠비』인 것 같다.

어찌 됐든, 이 분석을 한 1928년이면 그가 서른두 살 때다. 그는 서른 살인 2년 전, 즉 1926년에 「부잣집 청년The Rich Boy」이라는 단편

소설을 발표했는데, 작중 인물들을 통해 이런 대사를 남겼다.

> 큰 부자들에 관해 말씀드리지요. 그들은 우리 같은 사람들과는 다릅니다. 그들은 많은 재물을 소유하고 있고, 일찍부터 인생을 즐기지요. 그런 이유로 그들은 우리와 다른 삶을 살아갑니다. 우리가 고단한 삶을 보낼 때 그들은 편안한 삶을 보내고, 우리가 성실하게 일할 때 그들은 냉소로 일관하지요. 부자로 태어나지 않은 사람들은 그들을 이해하기 어렵습니다. 그들은 마음 깊은 곳에서 우리보다 자신들이 더 우월하다고 생각하지요 (…) 심지어 그들이 우리 세계에 깊이 연루되거나 우리보다 못살게 되더라도 여전히 자기들이 우리보다 낫다는 생각을 버리지 않지요. 그들은 우리와 다릅니다.
>
> ― 스콧 도널드슨,『헤밍웨이 Vs. 피츠제럴드』, 282~283쪽에서 재인용

나는 시간의 순서에 주목했다. 피츠제럴드가 맥스 퍼킨스에게 편지를 보낸 해(1926),「부잣집 청년」을 발표한 해(같은 해인 1926), 세인트폴 계층을 분석한 해(1928), 그리고 존 오하라에게 편지를 보낸 해(1933). 모두 서른부터 서른일곱 살 무렵이다. 이때쯤 피츠제럴드는 자신의 삶을 돌아보기 시작하고, 어디서부터 '내가 부족했는지' 되짚어본 것이다. 무엇이 그를 이렇게 만들었을까. 머릿속에 무언가 번뜩였다. 확인하기 위해 이 책을 쓰느라 수백 번 보았던 피츠제럴드 연보를 다시 펼쳤다. 1925년에 바로 피츠제럴드는『위대한 개츠비』를 출간한 것이다. 그리고 예상 밖의 엄청난 실패로 좌절하고 만다. 앞서 언급했듯이, 피츠제럴드는 좋은 글은 술을 마셨을 때 나온

다고 생각했다. 그가 『위대한 개츠비』의 실패 이후 술독에 빠졌음은 두말할 나위 없다.

　나는 그즈음, 즉 1925년을 기점으로 피츠제럴드의 인생이 달라졌다고 생각한다. 역작이 세상의 외면을 받은 후, 누구나 그렇듯 그역시 지난 생을 돌아봤을 것이다. 그리고 그 회고에 분석이 곁들여지는데, 분석의 토대에는 계급 의식이 깔려 있다. 물론, 그 계급 의식을 공고하게 한 것에는 여러 요인(어머니의 교육, 세인트폴아카데미와 뉴먼스쿨)이 있지만, 실연과 프린스턴의 경험 역시 무시하지 못할 것이다. 실연이 그의 모든 작품을 지배했으며, 프린스턴은 영혼의 고향이라 할 만큼 아쉬움이 남는 곳이었으니까.

　때로 사람은 자신에게 큰 영향을 끼치게 되는 것이 무엇인지 당장 깨닫지 못한다. 그렇기에 별것 아닌 것으로 여긴 경험이, 오랜 시간 묵고 숙성되어 '좋은 추억'으로 포장될 때, 그 가치를 깨닫기도 한다. 프린스턴을 스스로 나오고 10년 후, 『위대한 개츠비』가 실패하자 그는 과거의 삶을 회고하며 실패의 원인을 찾기 시작했다. 그리고 알려진 대로, 미국 사회에서 성공하기에는 자신의 출신 성분이 부족했다고 여기게 된 것이다. 그리고 자신에게 부족한 모든 것을 작품으로 메우고자 노력을 쏟아부었다. 하지만, 안타깝게도 10년후(정확히는 9년후), 또 한 번 역작인 『밤은 부드러워』가 외면당하고만다.

　피츠제럴드의 인생은 거의 10년을 주기로 변화를 겪었다. 프린스턴 자퇴, 『위대한 개츠비』의 실패, 『밤은 부드러워』의 실패⋯⋯이것이 거의 10년 간격으로 이어진다. 그리고 애석하게도 『밤은 부드러워』가 실패하고 5년 후에 심장 마비로 세상을 떠나고 말았다. 새로운 10년을 또 한 번 써보기도 전에, 또 다른 역작을 완성하기도 전에…….

바로 더 좋은 작품을 쓰기 위해 의존했던 술 때문에 말이다.

『위대한 개츠비』 초판본, 파이어스톤도서관

프린스턴대에도 우리 식으로 말하자면, '중앙 도서관'이 있다. 이름은 '파이어스톤라이브러리Firestone Library'. 즉, '부싯돌 도서관'인데, 아마 수많은 장서들을 부싯돌 삼아 지적 열망을 뜨겁게 태우라는 뜻인 것 같았다.

이곳을 찾은 이유는 명확했다. 피츠제럴드가 소장했던 『위대한 개츠비』의 초판본이 전시돼 있기 때문이다. 사실 작가 소장 초판본이라면, 코티지클럽에도 있다. 그러나 이곳의 초판본은 그것과 분명한 차이점이 있다. 출간 후에도 피츠제럴드 스스로 끊임없이 수정한 흔적이 남아 있다.

이게 왜 중요한가. 잠깐 사설이 필요한데, 『위대한 개츠비』 초판본에는 문제가 많았다. 출간 당시 독자들의 열렬한 지지를 받지 못한 것은, 어쩌면 텍스트가 불완전했기 때문일지도 모른다. 무슨 말이냐면, 일단 피츠제럴드는 출간 당시 파리에 머물렀다. 국제 우편으로 원고를 주고받았다. 이 와중에 원고가 제대로 전달되지 않거나, 교정쇄 일부가 누락됐을 가능성이 있다. 아울러 언급하기 민망

파이어스톤도서관

프린스턴대 중앙 도서관에 해당하며, 세계에서 가장 큰 대학 도서관 중 하나로 1948년에 준공되었다. 피츠제럴드가 직접 수정한 흔적이 있는 『위대한 개츠비』 초판본을 소장하고 있다. 그 밖에도 토니 모리슨, 마리오 바르가스 요사의 기록물과 서류 등도 소장하고 있다.

하지만 피츠제럴드는 철자를 자주 틀렸다. 그가 남긴 무수한 편지 가운데 헤밍웨이의 이름을 제대로 쓴 것이 하나도 없다. 헤밍웨이의 철자는 'Hemingway'인데, 피츠제럴드는 'Hemmingway'로 쓰거나 'Heminway'로 썼다.* 어떤 편지에서는 첫사랑 지네브라 킹의 철자조차 틀렸다. 게다가, 피츠제럴드의 필체는 상당히 알아보기 어려웠다. 술을 마시지 않으면 아름다운 필체를 구사했다지만, 사실 안 마실 때가 없었다. 1920년대라면 술독에 거의 빠져 아침부터 잠들 때까지 헤엄칠 때다. 간단히 말해, 저자 교정쇄에 써놓은 피츠제럴드의 필체와 문장은 오독하기 쉬웠다. 문제는 그가 파리에 있어서 즉각적으로 소통하기 어려웠다는 점이다. 또한 『위대한 개츠비』는 출간 이전에 여러 번의 수정 과정을 거쳤는데, 이 수정이 한창 이루어지던 중에 욕심이 생긴 출판사가 급하게 출판을 했다는 이야기도 있다. 무엇이 온전한 진실인지는 확인할 수 없다. 하지만 출판 이후에도 피츠제럴드가 계속 수정을 한 것을 보면, 그에게 『위대한 개츠비』의 초판본은 확실히 아쉬움이 남는 버전임이 틀림없어 보인다.

이런 배경 탓에 1991년, 피츠제럴드 연구가로 정평이 난 매슈 J. 브루콜리Matthew Joseph Bruccoli 교수가 『위대한 개츠비』의 이른바 '결정판'을 내기에 이른다. 작가의 자필 원고, 교정쇄 등을 토대로, 피츠제럴드의 의도에 근접한 원고를 재구성해냈다. 케임브리지대학교출판부에서 낸 이 책은 초판본에 무려 75개의 단어가 잘못 실렸

---

* 헤밍웨이를 놀리기 위해 의도적으로 틀리게 썼다는 분석도 있다. 하지만 이 점을 인정하더라도 피츠제럴드는 평소에 철자를 자주 틀렸다.

다고 지적해냈다. 문장의 호흡과 뜻이 달라질 수 있는 구두점 역시 1,100개를 고쳤다. 사정이 이러했으니, 피츠제럴드 입장에서는 자신의 역작이 제대로 태어나지 못한 사실이 얼마나 안타까웠을까.

그러나 이런 약점에도 불구하고, 놀랍게도 『위대한 개츠비』는 당대 문인들에게 찬사를 받았다. 거트루드 스타인, 이디스 워튼Edith Wharton, 윌라 캐더Willa Sibert Cather 등이 편지를 보내 그의 업적을 칭송했고, T. S. 엘리엇 역시 피츠제럴드에게 편지를 보내 자신이 『위대한 개츠비』를 세 번이나 읽었다고 밝히며 "헨리 제임스 이후 미국 소설이 이룬 첫 진전the first advance in American fiction since Henry James"이라 했다. 평론가인 길버트 셀즈Gilbert Seldes는 리뷰를 통해 "피츠제럴드는 이미 동시대인들을 앞질렀고, 미국 문학계의 많은 선인들조차 능가했다F. Scott Fitzgerald had surpassed his contemporaries and had outstripped many of this predecessors in American writing"라고 평가했다.* 심지어는 훗날 여생을 피츠제럴드 헐뜯기에 헌신하게 될 헤밍웨이조차도 『위대한 개츠비』가 훌륭한 소설임을 인정했다. 그는 당시 피츠제럴드의 기행奇行에 상당히 지쳐 있었는데, 『위대한 개츠비』를 읽고 난 후 이렇게 말했다.

나는 스콧이 무슨 짓을 하든, 그리고 그가 얼마나 말도 안 되는 행동을 하든, 그의 좋은 친구가 되기로 마음먹었다. (⋯) 그가 『위대한

---

* https://www.yorknotes.com/alevel/english-literature/the-great-gatsby-yna/study/critical-history/03010000_reactions-on-publication

개츠비』처럼 좋은 소설을 쓸 수 있는 사람이라면 그보다 더 좋은 책도 얼마든지 쓸 수 있으리라고 나는 확신했다.

— 어니스트 헤밍웨이, 『파리는 날마다 축제』, 195쪽

소설가들 사이에 떠도는 농담이 있는데, 바로 파울루 코엘류Paulo Coelho가 한 말이다. "작가들은 자신의 최근작을 가장 혐오한다." 원하는 만큼 작품을 써내는 것이 어렵기 때문이다. 그런데 피츠제럴드는 『위대한 개츠비』를 완성한 1924년 편집자 맥스에게 보낸 편지에 이렇게 썼다.

"마침내 참으로 제 작품이라고 할 만한 그 무엇을 썼습니다."

작가가 스스로 만족할 만한 작품은 흔치 않다. 작가들은 대개 세상의 긍정적인 면을 노래하기보다는 부정적인 면을 비판하는 데 일조하고, 자기 작품의 장점을 보며 웃기보다는 단점을 보고 괴로워하는 존재니까.

아직도 미국에서 매해 30만 권 이상 팔리고, 랜덤하우스 출판편집위원회가 20세기에 영어로 쓰인 위대한 소설 중 『율리시스』 다음으로 꼽은 소설, 『위대한 개츠비』의 저자 초판본을 만나러 파이어스톤도서관으로 향했다.

자필로 가득한 『위대한 개츠비』

도서관에 일반인 출입은 불가능했다. 사서에게 사정을 설명하니,

도서관 사무실로 가보라고 했다. 그곳에 가서 또 한 번 긴 소개를 읊으니, 직원은 내게 '말 다했냐?' 하는 표정으로 서류를 한 장 내밀었다. 출입증 신청서였다.

직원 안내에 따라, 입국 심사를 하듯 데스크톱 컴퓨터에 달린 카메라를 보며 사진을 찍고, 여러 정보를 기입하고 나니, 흡사 범죄자 같은 얼굴을 한 내 사진이 인쇄된 출입증이 나왔다. 나는 '방문 학자' 신분이었다. 그리하여 들어간 곳이 고작 학생들이 공부하고 열람하는 열람실이었기에, 이번에는 희귀본 서고 층으로 갔다. 역시 또 한 번 긴 자기소개를 해야 했다(자다가도 이 문장들을 읊을 수준이 됐다).

희귀본 서고 층은 가보지도 못한 CIA나 FBI 사무국처럼 생겼는데, 아무나 들어갈 수 없어 보였다는 뜻이다. 데스크의 사서에게 한참 설명을 하니, 그녀는 수화기를 들어 담당자를 불렀다. 그러자 약 10분 후 '가브리엘'이라는 담당자가 나타났다. 또 자기소개……(꿈에서도 읊을 수준이 됐다).

그러자 가브리엘은 가볍게 웃으며, 나를 사물함으로 데려가 내 가방과 코트를 모두 넣게 했다. 행여나 펜으로 피츠제럴드 사인 위에 내 사인을 할까 봐 그러는지, 재차 잉크를 쓰는 필기구가 있는지 확인했다. 그러고는 추가 방문 카드를 건네줬는데, 방송국에 출연할 때 가슴에 다는 집게 명찰 같은 것이었다. 이제 가방도 코트도 없이, 오직 가슴에 '방문자'라는 딱지만 붙인 나를 안내해 데려간 곳은 손을 씻는 장소였다. 순간, 떨렸다. 본능적으로 안 것이다. 진공 유리 상자 안에 진열된 책을 보여주는 게 아니라는 것을. 나는 피츠제럴드가 소장하고 있던 초판본을 만지러 가는 것이었다. 여러 번 작가의 책과 원고를 봤지만 손을 대게 해주는 곳은 처음이었다. 마침내 희귀본 열람실에 도착했다. 가브리엘이 직원 카드를 벽에 대자, 자동문이 열렸다.

희귀본 열람실은 고서를 만나는 장소의 이미지와 달리, 마치 두바이나 아부다비의 미래지향적 빌딩처럼 채광이 잘되고, 거대한 실내조명으로 장식된 곳이었다. 나는 가브리엘이 시키는 대로 지정된 자리에 앉았다. 그가 책을 가지러 간 사이, 다른 직원이 와서 서약서를 내밀었다. 훼손을 하지 않고, 중요 정보를 누출하지 않겠다는 내용이었다. 그녀는 내게 메모할 수 있는 노트와 필기구(연필)를 따로 주고 갔는데, 내 필기구와 노트를 맡기고 이들이 주는 연필과 메모지만 쓸 수 있게 되니, 마치 큰 시험을 치르러 온 것 같았다.

서약하고 떨리는 마음으로 기다리니, 가브리엘이 연두색 하드 케이스를 들고 왔다. 그 상자를 펼쳐보니, 인쇄된 메모지에 "『위대한 개츠비』 초판본(1925년), 저자의 자필 수정본"이라 표기돼 있었다. 가브리엘은 "그럼 즐거운 시간"이라며 심플하게 인사한 뒤 떠났다.

손으로 책 표지를 쓰다듬어보았다. 92년 전에 피츠제럴드가 만지고, 윤문한 책이다. 참고로 저녁에 숙소로 돌아와 검색해보니, 피츠제럴드가 소장한 적 없는 『위대한 개츠비』 초판본 중 싼 것이 한화로 450만 원이었다(초판은 20,870부 찍었다). 초판본 중 상당수는 도서관으로 갔기에 여러 사람의 손을 타 보관 상태가 좋지 않다. 상태가 좋은 초판본은 《타임Time》지 기자 릴리 로스먼Lily Rothman의 표현에 따르면, "개츠비만큼 돈이 많아야 살 수 있다". 하드커버의 특성상, 겉을 감싼 종이 표지dust jacket는 보관되기 어려운데, 슬픈 여인의 눈이 그려진 이 표지가 깨끗하다면 값은 천정부지로 치솟는다. 초판본으로 인정받는 기준은 판권에 인쇄된 날짜뿐 아니라, 실수로 제이 개츠비Jay Gatsby의 이름 중 알파벳 'J'를 소문자로 인쇄한 바람에 사람이 직접 대문자로 고쳐 썼거나, 도장으로 대문자 'J'를 찍은 흔적이 있어야 한다. 이러한 요건을 갖춘 책이 2009년 본햄 경매에서 18만 달러에 팔렸고, 2013년에는 영국의 온라인 판매상인 존스 브라더스The Jones Brothers에 의해 19만 4,000달러에 팔렸다. 같은 해 뉴욕의 소더비에서는 11만 2,500달러에 팔렸다. 한화로 따지면, 1억 2,000만 원에서 2억 원가량 하는 셈이다. 그런데, 이 모든 책에는 피츠제럴드의 사인이 없다.

아마 이때 내가 손댄 책은 그 값을 추정할 수 없을 것이다. 단지 보관 상태가 좋다는 이유로 1억 원이 넘는데, 피츠제럴드가 사인하고 문장을 고쳐나갔던, 말하자면 그의 소장본이자 작업 원고인 이 책의 가치는 얼마나 할까. 이렇게 비싼 책을 단지 손을 씻었다는 이유로 마음대로 만져도 되고, 내가 어떤 짓을 하는지 쳐다보지도 않는다니, 현실감이 들지 않았다.

하드커버 표지를 넘기니, 피츠제럴드의 자필이 있었다. 그가 악필이었다는 사실을 곧장 확인할 수 있었다. 다음의 간단한 메모도 귀국 후 사진을 몇 달간이나 살펴본 후에 해석이 가능해졌으니 말이다. 어찌 됐든, 첫 장에는 이렇게 쓰여 있었다.

F. Scott Fitzgerald(His Copy and not to be lend) May 1925.

(F. 스콧 피츠제럴드. 그의 책, 양도 불가. 1925년 5월.)

First edition of the Great Gatsby (1925), corrected in the author's own hand

『위대한 개츠비』 초판 저자 교정본

1925년에 나온 『위대한 개츠비』 초판본에는 문제가 많았다. 출간 당시 피츠제럴드는 파리에 있었고, 국제 우편으로 원고를 주고받으면서 제대로 전달되지 않거나 교정쇄 일부가 누락되었을 가능성이 있다. 게다가 그는 평소에 철자를 자주 틀렸기에, 원고는 오독될 여지가 컸다. 그리하여 피츠제럴드는 출간 후에도 계속 수정을 한 것이다. 이런 우여곡절 탓에 결국 1991년에서야 결정판이 나왔다.

피츠제럴드가 『위대한 개츠비』 초판본에 직접 교정을 본 흔적

위의 사진은 작품 속 화자인 닉이 이스트에그에 살고 있는 톰 뷰캐넌 부부와 함께 저녁을 먹게 된 이야기를 하면서 톰과 데이지를 소개하는 부분이고, 아래의 사진은 맨해싯만을 사이에 두고 있는 두 지역 이스트에그와 웨스트에그를 묘사한 부분이다.

THE GREAT GATSBY   7

ashionable East Egg glittered along the water, and
he history of the summer really begins on the eve-
ing I drove over there to have dinner with the
om Buchanans. Daisy was my second cousin once
moved, and I'd known Tom in college. And just af-
r the war I spent two days with them in Chicago.
Her husband, among various physical accomplish-
nts, had been one of the most powerful ends that
r played football at New Haven—a national fig-
in a way, one of those men who reach such an
te limited excellence at twenty-one that every-
g afterward savors of anti-climax. His family
e enormously wealthy—even in college his free-

barnyard of Long Island Sound. The
fect ovals—like the egg in the Columb
are both crushed flat at the contact
physical resemblance must be a sour
wonder to the gulls that fly overhead
less a more interesting phenomenon
larity in every particular except sha
I lived at West Egg, the—well,
able of the two, though this is a
tag to express the bizarre and not
contrast between them. My house

그 밑에는 커피를 흘렸는지, 지면 가득 커다란 얼룩 자국이 있었다. 아마, 그 역시 커피를 마시며 끼적거린 책이 훗날 100년 가까이 보관될 줄은 몰랐을 것이다. 다음 장을 넘기니 그 유명한 첫 문장이 그대로 있었다. 너무 이상한 기시감이 들었다. 왠지 첫 문장이 달라야 할 것 같았다. 그래야 내가 아는 『위대한 개츠비』와 1925년에 나온 초판본 사이의 거리감이 느껴질 것 같았다. 하지만, 문학의 위대함이란 바로 이런 것이다. 시대는 변할지라도, 작가가 쓴 문장은 변하지 않는다. 그렇기에 시대를 뚫을 힘만 있다면, 문장은 살아남는다. 양쪽 끝이 누렇게 변색된 첫 페이지에 닉 캐러웨이의 독백이 실려 있었다.

In my younger and more vulnerable years my father gave me some advice that I've been turning over in my mind ever since.
"Whenever you feel like criticizing anyone," he told me, "just remember that all the people in this world haven't had the advantages that you've had.

나는 마음속으로 읽었다.

내가 지금보다 더 어리고, 상처를 받으면 잘 아물지 않던 시기에 아버지는 절대 잊지 못할 충고를 해주셨다.
"다른 누군가를 비난하고 싶을 땐 말이다……." 아버지는 말했다.
"이걸 기억해두렴. 이 세상의 모든 사람들이 네가 누려온 특권들을 누리진 않았다는 걸."

잠시지만, 번역본이 아닌 원문을 읽으며 나만의 방식으로 피츠제럴드를 읽었다. 마치, 그가 쓴 원고를 바로 보는 듯한 기분이 들었다. '이봐. 이건 내 책인데 말이야, 자네가 한번 읽어주지 않겠나'라며 파리의 술집에서 건네준 것처럼. 나는 초판본 따위에 굉장히 무덤덤한 사람이었는데, 100년 가까이 된 저자의 커피 자국과 연필 자국이 가득한 책을 직접 만지며 읽으니 기분이 달라졌다. 교감하는 느낌이라 하면 과장 같지만, 적어도 문장이 오랜 세월을 거치며 살아남았듯, 약간이나마 피츠제럴드와 나 사이의 세월이 걷히고, 그 역시 나와 같은 세상을 살았구나, 하는 소박한 동질감 같은 게 느껴졌다.

게다가, 이 첫 문장은 얼마나 정교한가. 화자 닉 캐러웨이의 성격과 지내온 인생, 그리고 그의 계급까지 모두 보여준다. 많은 사람들이 『위대한 개츠비』의 마지막 문장, 개츠비가 처음 등장할 때의 문장을 명문으로 꼽지만, 나는 첫 문장도 그에 못지않다고 여긴다. 그렇기에 나는 원문을 읽으며, 내 식으로 번역해서 읽는 것을 좋아한다. 읽을 때마다 번역이 달라져, 매번 새롭게 느껴지기 때문이다.

조금 더 이 이야기하는 걸 허락해준다면, 번역본을 읽을 때는 역자의 섬세한 친절함에 갇혀 수동적인 독서를 하게 된다. 하지만 어느 정도 읽어낼 수 있는 텍스트라면 원문을 읽을 때, 어쩔 수 없이 내 식대로 해석할 수밖에 없다. 당연한 말이지만 할 때마다 뜻은 물론 뉘앙스가 조금씩 바뀐다. 한 곡曲을 여러 번 들으면, 어떤 때는 베이스, 어떤 때는 드럼, 어떤 때는 기타 위주로 듣는 것처럼, 같은 텍스트라도 원문을 반복해서 읽으면 그때마다 새로운 면모가 드러난다.『위대한 개츠비』야말로 원문으로 읽어야 하는 소설이다. 많은 역자들의 노력으로 여러 번역본이 나와 있지만, 그들의 노력과 성취와는 별개로 그 어떤 번역본도 이 아름다운 영어 문장을 온전히 옮기는 건 원천적으로 불가능하다고 여기기 때문이다. 게다가『밤은 부드러워』나『낙원의 이편』과는 달리,『위대한 개츠비』의 문장은 심플하고, 정제돼 있다. 비록, 초판본에 많은 오류가 있다고 할지라도 말이다.

행여나 지나친 감상에 젖어 페이지를 넘기다 그만 찢어버릴까, 조심스레 넘겼다. 경매가를 기준으로 볼 때, 어림잡아 페이지당 최소 10만 원은 할 것이다. 아니 그보다, 한국의 어떤 멍청한 소설가가 넋 놓고 역사적 도서를 훼손했다고 기사라도 나면, 그 꼬리표는 평생 나를 괴롭힐 터다. 한 장씩 조심히 넘기다 보니, 그가 수정한 것들이 더 눈에 들어왔다. 놀랄 만한 사실은 피츠제럴드 같은 대작가가 원고의 상당 부분에 엑스 표시를 해놓았다는 것이다. 문장 위에 두 줄을 좍좍 그어놓은 것도 상당히 많았다. 심지어 단락째 덜어낸 부분도 있었다. 아니, 있었다는 표현은 틀렸다. 많았다(!)가 맞다. 우리는 피츠제럴드가 이토록 고치고 싶었으나, 고치지 못한『위대한 개츠비』를 읽어왔고, 그것이 항상 위대한 미국 문학 넘버원의 자리를 수십 년 동안 지켜온 것이다.

나는 그가 덜어내고 싶어 한 문장들을 빼내고 다시 읽어봤다. 지우고 싶어 했던 단락도 빼내고 읽어봤다. 어떤 부분인지는 밝히지 않겠다. 행여나 독자들이『위대한 개츠비』를 읽을 때 편견을 가질 수 있으니 말이다. 어쨌든, 이 미완성 같은 원고가 클래식이 됐는데,

과연 그의 마음에 흡족할 만큼 완성된 원고라면 현재는 어떻게 달라졌을까.

이 글을 쓰는 지금은 파이어스톤에 다녀오고 여덟 달이 지난 후다. 그런데 아직도 잊히지 않는 게 있다. 그건 바로 내가 받은 인상이다. 피츠제럴드는 자신의 원고 중 많은 부분이 불필요하다고 느꼈다. 글은 쓰면 쓸수록 채우는 게 아니라 비우는 것이라는 걸 느끼는데, 피츠제럴드는 책을 내고 난 후에도 덜어내고 싶어 했던 것이다. 후대로부터 미국 문학을 대표하는 작품으로 인정을 받았지만, 그는 더 완벽에 도달하고 싶었던 것이다. 녹색 불빛을 향해 끝없이 손을 내뻗은 개츠비처럼……. 개츠비에게 녹색 불빛은 데이지였겠지만, 피츠제럴드에게는 누군가의 마음을 진동케 하는 문장이지 않았을까, 하는 생각이 들었다.

그날, 나는 파이어스톤도서관을 나서면서 감상을 노트에 한 줄로 적어뒀는데, 쑥스럽지만 공개한다.

변한 것은 종이뿐이었다. 피츠제럴드의 문장은 시대에 빛바래지 않았다.

노동으로서의 글쓰기

사실, 일독을 하고 나선 『위대한 개츠비』의 매력을 느끼지 못했다. '이게 왜 고전인가' 하며 자문하기도 했다. 하지만, 위대한 소설은 읽을 당시에는 감흥을 주지 않더라도, 책장을 덮고 그 소설에서 떠나 완전히 관계없는 일상을 살아내고 있을 때에 차차 존재감을 드러낸다.『위대한 개츠비』가 그랬다. 책을 덮고 난 후, 간혹 소설 속 문장이 아무런 영문 없이 떠올랐다. 몇 달이 지났는데, 어느 폭우가 쏟아지던 날 양복을 입고 뛰어가는 사람을 보고(그 남자는 머릿기름을 발랐고 머리가 흠뻑 젖었다), '이건『위대한 개츠비』잖아'라며 개츠비와 데이지의 재회 장면을 떠올렸다. 나는 이 시간을 소설이 익는 시간이라 부른다. 때로 소설은 커피와 술 같아서, 처음 맛볼 때는 쓰고 독하고 거부감도 들지만, 점점 그 맛에 감각과 영혼이 눈뜨기 시작하면 다시 찾게 되는 것이다.

나는 아무런 요청도 받지 않고서, 말 그대로 자발적으로『위대한 개츠비』를 다시 읽었다. 훌륭한 소설이었다. 아직도 기억이 난다.

"그리하여 우리는 조류를 거스르는 배처럼 끊임없이 과거로 떠밀려 가면서도 앞으로 앞으로 계속 나아가는 것이다"라는 마지막 문장을 읽고, 책을 덮으니 화창한 4월이었던 것이. 책을 읽고 있던 거실의 창 사이로 햇빛이 쏟아져, 마음만 먹으면 나 역시 근사해질 수 있을 거라는 황홀한 착각에 빠졌던 몇 해 전 4월의 어느 날이.

그때부터 피츠제럴드의 소설을 하나씩 찾아 읽었다.「분별 있는 일」을 읽었고,「리츠호텔만 한 다이아몬드」도 읽었고,「벤자민 버튼의 시간은 거꾸로 간다The Curious Case of Benjamin Button」도 읽었다. 놀라운 점은 이것들이 그가 술값을 벌려고 하룻밤 만에 써낸 작품이라는 것이다(물론, 이 모든 소설을 하룻밤에 썼다는 것은 아니고, 그가 돈을 벌기 위해 꽤나 많은 단편소설을 하룻밤에 써버렸다는 말이다). 이런 그는 천재적 영감의 소유자로 유명하지만, 장편소설에 관해서는 끊임없이 고쳐서 걸작을 뽑아내고자 했다. 그는 종종 주변 지인들에게 "문학은 노동"이라 말했는데, 『낙원의 이편』 역시 그 노동의 산물이다.

1917년 캔자스주의 레번위스요새로 배치를 받아 초고를 썼고(당시 제목은 『낭만적 에고이스트The Romantic Egotist』), 1918년 테일러요새로 발령받은 후 본격적인 퇴고를 했다. 이해 2월에 스크리브너출판사로 원고를 보내는데, 8월이 되어서야 출판을 거절당했다. 대대적인 수정을 거쳐 다시 원고를 보냈지만, 10월에 또 한 번 거절당했다. 그리고 해가 바뀌었다. 1919년이 되자, 제대 후 다녔던 뉴욕의 광고회사(배런콜리어)를 그만두고, 고향인 세인트폴로 돌아와 여름 내내 『낭만적 에고이스트』를 개작했다.

이 사이에 언급하지 않을 수 없는 사건이 있었는데, 바로 젤다에게 청혼을 했다가 거절을 당한 것이다. 그러니, 피츠제럴드는 더 이상 물러날 수 없다는 심정으로, 자신에게 남은 것은 문학밖에 없다는 심정으로, 자발적 유배로서 낙향하여 『낭만적 에고이스트』를 고쳤다. 그리고 마침내 그해 9월, 즉 소설을 본격적으로 쓰기 시작한 뒤 거의 2년이 지날 즈음, 스크리브너출판사로부터 출판 허락을 받는다. 단, 새 제목이어야 한다는 조건 아래. 그 제목이 『낙원의 이편』임은 두말할 나위 없다.

이 역사를 알고 나면, 『낙원의 이편』을 허투루 읽을 수 없다. 그렇기에 나는 "우리는 살면서 우리 뇌의 2퍼센트밖에 쓰지 않는다"는 아인슈타인의 말을 떠올리며, 뇌의 0.1퍼센트를 더 활용해서라도 이 작품을 제대로 즐겨보고 싶었다. 하지만 인정할 수밖에 없다. 마

『낙원의 이편』을 출간하던 해의 피츠제럴드 부부(1920)

1919년, 피츠제럴드는 젤다와 약혼했지만 얼마 있지 않아 파혼당하고 만다. 피츠제럴드는 자신에게 남은 것은 문학밖에 없다는 심정으로 낙향해, 이미 출간 거절을 당한 『낭만적 에고이스트』의 개작에 몰두했다. 마침내 1920년에 이 작품은 『낙원의 이편』이라는 제목으로 출간되어 큰 성공을 거두었다. 그리고 피츠제럴드는 이를 발판 삼아 젤다에게 다시 청혼하여 결혼하기에 이르렀다.

재즈 시대 풍속도

『낙원의 이편』은 재즈 시대 젊은이들의 유흥 세태를 생생하고 외설적으로 묘사하여 뜨거운 반응을 불러일으켰다. 플래퍼를 등장시킨 것도 피츠제럴드가 처음이다. 키스를 더 잘하는 법을 그린 위 일러스트 역시 당대 젊은이들의 세태를 잘 보여준다. 재즈 시대를 대표하는 일러스트레이터 존 헬드 주니어가 그린 것이다.

치『위대한 개츠비』를 처음 읽고 나서 내가 '도대체 왜 이 소설이 클래식인가' 회의했던 것처럼, 아직 내게『낙원의 이편』은 도달하지 못한 피츠제럴드의 또 다른 세계라는 것을. 그렇기에 나는 이 점을 좋은 쪽으로 여기기로 했는데, 말하자면 '아직도 즐길 피츠제럴드의 세계가 남아 있다'는 것이다. 죽어서도 여전히 알아갈 작품을 선사한 작가라니, 이 또한 괜찮은 것이다.

나의 감상과 별개로,『낙원의 이편』은 출판 당시 젊은이들의 문화를 다룬 센세이셔널한 작품이었다. 시대를 생생하고 외설적으로 묘사했다. 대부분 술 먹고 껴안고 애무하는 이야기였지만, 재즈 시대의 젊은 세대는 성욕을 용감하게 다룬 이 소설에 열광했다. 데뷔작으로서 더없이 훌륭한 성공을 거뒀고, 냉정하게 평가해 사실상 피츠제럴드는 죽을 때까지『낙원의 이편』이 거둔 성공의 후광으로 살아갔다. 이러한 소설의 매력을 온전히 느끼지 못해 답답하고 아쉬울 따름이다.

그럼에도 불구하고 내가『낙원의 이편』을 떠올릴 때 느끼는 고마움이 있다. 그건 바로 피츠제럴드의 자세다. 앞서에서도 말했듯이, 피츠제럴드는 총 세 번의 대대적인 개작을 했다. 같은 출판사로부터 무려 두 번의 출판 거절을 당하고, 세 번째에 마침내 허락을 받았다. 제목까지 바꿔가면서 말이다. 솔직히 나로서는 엄두가 나지 않는 자세다. 한 출판사에 거절을 당하면, 다른 출판사에 원고를 줄지언정 다시 그 원고를 고쳐 같은 출판사에 낼 생각은 없다. 게다가 다른 출판사에서 또 거절을 당한다면, '이 원고가 본질적으로 매력적이지 않은 것인지' 의문하게 된다. 실제로 나는 몇 군데로부터 거절을 당해 출판하지 않고 버린 원고가 있다. 그런데 피츠제럴드는 자기 작품에 확신을 갖고, 될 때까지 고친 것이다. 미련해 보이기까지 한 이 자세는 나를 흔들었다.

파이어스톤에서 만난 『위대한 개츠비』의 무수한 교정 흔적 역시 내게 문신 같은 자극을 남겼다. 그건 이미 출간된 책도 다시 펴낼 기회를 노리며 끊임없이 고쳤다는 뜻이니까. 『밤은 부드러워』 역시 상업적으로 실패하자 서사의 순서를 바꿔 재출간하지 않았는가. 『낙원의 이편』에서부터 『밤은 부드러워』까지, 그는 끊임없이 고친 것이다. 그러니 유고작 『마지막 거물』은 얼마나 고친 원고였을까 (만약 조금만 덜 고쳤더라면, 『마지막 거물』 역시 그가 심장 마비로 죽기 전에 출판됐으리라).

내가 비록 『낙원의 이편』 속에 담긴 매력을 아직 발견하지 못했지만, 여전히 기대를 품고 있는 것은 바로 피츠제럴드의 이와 같은 태도 때문이다. 『위대한 개츠비』는 그가 바란 형태로 재출간할 기회를 얻지는 못했지만, 후대에 '위대한' 작품으로 인정받은 이유 역시 바로 이러한 그의 자세가 문장에 녹아 있기 때문이라 생각한다. 이러한 면이 할리우드에서 그저 그런 글쟁이로 취급당하면서도 자신을 '진정한 작가'로 여기게 한 생각의 뿌리일 테다. 작가는 안다. 자기가 원고에 얼마나 충실하고, 얼마나 매달렸는지. 그리고 자신의 원고에 부끄러움이 있다면, 미진한 점이 있다면, 더 나아질 가능성이 있다면, 기회가 오지 않더라도 끝까지 펜을 다시 잡고 단어와 문장을 고쳐나갈 것이라는 것을. 그 충동에 저항하고, 그 충동을 외면하는 것보다, 그 충동에 굴복하여 조금이라도 고치는 것이 훨씬 더 스스로를 편하게 한다는 것을.

그렇기에 피츠제럴드는 "글쓰기는 노동"이라 했을 것이다. 나처럼 쉽게 포기하는 작가에게도 '노동'이니, 그에게 글쓰기는 영혼과 몸을 온전히 쏟아붓는 노동이었을 것이다.

그의 노동이 깃든 프린스턴을 떠나, 또 다른 노동의 장소인 뉴욕으로 향했다.

미국 문학의 꺼지지 않는 '초록 불빛'
― 뉴욕

뉴욕을 동경한 문학 청년

피츠제럴드가 스물두 살이던 1919년 초, 당시 미국은 호황을 맞았다. 한 해 전에 끝난 제1차 세계대전 덕이었다. 전쟁 이전까지 세계 경제는 미국, 영국, 프랑스, 독일 4개국이 주도해왔는데, 이 중 독일은 패전국이 됐다. 영국과 프랑스는 승전국이었지만, 전쟁으로 노동력과 산업 기반을 잃었다. 반면 미국은 오히려 성장했다. 전시에는 연합국인 영국, 프랑스에 무기를 수출했고, 전후에는 생산력을 잃은 파트너에게 공산품을 수출했다. 차관까지 제공했으니, 군사 안보, 생필품, 금융 등 상당 부분에 걸쳐 유럽은 미국에 의존하게 됐다. 4년간 유럽 열강이 혹독한 힘겨루기를 한 결과, 엉뚱하게도 과실은 대서양 건너 미국 차지가 된 것이다.

한편, 전쟁이 막바지에 달할 즈음 피츠제럴드는 참전을 결심했다. 그리고 해외 파견을 기다리던 중 그만 전쟁이 끝나버렸고, 그 와중에 모국이 세계 중심이 되는 걸 목격했다. 전쟁이 끝난 마당에 더 이상 무공 훈장을 목표로 삼는 건 어리석은 짓이었다. 대신 현실적인 목표를 세웠다. 그간 실현하지 못한 문학적 재능을 마침내 꽃피우기로 한 것이다. 성장한 미국의 중심은 뉴욕이었기에, 스물두 살의 문학청년은 뉴욕으로 향했다. 그는 산문 「나의 잃어버린 도시My Lost City」에서 당시 뉴욕을 이렇게 회상했다.

> 뉴욕은 새로 시작하는 세계의 모든 빛깔을 지니고 있었다. 돌아온 참전 부대는 5번가를 행진했고, 여자들은 본능적으로 남쪽에서 서쪽에서 그들을 향해 이끌려 왔다. 미국은 그야말로 가장 위대한 국가였고 공기엔 축제의 기운이 감돌았다.
> —「나의 잃어버린 도시」,『재즈 시대의 메아리』, 60쪽

피츠제럴드가 갑자기 뉴욕에 오기로 결정한 것은 아니다. 그는 이미 뉴먼스쿨과 프린스턴대 재학 시절, 이곳에 와서 도시의 활기찬 공기를 마시고 그 분위기에 흠뻑 젖곤 했다. 그때부터 뉴욕을 동경했다. 「나의 잃어버린 도시」를 좀 더 보자.

> 나로서는 처음 느껴본 것이었다. 메트로폴리스의 기운이라는 그것. 그때까지 나는 뉴욕이 보여주는 것만을 보았다. (…) (내 모습은) 파리의 대로를 처음 보고 충격을 받은 시골 프랑스 청년의 모습과 같았다. (…) 단순히 겉모습을 구경할 뿐인 나는 어쨌거나 세상의 평가 이상으로 뉴욕의 스타일이나 화려함에 열광했다.
> —「나의 잃어버린 도시」,『재즈 시대의 메아리』, 57~58쪽

이번에는 제대한 직후였다. 머릿속에는 작가로 이름을 날리고 젤다를 아내로 맞이할 미래가 그려져 있었다. 1919년 2월 22일, 기차를 타고 구 펜실베니아역(1963년에 해체됨)에 도착한 그는 장밋빛 희망에 부풀어 젤다에게 전보를 쳤다.

> 안녕 심장 사랑 열정과 확신 등 모든 영광스러운 것들을 나는 바라지 이 세상은 게임 당신의 사랑을 확신하며 뭐든 할 수 있어 나는 야망과 성공의 땅에 왔어.
> — 아서 마이즈너, 『낙원의 먼 편』, 80쪽[*]

문장 부호를 찍으면 돈이 더 드는 탓인지, 쉼표도 마침표도 없다. 하지만 우리는 전보 속에 담긴 피츠제럴드의 야심만은 이견 없이 읽을 수 있다. 당시 피츠제럴드의 혈관에는 성공하겠다는 욕망이 24시간 흘렀던 것 같다.

가장 불행했던 뉴욕에서의 넉 달

하지만 아무것도 없는 문학청년에게 뉴욕은 녹록지 않았다. 당시 피츠제럴드의 우울한 생활은 『그래서 우리는 계속 읽는다』에 잘 그려져 있는데, 이를 간추려 옮기면 이렇다.

[*] 모린 코리건, 『그래서 우리는 읽는다』, 115쪽에서 재인용.

희망과 좌절이 교차하는 땅, 뉴욕(1920년대)

1919년 제1차 세계대전이 끝난 후, 피츠제럴드는 학창 시절부터 동경해온 뉴욕으로 향했다. 스물두 살 문학청년의 눈에 비친 뉴욕은 "새로 시작하는 세계의 모든 빛깔을 지니고" 있었고, "공기엔 축제의 기운이 감돌았다". 성공하겠다는 포부로 가득했던 그는 뉴욕의 스타일이나 화려함에 열광했다. 그러나 아무것도 없는 그에게 뉴욕은 녹록한 곳이 아니었다.

취직하러 간 신문사는 피츠제럴드의 글에 무관심했다. 어쩔 수 없이 광고 회사 베론콜리어에서 낮은 월급을 받으며 일을 시작했다. 애초에는 낮에 일하고 밤에 단편소설을 쓸 계획이었지만, 낯선 도시에서의 불안정한 생활 탓에 세탁 광고 문구나 쓰며 청춘을 보냈다.

— 모린 코리건, 『그래서 우리는 계속 읽는다』, 115~116쪽에서 편집 인용

독자에게 위안이 되는 사실도 있다. 직장인으로서의 불행한 경험 탓에 피츠제럴드는 광고를 부정적으로 여기게 됐는데, 이는 『위대한 개츠비』에 없어선 안 될 문학적 장치를 탄생시켰다. 2장을 펼치자마자 나오는 거대한 광고판 말이다. 빈민촌인 '재의 계곡(쓰레기 계곡)' 입구에 세워진 이 광고판은, 다름 아닌 안과 광고다. 그렇기에 안과 의사인 에클버그 박사의 눈이 아주 크게 그려져 있다. 재밌는 점은 등장인물들이 일탈을 저지르기 위해서 동네를 벗어날 때마다, 이 재의 계곡을 지나쳐야 한다는 것이다. 그런데 이 재의 계곡 입구에 광고판이 세워져 있으니, 소설에서 일탈이 일어날 때마다 거대한 눈이 감시하는 듯한 기묘한 분위기를 자아낸다.

닥터 T. J. 에클버그의 눈은 푸르고 거대하다. 망막의 수직 직경만 1미터에 달한다. 얼굴 없는 두 눈이 존재하지 않는 코에 걸린 거대한 노란 안경 너머로 이쪽을 바라보고 있다. 어느 익살맞은 안과 의사가 퀸스 자치구에 개업한 후 환자를 끌어모으려고 이 광고판을 설치하고 나서, 정작 자신의 눈이 영영 멀어버렸거나 아니면 이것을 까맣게 잊고 이사를 가버린 것이 틀림없다. 오랜 세월이 흐르는

사이 페인트도 새로 칠하지 않고 햇빛과 비에 시달린 탓에 색이 좀 바랬지만, 그 눈은 골똘히 생각에 잠긴 듯이 장엄한 재의 계곡을 내려다보고 있다.

　　—『위대한 개츠비』(임종기 옮김)

　이 사연에서 얻을 교훈이 있다면, 뛰어난 창작자는 원치 않았던 삶의 경험까지도 창작의 질료로 쓴다는 점이다. 어쨌든 훗날 쓸 장편소설의 소잿거리를 얻는 것 외에는 딱히 좋은 일이 없었던 문학청년의 일상으로 돌아가보자.

　물가 비싼 도시에서 청춘은 주거의 불안정을 경험한다. 피츠제럴드도 마찬가지였다. 컬럼비아대학교 근처에 방을 얻었는데, 마침 뉴욕에서 바람이 제일 많이 부는 을씨년스러운 곳이었다. 그는 이곳을 "높고 무시무시한 그 어디에도 없는 곳 한가운데 있는 아파트 건물의 어느 방"이라 표현했다.

　같은 집인지는 모르겠으나 피츠제럴드는 「나의 잃어버린 도시」에서도 당시 뉴욕에서 살았던 집을 "브롱크스의 멋없는 방"이라 표현했다. 그가 자신의 집과 관련해 쓴 몇 문장이 있는데, 다음과 같다.

　밤늦게 다리를 건너 다시 변두리로 돌아가야만 했다. (…) 알코올의 뿌연 안개 속에서 집으로 돌아가면서 늘 어떤 이상주의가 손상된다는 배신감을 느꼈다.

　　—「나의 잃어버린 도시」,『재즈 시대의 메아리』, 59쪽

브롱크스에 두 사람이 살 만한 퀴퀴한 아파트라도 얻기 위해 나는 광고 회사에서 열심히 돈을 벌어야 했다.

—「나의 잃어버린 도시」,『재즈 시대의 메아리』, 60쪽

자신의 집과 관련해선 긍정적인 표현이 한 줄도 없다. 집에 가면 기분이 나빠지고, 퀴퀴한 아파트라도 얻기 위해 원치 않는 광고 회사에서 일을 해야 했던 것이다.

게다가 잡지들은 피츠제럴드의 단편소설 게재도 거절했다. 얼마나 많이 거절당했는지, 그는 당시 상황을 "출판사에서 보낸 거절 쪽지 122장이 신전의 대리석 장식처럼 내 방 윗단을 둘렀다"(모린 코리건,『그래서 우리는 계속 읽는다』, 117쪽)고 표현했다. 그 때문인지 "불안과 불행의 아지랑이 속에서 나는 인생의 가장 예민한 넉 달을 보냈다"(「나의 잃어버린 도시」,『재즈시대의 메아리』, 60쪽)고 회고했다.

작가로서 자리 잡지 못해 괴로웠는데, 설상가상으로 젤다와의 약혼마저 위기를 맞았다. 버텨왔던 피츠제럴드는 급기야 무너지기 시작했다. 프린스턴클럽에서는 마티니를 마시다 말고 창문으로 뛰쳐나가겠다고 외쳤고(다른 동문 손님들은 창문이 프랑스제니까 뛰어내리기에 아주 좋을 거라 부추겼다), 몽고메리에서 젤다를 만나고 돌아온 후에는 광고 회사에 권총을 흔들며 출근하기도 했다. 이때까지 피츠제럴드가 발표한 단편소설은 딱 한 편뿐이었다(《스마트세트*The Smart Set*》라는 잡지에 「숲속의 아기Babes in the Woods」라는 소설을 실었다). 더 이상 뉴욕에서 작가로 버틸 수 없었다. 그러다 6월이 되자, 젤다가 약혼을 파기했다. 프린스턴 시절부터 알코올 중독 증세를 보여왔던 피츠제럴드는

파혼을 당하자 아예 3주간 술독에 빠져 지냈다. 이 시기를 그는 이렇게 고백했다.

> 나는 실패자였다─광고 일에는 별로였고 작가로는 출발조차 못하고 있었다. 뉴욕에 넌더리를 내며 술을 마시고, 마지막 한 푼까지 털어 술을 마시고는 비탄에 젖어 집으로 돌아가곤 했다…….
>
> ─「나의 잃어버린 도시」, 『재즈 시대의 메아리』, 62쪽

피츠제럴드는 불과 5개월 만에 뉴욕 생활의 높은 벽을 절감했다. 앞서 말했듯, 피츠제럴드는 원치 않은 경험까지도 창작의 질료로 썼다. 학창 시절에 경험한 동부 대학의 냉정함, 여기에 청년 시절에 경험한 뉴욕 생활의 비정함이 더해져, 그에게 동부 생활은 하나의 벽으로 다가온다. 그는 이런 생각을, 화자 닉의 입을 통해 『위대한 개츠비』에 녹여냈다. 소설이 끝날 즈음, 그러니까 개츠비가 월슨의 총에 맞아 죽은 다음, 닉은 말한다.

> 이제 나는 이 이야기가 결국 서부의 이야기였다는 것을 알고 있다. 톰과 개츠비, 데이지와 조던과 나는 모두 서부 출신이었고, 어쩌면 우리는 왠지 동부의 삶에 적응하지 못한다는 어떤 결함을 공유하고 있었는지도 모른다.
>
> ─『위대한 개츠비』(김욱동 옮김), 247쪽

닉에게 동부란 서부 출신이 오기를 열망하는 곳, 적응하고자 발

버둥 쳐야 하는 곳, 이방인들에게 곁을 내어주지 않는 곳이었다. 서부 출신의 부자인 톰과, 상류층이었던 데이지, 조던 그리고 명문가 출신 닉에게도 동부는, 특히 뉴욕은 적응하기 위해 발버둥 쳐야 하는 곳이었다. 이 모든 것은 뉴욕에서 실패한 피츠제럴드의 경험이 투영된 것이다. 무엇보다 자신의 페르소나라 할 수 있는 개츠비조차 막대한 부를 가지고도 동부의 삶에 안착하지 못하고, 비극을 맞이해야 했으니까. 닉은 계속 말한다.

> 개츠비가 죽은 뒤 동부는 내 시력으로는 어떻게 바로잡을 수 없을 만큼 뒤틀린 채 그런 식으로 자주 나를 괴롭혔다. 그래서 부서지기 쉬운 나뭇잎들의 푸른 연기가 공기 중에 흩어지고 빨랫줄에 걸려 있는 젖은 옷이 바람에 날려 뻣뻣해지는 가을, 나는 고향으로 돌아가기로 결심했다.
>
> ─『위대한 개츠비』(김욱동 옮김), 248쪽

이 대사는 피츠제럴드의 경험을 온전히 반영한 것이다. 그는 뉴욕 생활에 낙심해 짐을 싸고 세인트폴 부모님 집으로 돌아갔다. 그러나 주저앉지는 않았다. 오히려 고향에서 작심하고『낙원의 이편』을 고치기 시작했다.

성공한 뉴요커로서의 귀환

이미 두 번이나 차갑게 거절당했지만, 피츠제럴드는 자신의 첫 소설을 포기하지 않았다. 절치부심하여 퇴고에 퇴고를 거듭한 뒤, 세 번째로 같은 출판사에 『낙원의 이편』을 보낸다. 그리고 드디어 스크리브너출판사는 피츠제럴드의 데뷔작 출판을 승낙한다. 여러 번의 퇴고가 작품의 질을 높였는지, 『낙원의 이편』은 놀랍게도 대성공을 거둔다. 초판 3,000부가 사흘 만에 다 나갔다. 당시 젊은이들의 유흥 세태를 생동감 있게 그려내 열렬한 환호를 받았다. 센세이션을 일으킨 것이다. 게다가, 순문학에 플래퍼와 젤리빈*을 등장시킨 것은 피츠제럴드가 처음이었다. 그간 다뤄지지 않았던 인물들을 순문학의 영역으로 끌어들인 것인데, 1990년대 한국식으로 말하자면 압구정 오렌지족의 고민을 문학으로까지 승화시킨 것이었다.

뉴욕에서 실패를 경험했던 피츠제럴드에게, 뉴욕은 언제나 돌아가고 싶은 곳이었다. 그에게 미국의 중심은 시카고와 뉴욕이었고, 세계의 중심은 뉴욕이었다. 그렇기에 서부와 남부에서 아무리 성공을 해봤자, 뉴욕에서 이루지 못한다면 그 성공은 대단한 것이 아니었다. 1920년 3월 26일 『낙원의 이편』이 출간되자, 그는 일단 이 책의 고향이라 할 수 있는 프린스턴대의 코티지클럽으로 돌아왔다. 그리고 초판본이 사흘 만에 다 팔렸다는 소식을 접하자 숙소를 당

---

* 1920년 미국 호황기 당시에 유흥을 즐기고 멋을 낸 남자(젤리빈)와 여자(플래퍼)를 지칭한 표현. 자세한 설명은 304쪽 '플래퍼와 젤리빈' 참조.

장 뉴욕의 호텔로 옮겼다. 머리힐호텔, 엘러틴호텔 따위에서 기거하다, 책이 대성공을 거둔 게 명백해지자 빌트모어호텔로 옮겼다. 뉴욕의 최고급 호텔인 플라자호텔과 맞먹는 숙소였다. 그날이 4월 1일이었으니, 불과 출간 닷새 만이었다. 닷새 만에 인생이 급변했다. 게다가 어찌 된 영문인지, 깨졌던 젤다와의 결혼마저 갑자기 성사됐다. 단편소설 원고료로 지갑까지 두둑해졌다. 피츠제럴드에게는 거칠 것이 없었다.

> 6개월 후 뉴욕으로 돌아왔을 때는 출판사와 편집자들의 사무실 문이 나를 향해 활짝 열렸고, 연극 프로듀서들은 대본을 구걸했으며, 영화계는 스크린화할 만한 이야기를 열망했다. 당황스럽게도 나는 중서부 출신으로서나 먼발치의 관찰자로서가 아니라, 뉴욕이 원했던 모델로 받아들여졌다.
>
> ─「나의 잃어버린 도시」, 『재즈 시대의 메아리』, 62쪽

이제 성공한 뉴요커의 모델이 된 것이다. 훗날의 이야기지만, 미국이 가장 호황을 누린 1920년부터 대공황을 맞은 1929년 10월까지, 피츠제럴드는 재즈 시대 사교계의 상징적 인물이 된다.

다시 『낙원의 이편』이 막 성공을 거두었을 때로 돌아오자. 4월 3일이 되자, 피츠제럴드는 성패트릭성당 제의실에서 결혼식을 올렸다. 젤다는 열아홉 살, 스콧은 스물세 살이었다. 양가 부모 누구도 결혼식에 참석하지 않았는데, 이유는 밝혀지지 않았다. 책이 성공을 거두자마자 불과 8일 만에 결혼식을 올린 성급함이 마음에 안 들었는

성공한 뉴요커, 피츠제럴드(1925년경)

『낙원의 이편』이 히트하자 피츠제럴드는 이전에 뉴욕에서 맛본 좌절을 딛고 재입성하여, 재즈 시대 사교계의 시선을 한 몸에 받는 존재가 되었다. 그와 함께 그의 호화로운 생활과 방종도 본격적으로 시작되었으니, 이제 그는 누구도 멈추게 할 수 없는 증기기관차 같았다.

지, 아니면 이 둘이 충동적으로 결혼을 해서 미처 부모들이 참석할 경황이 없었는지는 확인할 수 없다. 개인적인 의견이지만, 아마 피츠제럴드는 서둘러 결혼식을 올리고 싶었던 것 같다. 이미 한 번 젤다에게 파혼을 당했기에, 지체하면 또 파혼을 당할지 모른다는 조바심에 휩싸였으리라. 양가 부모가 참석 가능한 날짜를 따져보고, 피로연 준비를 하고, 하객들을 일일이 초대했다가는 몇 달이 걸릴지 모를 일이다. 피츠제럴드에게는 신부의 결혼 승낙 여부가 전부였다. 실제로 예식은 짧게 끝났고, 오찬마저 없었다. 장소가 뉴욕의 성당일 뿐, 사실상 라스베이거스식 웨딩이다. 그 때문에 젤다의 언니 로절린드는 어찌 예식 오찬마저 없을 수 있느냐며 불만을 토했다. 아마, 이런 성급함이 양가의 부모 마음에 들지 않았던 것 같다.

어쨌든 이 시기의 피츠제럴드는 누구도 세울 수 없는 증기 기관차 같았다. 성공이라는 경적을 요란스럽게 울리며 달리는 기관차. 그리고 이때부터 우리가 아는 피츠제럴드의 방종이 본격적으로 시작된다.

최고급 호텔인 빌트모어에서 결혼을 축하한답시고 아내와 회전문 안에서 30분 넘게 뱅뱅 돌기도 하고, 스위트룸에서 웨딩 축하 파티를 소란스럽게 즐기다 손님들의 원성을 사 쫓겨나기도 한다(그래서 한 블록 아래 코모도어호텔로 옮겼는데 이 역시 최고급 호텔이었고, 이후에는 플라자호텔에서 장기 체류를 한다). 그즈음 아내 젤다 역시 이미 '와일드 차일드wild child(제멋대로인 아이)'라는 불명예스러운 명성을 얻은 뒤였다. 유니언스퀘어 분수대 안에 옷을 입고 들어가 놀았기 때문이다. 좋은 시선이든, 나쁜 시선이든 어찌 됐든 이제 이 부부는 재즈 시대 사교계의 시선을 한몸에 받는 존재가 됐다. 화려한 사교계의 상징이 된 부부는 영국, 프랑스, 이탈리아 등으로 유럽 여행을 다녀온 뒤 딸이 태어날 때가 되자 고향인 세인트폴에 가서 안정을 찾으려 했으나, 자석에 이끌리듯 다시 뉴욕으로 돌아온다. 단, 이번에는 딸이 있기에, 뉴욕에서 조금 떨어진 한적한 부촌이다. 바로 『위대한 개츠비』의 배경이 될 롱아일랜드의 그레이트넥 말이다. 피츠제럴드는 자신과 뉴욕을 갈라놓을 수 없는 관계라고 말한다.

> 뉴욕을 다시 만난 것은 3년 후였다. 배가 강을 따라 미끄러져 올라가자 막 해가 지는 도시의 장관이 우리 눈앞에 확 펼쳐졌다. 맨해튼 남쪽의 반짝이는 빛의 빙하는 잠시 낮아졌다가, 업타운에 이르러 마치 별에 매달려 있는 거품인 듯 빛의 기적으로 솟아올랐다. 갑판에서 밴드의 연주가 시작되었지만 그 행진곡은 도시의 장엄함 앞에서 사소한 추임새에 불과했다. 그 순간 나는 뉴욕이 진정한 나의 고향임을 깨달았다. 앞으로 얼마나 자주 이 도시를 떠나건 간에.
>
> —「나의 잃어버린 도시」, 『재즈 시대의 메아리』, 71쪽

이제 피츠제럴드의 뉴욕을 본격적으로 만나보자.

욕망의 세계로 가는 들머리, 퀸스보로다리

평소 프린스턴에서 뉴욕까지는 한 시간 남짓 걸린다. 하지만 내가 출발했을 때는 주말이라 도착까지 세 시간가량 걸렸다. 뉴욕에 가까

위지자 엄청난 병목 현상이 벌어졌다. 모든 길이 로마로 통했듯, 세계 각지의 길이 뉴욕으로 이어지고, 그 행렬에 내가 낀 느낌이었다.

1922년에 뉴욕으로 돌아온 피츠제럴드 역시 그랬을 것이다. 마천루가 즐비한 시카고와 뉴욕은 1920년대에 이미 교통 체증으로 몸살을 앓고 있었다. 정확한 수치는 아니지만, 당시 시카고와 뉴욕에 보급된 자동차 수만 2,000만 대라 하니, 과연 100년 전 상황이 맞나 싶기도 하다. 피츠제럴드는 이렇게 급성장하는 뉴욕에서 집이 있는 그레이트넥으로 가기 위해 다리를 수없이 지났을 것이다. 『위대한 개츠비』에서 닉과 개츠비가 차를 타고 '퀸스보로다리Queensboro Bridge'를 건넜듯이 말이다. 내가 예약한 숙소는 애스토리아라는 곳에 있었는데, 맨해튼과 다리 하나를 사이에 두고 있었다. 그 다리가 바로 퀸스보로다리였다. 숙소에 짐을 놓은 뒤, 렌터카를 반납하려고 보니 반납 장소가 맨해튼이었다. 하여, 볼티모어에서부터 프린스턴을 거쳐, 뉴욕에까지 내 발이 되어준 차를 반납하기 위해 퀸스보로다리에 처음으로 올랐다.

자연스레 닉과 개츠비가 이 다리를 건널 때가 떠올랐다. 개츠비는 어느 날 처음으로 자신의 차를 몰고 닉의 집 앞에 나타난다. 그러고는 닉에게 차에 타라고 한다. 닉은 어리둥절해진 채로 차에 탄다. 개츠비의 차는 웨스트에그를 지나 퀸스보로다리를 건넌다. 사실, 개츠비가 닉을 태우고 웨스트에그를 벗어난 데에는 이유가 있다. 닉에게 데이지를 만나게 해달라는 은밀한 제안을 하기 위해서였다. 왠지 웨스트에그에서는 그런 부탁을 해서는 안 될 것 같은 기분이 들었던 것이다. 하지만 정작 뉴욕에서 닉에게 부탁을 하기도 전에 데이지의

뉴욕의 중심으로 가는 길, 퀸스보로다리

뉴욕의 이스트강에 놓인 다리로, 맨해튼과 퀸스보로 지역을 연결한다. 피츠제럴드는 『위대한 개츠비』에서 이 다리로부터 바라본 뉴욕을 "세상의 모든 신비와 아름다움을 보장한다는 최초의 열렬한 약속을 그대로 간직하고 있는, 언제나 처음 보는 도시 같았다"라고 했다.

남편이 우연히 나타나, 개츠비는 그만 도망가버리고 만다.

아마 피츠제럴드는 데이지를 만나기 위한 부탁조차 건네기 쉽지 않았음을 밝히기 위해 이런 설정을 했는지도 모른다. 게다가 도망가는 장면을 통해, 개츠비는 거부拒否일지언정 데이지가 연관되면 한없이 초라해진다는 것을 보여주려 했는지도 모른다. 어찌 됐든 간에, 개츠비는 그 은밀한 제안을 하기 위해 닉을 태우고 뉴욕으로 건너갔다.

그렇다면 『위대한 개츠비』에서 뉴욕은 어떤 곳인가. 톰이 윌슨 부인과 외도를 하는 아파트가 있는 곳이자, 개츠비가 톰 부부와 파국을 마다하지 않고 설전을 벌인 플라자호텔이 있는 곳이자, '월드시리즈'까지 조작한 울프심과 작당한 곳이다. 즉, 뉴욕은 무슨 일이 일어나도 이상하지 않은 곳이다. 그리고 그 뉴욕으로 가는 길에 바로 퀸스보로다리가 있다. 닉은 개츠비와 함께 퀸스보로다리를 건너며 이렇게 말한다.

> 거대한 다리 위에서 쏟아지는 햇빛이 대들보 사이를 지나 달리는 차들 위에서 끊임없이 반짝였고, 강 건너편에는 도시가 하얀 더미처럼, 각설탕 덩어리처럼 솟아 있었다. 마치 모든 것이 구린 냄새가 나지 않는 돈으로 세워졌으면 하는 바람을 담고 있는 것만 같았다. 퀸스보로다리에서 바라본 뉴욕은 세상의 모든 신비와 아름다움을 보장한다는 최초의 열렬한 약속을 그대로 간직하고 있는, 언제나 처음 보는 도시 같았다.
>
> ─『위대한 개츠비』(임종기 옮김)

피츠제럴드는 마지막 문장에서 뉴욕을 데이지와 개츠비로 비유했다. "세상의 모든 신비와 아름다움을 보장한다는 최초의 열렬한 약속을 그대로 간직"한 존재는 누구일까. 싱겁겠지만, 개츠비다. 그에게 데이지는 "세상의 모든 신비와 아름다움"이었고, 이를 지켜내기 위해 개츠비는 "최초의 열렬한 약속을 그대로 간직"한 인물로 살았으니까. 그렇다면 "언제나 처음 보는 도시"는 무엇일까. 문자 그대로 뉴욕일까. 그럴 수도 있겠지만, 나는 데이지라 여긴다. 피츠제럴드가 구사하는 이중의 의미 구조를 고려해볼 때, 이 헌사의 대상은 데이지가 되어도 무방하다. 말 그대로 항상 처음 보는 듯 설레고, 아름다운 광휘를 잃지 않는 존재는 바로 데이지였으니 말이다.

『위대한 개츠비』에는 이 같은 메타포가 곳곳에 등장한다. 닉이 개츠비의 첫 파티에 초대받아 참석하고 돌아오는 길에 보이는 사고 차량(언젠가는 이들이 실패할 운명이라는 것을 암시), 윌슨 부인이 남편 앞에서 보란 듯이 톰에게 마실 것을 갖다주라고 하는 장면(법적 남편은 윌슨이지만, 심적 배우자는 톰이라는 것), 끝없이 나오는 물과 비가 역경과 고난을 상징하는 것, 그중에서도 데이지를 재회하는 날 비가 멎을 거라는 일기 예보대로 재회 30분 전 비가 뜸해져 축축한 안개처럼 바뀌었지만 재회할 즈음(정확히는 데이지가 닉의 집에 도착하자마자) 폭우가 쏟아져 개츠비가 홀딱 젖은 채로 나타난 것(결국은 데이지를 다시 만나 파국을 맞이할 것이라는 암시) 등, 『위대한 개츠비』의 메타포는 간단히 언급하는 것만으로도 지면이 꽉 찰 정도다. 직접적인 비유부터 세련되고 예술적인 비유까지, 종류도 양도 상당하다. 그렇기에 나는 『위대한 개츠비』를 읽은 이의 반응이 극도로 갈리는 것은 바로 이 메타포 탓도 있다고 여긴다. 이 메타포의 활용법에 찬성하는 사람에게라면 『위대한 개츠비』는 명작임에 틀림없다. 반면, 신문 기사나 사회과학 서적을 읽는 자세로 읽거나, 이 활용법에 동의하지 않는다면 『위대한 개츠비』는 그야말로 지루한 텍스트의 나열일 뿐이다. 비록 논란 속에서도 『위대한 개츠비』가 고전의 목록에서 한 칸을 버젓이 차지하고 있는 것은 이 활용법에 동의한 사람이 많다는 뜻일 것이다.

나는 개츠비가 욕망의 세계로 가기 위해, 진정 원하는 것을 얻기 위해 달렸던 곳으로 갔다. 길게 늘어선 아치형 다리 뒤로 치솟은 마천루가 보였다. 수많은 영화에 등장한 뉴욕의 야경을 배경으로, 동화에나 나올 법한 둥근 달이 걸려 있었다. 그 광경이 너무나 비현실적이라 누군가 영화의 한 장면을 위해 합성해놓은 것 같았다. 둥근 달 안에는 방아를 찧는 토끼의 모습도 보였다. 그런 한국적 오브제 아래 있는, 뉴욕의 마천루라니. 밤하늘은 마치 물감을 뿌려놓은 것처럼 어두운 감청색을 띠었고, 그 아래로 각자의 빛을 발하는 건물들이 줄지어 서 있었다. 순간, 소설 속 닉의 독백이 떠올랐다.

'이 다리를 넘어섰으니 이제 무슨 일이든 일어날 수 있을 거야. 정말로 무슨 일이든……' 나는 혼자 생각에 잠겼다. 심지어 개츠비 같은 인물의 존재도 특별히 놀랄 일이 아닐 것이다.

—『위대한 개츠비』(김욱동 옮김), 103쪽

퀸스보로다리만 건너면 맨해튼이다. 소설처럼 무슨 일이든 일어날 수 있다. 월스트리트에서 대공황 같은 주가 폭락이 일어날 수도 있고, 전 세계를 경악하게 만든 9·11 테러 같은 비극이 일어날 수도 있고, 센트럴파크를 배경으로 연인들이 로맨틱한 밀어를 나눌 수도 있다. 닉의 말처럼 '개츠비 같은 인물의 존재도 특별히 놀랄 일이 아닐 것이다'. 이제는 더한 거부가 있다 해도 당연한 것처럼 느껴지는 곳이다.

닉 캐러웨이의 맨해튼, 예일클럽과 그랜드센트럴터미널

『위대한 개츠비』에 등장하는 뉴욕의 대부분은 맨해튼에 있다. 그리고 맨해튼은 마음만 먹으면 걸어서 이곳저곳 방문할 수 있기 때문에, 오늘은 작정하고 걷기로 했다. 소설의 배경지인 '예일클럽The Yale Club of New York City'과 맞은편에 위치한 '그랜드센트럴터미널Grand Central Terminal', 그리고 플라자호텔까지 다 가보기로 했다.

먼저 예일클럽. 닉 캐러웨이는 증권 투자 회사에서 근무를 했는데, 퇴근 후에는 주식 공부를 하며 시간을 때웠다. 그 장소가 바로 예일클럽이다.

나는 주로 예일클럽에서 저녁을 먹었다. 어떤 이유에서인지 그때가 하루 중 가장 우울한 시간이었다. 저녁을 먹고 나면 위층 도서실로 올라가 한 시간 동안 투자와 유가 증권에 대해 열심히 공부했다. 주변에는 보통 시끄럽게 떠드는 녀석들이 몇 명 있게 마련이지만 도서실로 들어오는 일은 없었기에, 공부하기에는 딱 좋은 장소였다. 그 후, 밤에 날씨가 좋으면 매디슨가를 따라 어슬렁어슬렁 걸어 내려가서, 유서 깊은 머리힐호텔을 지나 33번가 너머의 펜실베이니아역으로 걸어갔다.

—『위대한 개츠비』(임종기 옮김)

나는 예일대학이 주는 무게감 때문에 레스토랑이 얼마나 비싸건, 잔뜩 지출할 용의가 충분했다. 하지만 이러한 나의 열의는 입구에선 건장한 경비원에 의해 저지당했다. 경비원은 공손하지만, 무게감 있는 어투로 말했다.

"선생님, 출입증을 먼저 찍으셔야 합니다."

예일클럽은 예일대 졸업생들만을 위해 회원제로 운영하는 클럽이었다. 맨해튼 한복판에 있는 회원제 클럽인데, 가입 자격 조건이 아이비리그의 졸업생이어야 한다니. 역시 동부 대학답다. 레스토랑은 물론 호텔까지 있었다. 들어가볼 수 없는 곳에 인간은 호기심을 갖기 마련이다. 장애가 불러일으킨 호기심이 체면과는 상관없이 고개를 자꾸 건물 안쪽으로 향하게 했다. 넌지시 보니 입구에 회원증을 찍는 기계가 있었다. 마치 지하철 개찰기 같은 것에 빨간 불이 들어와 있는데, 카드를 대면 녹색 불로 바뀌었다. 그 후 허벅지로 살짝 밀면 굳건하던 은색 가로대가 움직인다. 출입구를 보니, 실내까지 궁금해졌다. 이런 경우 들어가보면 기대와 달리 별것 없는 것이 대부분이지만 말이다. 이렇기에 배타성은 언제나 실망과 기대를 동시에 선사한다. 가보지 못한 곳에 대한 기대와, 가보고 난 뒤에 느껴지

닉 캐러웨이가 자주 찾은 예일클럽

예일대 졸업생들만을 위해 회원제로 운영하는 클럽이다. 『위대한 개츠비』에서 화자 닉은 투자 증권 회사를 다니는데, 퇴근 후에는 주로 예일클럽에서 저녁을 먹고 주식 공부를 하며 시간 을 보낸다.

는 실망. 그러나 회원들은 이런 감정을 느끼지 못한다. 실제로 출입하는 사람들을 보니, 무리와 어울리지 못하는 괴짜 수재나 은퇴해서 외로울 법한 연령대의 노인, 혹은 아이 셋을 데리고 가는 엄마였는데, 다들 어디에선가 시간을 때우고 싶긴 한데, 그렇다고 딴 데에 가서 돈을 쓰기엔 애매해서 오는 것 같았다. 그들에게는 이곳이 일상적인 공간이고, 그렇기에 별생각 없이 드나들 것이다.

아무렇지 않게 예일클럽 안으로 들어가는 허리 굽은 노인과, 아이 셋을 양팔에 한 명씩 그리고 나머지 한 명은 한 손에 잡고 가는 엄마를 부럽게 쳐다보았다. 아마, 피츠제럴드는 이런 독자의 심정을 노리고 닉이 예일클럽에서 주식 공부를 하는 설정을 꾸렸을지도 모른다. 구체적으로 말해 이 설정은 두 가지를 보여준다.

첫째, 닉이 주식 공부를 통해 더 많은 부를 획득하기를 원한다는 사실. 이것은 나아가, 그가 '거부 개츠비'를 '더 그레이트 개츠비The Great Gatsby'로 부르는 근거를 제공한다. 물론, 이를 '위대한 개츠비'로 해석해야 하는가에 대해선 다양한 의견이 존재한다. 원어에는 비판적인 뉘앙스도 공존하기 때문이다. 자세한 논의는 이 책 말미에 있는 「개츠비는 과연 위대한가」에서 다룰 테니, 닉의 시선을 계속 이야기하자. 닉이 개츠비를 동경 어린 시선으로 바라봤건, 비판적 시선이 섞인 복잡한 마음으로 바라봤건 간에, 일단 더 나은 금전적 상황을 추구하는 입장에서 이미 거부인 개츠비가 '대단해great' 보였을 거란 사실에는 틀림이 없다.

둘째, 이것이 좀 더 궁극적인 이유다. 닉은 개츠비처럼 플라자호텔에서가 아니라, 모교가 졸업생에게 할인된 가격으로 차와 음식을 제공하는 곳에서 시간을 때운다. 물론, 질은 같은 가격의 다른 곳보다 낫겠지만. 이것이 의미하는 바는, 그가 아직은 원하는 것을 마음껏 누릴 처지가 아니라는 것이다. 물론, 예일 출신이기에 가능성은 품고 있지만, 그 가능성이 실현되지 않은 청년 단계다. 제한된 일부 특권을 누리고 있지만, 사실상 그의 일상은 이런 특권과 어울리지 않는 것들로 채워져 있다. 예일클럽에서 시간을 때우는 행위 자체가, 원하는 사회적 지위를 획득하지 못했기에 좀 더 싼 가격으로 유예된 혜택을 당겨서 누려보는 것이니 말이다.

그런데, 프린스턴 출신인 피츠제럴드는 예일클럽을 배경으로 삼을 때 자신 있게 쓸 수 있었을까. 이 점에 대해서는 큰 어려움이 없었을 것 같다. 제1차 세계대전 동안 프린스턴클럽 멤버들은 예일클럽을 사용했고, 현재도 프린스턴클럽 멤버들에게는 전 세계 200여 개 클럽과 상호 출입이 허용된다고 한다. 물론, 피츠제럴드는 프린스턴을 자퇴했다. 하지만 지금처럼 엄격하지 않았던 재즈 시대였고, 인맥과 수완이 좋았던 피츠제럴드에게 이 정도 클럽 출입은 그다지 어려운 일이 아니었을 것 같다.

닉이 주식 공부를 했던 예일클럽의 맞은편에는 그랜드센트럴터미널이 있다. 클럽에서 주식 공부를 한 후, 닉이 걷는 동선에 있는 건물이다. 피츠제럴드는 1922년부터 『위대한 개츠비』의 뼈대를 구상했는데, 당시 그랜드센트럴터미널은 지은 지 10년이 됐지만, 여전히 현대적인 건물이었다. 동시에, 꿈을 품은 이민자와 이방인들이 몰려드는 이 터미널은 뉴욕 생활의 출발점이었다.

서부에서 온 닉의 입장에서 보면, 모교 클럽은 향수에, 터미널은

뉴욕 생활의 출발점, 그랜드센트럴터미널

예일클럽의 맞은편에 있다. 자동차 이용이 보편화되면서 쇠락해갔지만, 과거에 이곳은 꿈을
품은 이방인들이 몰려오는 뉴욕 생활의 출발점 같은 곳이었다. 서부에서 온 닉의 입장에서 보
면, 이곳은 추억과 설렘에 젖게 했을 것이다.

설렘과 추억에 젖게 했을 것이다. 동시에 언제나 자신은 뉴욕의 이방인이라는 자각을 일깨워줬을 것이다. 소설에서 뉴욕 생활에 대해 닉은 이렇게 고백한다.

> 대도시에 매혹적인 황혼이 깃들면 가끔 떨쳐내기 힘들 만큼 고독감을 느끼기도 했고, 타인에게서 그런 기분을 감지하기도 했다. 쇼윈도 앞을 서성이며 식당에서 외로이 저녁 때울 시간을 기다리는 가난하고 젊은 회사원들, 어스름 속에서 밤과 삶의 가장 강렬한 순간들을 낭비하고 있는 젊은 회사원들에게서 말이다. 또다시 8시, 40번가의 어두운 골목에 극장가로 향하는 택시들이 부릉거리며 다섯 줄로 늘어서 있을 때면, 나는 가슴이 내려앉는 듯한 기분이 들었다. 택시 안에서 희미하게 비친 담뱃불로 사람들 몸짓의 어렴풋한 윤곽을 볼 수 있었다.
>
> —『위대한 개츠비』(임종기 옮김)

닉은 외로웠다. 동시에 자신은 아직 성공하지 못했지만, 주변에는 부자들이 넘쳤다. 톰은 날 때부터 부를 거머쥔 채였고, 사촌인 데이지도 부유했다. 바로 이웃인, 출신을 알 수 없는 개츠비 또한 그랬다. 그렇기에 닉에게 뉴욕은 성공한 사람들로 가득하지만, 자신은 갈 길이 먼 도시였을 것이다.

『위대한 개츠비』의 등장인물 중, 피츠제럴드의 페르소나를 꼽으라면 당연히 개츠비가 그 자리를 차지하겠지만, 나는 어떤 대목에서는 닉이 피츠제럴드의 과거를 형상화한 것이라 여긴다. 1919년,

스물두 살의 나이로 뉴욕에 이사 와 작가로서 성공하겠다는 포부를 품었지만, 아무것도 이뤄내지 못했던 때의 모습이 닉과 닮아 있다. 게다가, 『위대한 개츠비』는 결국 닉이 써낸 형식을 띠고 있지 않은가. 그러니 『위대한 개츠비』에는 성공하고픈 피츠제럴드의 욕망이 투영된 개츠비와, 성공한 인물들을 지켜보며 글을 썼던 피츠제럴드의 경험이 투영된 닉이 공존한다. 이들 모두 피츠제럴드인 셈이다.

피츠제럴드의 클라이맥스, 플라자호텔

『위대한 개츠비』에 미학적 장면은 많다. 골프 선수 조던이 닉과 데이트하며 데이지의 일화를 들려준 신도 그렇다. 담백하지만 속도감 있고, 애절하다. 배경은 이렇다. 닉은 데이지와 개츠비의 과거를 전혀 몰랐다. 그래서 데이지가 개츠비의 집에서 그를 만난 후, 보인 행동을 의아하게 여겼다. 이런 상황에서 조던이 닉에게 둘의 과거를 들려준다.

장교들에게 인기가 많았던 데이지는 수많은 후보 중 개츠비와 데이트를 했다. 그러다 그가 해외로 파견되자, 한동안 군대에 갈 수 없는 평발이나 근시만 만나며 개츠비의 그림자에서 벗어나지 못했다. 이듬해 가을이 되어서야 비로소 예전처럼 명랑해졌다.

제1차 세계대전이 휴전되자 사교계에 데뷔해, 2월에 뉴올리언스 출신 남자와 약혼을 했다. 그러다 6월이 되자 갑작스레 시카고의 톰과 결혼을 해버렸다. 톰은 객차 네 량에 하객 100명을 실어 데려오고 실바크호텔 한 층을 통째로 빌렸다. 그리고 결혼식 전날 35만 달러짜리 진주 목걸이를 선물했다고 조던은 옛날이야기 하듯 말한다. 이 우여곡절의 사연이 짧고 빠르게 서술된다. 물론, 이야기는 이어진다.

하지만 조던이 데이지를 발견했을 때, 그녀는 꽃 장식을 한 드레스를 입고 "6월의 여름밤처럼 아름다운 모습으로 침대에 누워" 취해 있다. 평생 처음 곤드레만드레 취한 것이다. 데이지는 휴지통을 뒤져 진주 목걸이를 꺼내 주인에게 돌려주라고 하면서 "데이지의 마음이 변했다"고 말해달라며 운다. 하지만 결국 다음 날 눈 하나 깜짝하지 않고 결혼식을 올리고 석 달간 남태평양으로 신혼여행을 떠난다.

신혼여행을 마치고 샌타바버라로 돌아왔을 때, 그녀는 남편에게 완전히 반해, 남편을 자기 무릎에 올려놓고 한 시간이나 그의 눈가를 쓰다듬으며 더없이 행복한 표정을 지었다, 그리고 그 모습은 감동적이었다고 조던은 말한다.

이 대목에서 내가 가장 좋아하는 것은 바로 다음 문장이다.

플라자호텔

피츠제럴드가 머물렀던 많은 호텔들 중 가장 대표적인 곳. 그는 전성기 때 맨해튼의 5성급 호텔인 이곳에 장기 투숙을 하기도 했다. 『위대한 개츠비』 속에서는 골프 선수 조던이 닉에게 개츠비와 데이지의 일화를 들려준 장소로 등장한다. 또한 삼각 관계의 당사자인 톰과 개츠비와 데이지가 함께 모여 신경전을 벌인 곳이기도 하다. 플라자호텔이 등장하는 장면을 빼면 『위대한 개츠비』는 완성되지 않는다.

그때가 8월이었지요. 제가 샌타바버라를 떠난 지 일주일 뒤 톰이 몰던 차가 벤투라 가도에서 왜건과 충돌해 그만 앞바퀴가 빠져버린 사고가 있었어요. 같이 타고 있던 여자의 팔이 부러지는 바람에 몇몇 신문에 났지요. 샌타바버라호텔에서 청소부로 일하는 여자였어요.

—『위대한 개츠비』(김욱동 옮김), 114쪽

이렇게 피츠제럴드는 무심하게 마지막 한 문장만 덧붙이고 이 사건을 지나간다.

이듬해 4월, 데이지는 딸을 낳았고 그들은 1년 동안 프랑스로 건너가 지냈지요.

—『위대한 개츠비』(김욱동 옮김), 114쪽

부부 사이에 있을 법한 극심한 갈등과 결혼의 위기에 대해 피츠제럴드는 주절주절 떠들지 않는다. 남편의 교통사고가 실린 신문 기사를 통해 데이지는 외도를 확인했고, 이듬해 딸을 낳았다. 교통사고가 8월에 났고, 딸이 4월에 태어났으니, 남편이 외도 중일 때 데이지는 임신 중이었다. 독자로 하여금 계산을 하게 만들 뿐, 첨언하지 않는 그의 절제된 서술 방식이 마음에 든다. 그리고 둘은 프랑스로 간다. 왜 갔는지는 알 만하다. 그대로 캘리포니아에 있다가는 호사가들의 수군거림과 사람들의 시선을 견디지 못했을 테니. 이 책은 일종의 해설서 역할을 하기에 나는 어쩔 수 없이 부언했지만, 작가로서 떠벌리지 않는 피츠제럴드는 매력적이다.

게다가 나는 이 모든 서술이 끝날 때의 문학적 분위기를 사랑한다.

> 조던 베이커가 이야기를 모두 마쳤을 때는 플라자호텔을 떠난 지 30분이 지난 뒤로, 우리는 관광용 사륜마차를 타고 센트럴파크를 지나고 있었다. 해는 벌써 웨스트 50번가의 영화배우들이 사는 높은 아파트 뒤로 넘어갔고, 여자아이들의 맑은 목소리가 풀 위의 귀뚜라미처럼 무더운 황혼을 뚫고 솟아올랐다.
>
> —『위대한 개츠비』(김욱동 옮김), 115쪽

'장소를 옮겼다'는 식의 직접적이고 촌스러운 문장도 쓰지 않고, 옮겨서 대화를 이은 곳이 바로 관광용 사륜마차 좌석이라니. 그리고 그 마차는 센트럴파크를 지나고 있다니. 나 역시 알고 있다. 더이상 아무 말 않는 것이 내 품위를 지키는 것이라는 것을. 다만, 또한 번『위대한 개츠비』를 펼치고 싶을 뿐이다.

지금까지 소개한 데이지의 결혼 전말이 독자에게 공개되는 장소가 플라자호텔 커피숍이다. 또한 삼각관계 당사자인 톰, 개츠비, 데이지가 함께 모여 신경전을 벌이는 곳, 데이지가 개츠비의 눈앞에서 남편에게 "개츠비를 사랑하지 않았다"(!)고 말하는 곳, 그렇기에 마음으로만 감정을 전해온 과거 연인이 다시 사랑할 수 있을까 하는 실낱같은 희망을 품었던 마지막 장소 역시 플라자호텔의 스위트룸이다. 플라자호텔을 나간 직후 교통사고가 나고, 이때부터 소설은 명백히 비극으로 나아간다.

플라자호텔이 등장하는 장면을 빼버리면,『위대한 개츠비』는 완성되지 않는다. 다른 배경지로 바꾸어도 소설은 어색해진다. 이 둘은 서로 뗄 수 없는 관계인데, 그 점은 피츠제럴드 역시 마찬가지다. 피츠제럴드의 화려한 삶을 언급할 때, 플라자호텔의 장기 투숙을 빼놓을 수는 없다. 어쩌면 그의 전성기를 가장 압축적으로 보여줄 수 있는 단 하나의 공간이 있다면, 그것은 플라자호텔일 것이다. 그렇기에 플라자호텔은 한국에서 취재 준비를 할 때부터 반드시 가기로 작정한 목적지였다. 방문할 당시 플라자호텔의 숙박료는 1박에 평균 150만 원가량 했기에 피츠제럴드가 장기 투숙했던 플라자호텔에 하루뿐이지만 나 역시 150만 원을 내고 숙박했다면 좋겠지만 그럴 수 없어 커피숍으로 갔다(이미 출판사에서 받은 취재비는 물론, 사비까지 쓰기 시작한 형편이었다).

플라자호텔까지 가서 기껏 커피숍이냐 할지 모르겠지만, 피츠제럴드 역시 이 커피숍의 단골이었다. 그는 장기 투숙할 때 커피숍에 내려와 글을 썼다. 아울러, 이곳은 영화 〈위대한 개츠비〉의 촬영지였다. 독자들이 원한다면 무리를 해서라도 스위트룸 투숙기를 써볼 수도 있겠지만, 원치 않는다는 것을 알기에(?) 홀가분히 커피숍으로 향했다.

또 하나의 '코티지클럽', 팜코트에서

이 커피숍은 이름이 정직하다. 일단, 실내에 큰 야자수가 있기에 이름에 'palm(야자수)'이 들어간다. 미국에선 건물 내부에 유리 지붕을 덮은 툭 트인 공간을 'court'라 하는데, 이 역시 그대로 가져다 썼다. 그래서 이름이 '팜코트Palm Court'다. 본격적인 취재를 위해 커피숍에 들어가려 하니, 입구의 직원이 나를 불러 세웠다.

"어떻게 오셨습니까?"

순간 직감했다. 내가 불청객이라는 사실을. 커피숍이라면 당연히 차를 마시러 오는 곳 아닌가. 그런데 어떻게 왔느냐니. 차를 마시러 왔다 하니, 직원은 "이곳은 차만 팔지 않고, 다과 세트(일종의 애프터눈 티 세트)를 판다"라는 불필요한 설명을 덧붙였다. 홍차 세트와 와인 세트가 있고, 가격은 홍차 세트가 120달러, 와인 세트가 135달러라 했다(물론, 세금과 팁은 별도). 애초부터 플라자호텔이니 커피 한잔 마시는 것에 100달러 이상은 쓸 생각을 하고 왔다. 하지만 막상 입구에서 너무나 당연한 설명을 들으니, 내가 이들이 기대한 손님이 아니란 게 실감났다. 그렇다 해서 취재를 포기할 수는 없기에, 미소로 실망을 위장하며 "물론이죠"라고 회답했다.

실내에선 1930년대 금주법 시대에 유행한 트래디셔널 재즈가 흘러나왔다. 손님들의 대화를 방해하지 않기 위해서인지 보컬은 없고, 연주로만 이루어진 곡이었다. 소문대로 한쪽 테이블에서는 백인 부모가 어린 소녀를 데리고 와서 티세트를 선사하고 있었다. 팜코트는 드라마 〈소프라노스The Sopranos〉에도 소개된 바 있듯이, 뉴욕 상류층의 사교지다. 중세 유럽 귀족들의 여가 방식인 옷을 차려입고 차를 마시는, 이른바 '성장盛裝 티타임'을 갖는 곳이다. 동시에 아직 숙녀가 되기 전의 소녀들을 엄마가 데려와 티 세트를 사주며 사교 문화를 교습하는 장소이기도 하다.

플라자호텔 내의 커피숍, 팜코트

실내에 커다란 야자수가 있어서 이름에 'palm(야자수)'이 들어간다. 피츠제럴드는 플라자호텔
에 투숙하는 동안 이곳에 내려와 글을 썼다.

이런 문화 때문인지, 팜코트에 유색 인종은 나뿐이었다. 흑인도, 동양인도, 라틴계 사람도 없었다. 모두 백인이었다. 유색 인종이 있기는 했지만, 전부 웨이터였다. 한 시간 남짓 이곳에 앉아 있었는데, 내가 나갈 즈음 정장 차림의 흑인 한 명이 들어왔다. 그는 바에 앉아 홀 쪽으로는 등을 돌린 채 말없이 머무르다 떠났다.

등받이가 있는 소파 자리에 앉아 있으니, 금색 3단 트레이에 담긴 다과가 나왔다. 내가 주문한 세트명은 'Theé de Hummus', 즉, '허머스 티'였다. '연어 샌드위치, 소고기 샌드위치, 칠면조 샌드위치, 계란 샌드위치, 햄-치즈 샌드위치, 올리브 잼, 크림치즈 버터, 블루베리 잼' 등이 3층짜리 타원형 트레이에 나뉘어 실려 있었다.

이런 말은 좀 더 객관적일 필요가 있다. 하지만 경험한 바를 그대로 옮기자면, 웨이터들은 백인들에게는 아주 잘 웃어주었지만, 내게는 전혀 웃어주지 않았다. 다른 손님들에게는 메뉴에 대한 설명도 길게 해주었지만, 내게는 아예 하지 않았다. 딱 한마디만 했다. 메뉴를 놓고 가며 "엔조이Enjoy"라고 했다. 엄밀히 말해, 이조차도 명령문이었다. 그렇기에 "대체 어떻게 즐기란 말이오. 내가 성인군자라도 된단 말이오!" 하고 반문하고 싶었지만, 속없는 관광객처럼 "감사합니다"라며 웃었다.

경험상 상류층은 편견과 차별 의식을 표현하지 않고 품고 있지만, 그 아래 계층은 표면적으로 차별 의식을 드러냈다. 슬픈 아이러니다. 내게 미소 한 번 짓지 않고, 메뉴 설명 한마디 하지 않은 급사처럼(물론, 그에게도 15퍼센트의 팁은 줬다. 그렇다고 나까지 예의를 지키지 않을 순 없으니).

2017년의 상황이 이러니, 아마 1920년대의 상황은 더했으리라. 미국의 황금기답게 재즈가 흘러나오고, 지금보다 더 백인으로 가득했을 것이다. 피츠제럴드 역시 백인이었기에 그는 어쩌면 이곳에서 '뒤섞이지 않은 채' 글을 쓸 수 있었을지 모르겠다. 하지만 지금은 글쓰기에 적당한 장소는 아니었다. 모두 아닌 척 젠체하지만 뭔가에 살짝 들떠 있는 분위기 탓에, 내면에 몰입해야 하는 작가가 집중할 수 있는 공간은 되지 못했다. 비록 생계형 작가인 나는 여기서 이 글을 쓰고 있지만 말이다.

더 이상 복잡한 기분에 휩싸이기 싫어 호텔에서 나왔다. 전철역으로 가는데, 한 삐쩍 마른 백인이 눈물이 그렁그렁한 채 도로 위에 쪼그려 앉아 있었다. 행인들이 볼 수 있도록 찢은 박스 위에 "병원에 있는 아버지를 만나러 갈 기차푯값 27달러가 필요해요"라고 써놓고 고개를 푹 숙이고 있었다. 고작 2달러와 가진 동전 전부를 줬을 뿐인데, 그녀는 참아온 눈물을 왈칵 쏟았다. 부끄러운지 고개를 거의 땅으로 떨어뜨렸고, 나 역시 몇 걸음 뒤 그녀처럼 눈물이 쏟아지려 했다. 실은 다른 백인들도 고개를 숙인 채 박스 위에 "여러분께 불편을 끼쳐 죄송합니다……"라는 문구로 자신의 사정을 설명하고 있었다. 어쩌다 이들이 거리에 나서게 됐는지 모르겠다. 어디를 가나 삶은 왜 이토록 인간에게 가혹할까. 팁까지 포함하면 150달러를 티타임에 쓰고 나온 후라, 한때는 나와 같았겠지만 지금은 거리 위에 있는 그들에게 죄지은 심정이 되었다. 의도치 않게 부자의 세계와 빈자의 세계를 드나들어야 했다. 그리고 나는 이 여행을 할수록 피츠제럴드와 같은 부류의 작가가 될 수 없다는 사실을 실감했다.

피츠제럴드의 호텔 생활

2016년에 영화 한 편이 개봉했다. 콜린 퍼스Colin Firth가 편집자 역할로 주연을 맡은 영화다. 그가 맡은 인물의 이름은 맥스웰 퍼킨스. 하버드 출신의 이 엘리트 편집자는 흔히 맥스 퍼킨스라 불렸고, 훗날 피츠제럴드는 물론 헤밍웨이와 토머스 울프를 발굴하고 키워냈다. 스크리브너출판사에서 근무했고, 영화 〈지니어스Genius〉의 실제 모델인 맥스 퍼킨스는 1920년에 편지를 한 통 보냈다. 그 내용은 앞서 두 차례 보낸 편지와는 완전히 달랐다. 마침내 스크리브너가 무명 문학청년 피츠제럴드의 원고를 출판하기로 결정했다는 것이었다. 훗날 밝혀진 바에 따르면, 스크리브너 편집국 모두가 반대했지만 맥스 퍼킨스가 이 책을 내지 못하면 사표를 쓰겠다고 윽박질러 결정된 것이었다. 속사정을 알리 없는 피츠제럴드는 출판 승낙을 받자 잔뜩 들떴다. 편지를 들고 나가 지나가는 차들을 향해 흔들어댔다.

당시 가장 저명한 출판사에서 데뷔작을 낼 작가가 됐으니, 거처부터 옮겼다. 당장 세인트폴의 부모님 집에서 짐을 싸 들고, 다시 뉴욕으로 향했다. 처음으로 묵은 곳은 머리힐호텔이었다.

피츠제럴드가 부푼 꿈을 품고 뉴욕에서 처음 묵었을 숙소가 궁금했다. 찾아보니, 뉴욕에 머리힐호텔은 두 개 있었다. 하나는 2성급 호텔인데 현재 폐업을 했고, 다른 하나는 3성급 호텔인데 구글 지도에 안내된 사진을 보니 객실에는 꽃무늬 벽지가 붙어 있었고, 가구와 침구도 조악했다. 피츠제럴드는 이 두 호텔 중 한 곳에 묵으며 뉴욕 생활을 재개했을 것이다. 위치가 맨해튼이라는 사실을 위안 삼으며.

이후 피츠제럴드는 숙소를 앨러턴호텔로 옮긴다. 이 호텔은 지금 어디에도 없다. 시대의 파도에 휩쓸려 살아남지 못한 것 같다. 이처럼 변화에 버티지 못할 정도의 호텔에 묵으며 피츠제럴드는 작가 생활의 첫 발을 내디뎠다. 이후에는 알려진 대로 뉴저지의 프린스턴 코티지클럽을 거친 후, 숙박비가 플라자호텔에 맞먹는 빌트모어호텔로 옮겼다. 『낙원의 이편』 원고료를 두둑하게 받은 것이다. 언급했다시피 플라자호텔은 하룻밤에 150만 원가량 한다.

데뷔작이 성공을 거두자, 그는 이제 빌트모어호텔은 물론, 코모도어호텔, 플라자호텔 등 최고급 호텔을 옮겨 다니며 기거한다. 플라자호텔에서는 장기 체류를 했다. 화려한 작가의 화려한 생활이 시작됐다. 그는 볼티모어에서도 벨베데레호텔에 머물렀고, LA에서

피츠제럴드와 헤밍웨이가 단골로 드나든 렌윅호텔

피츠제럴드와 헤밍웨이가 단골로 찾던 베드포드호텔을 새로 단장한 곳이다. 호텔 로비 벽면에는 작가들의 캐리커처와 특징을 그려놓았는데, 가령 토마스 만의 초상과 타자기, 존 스타인벡의 문장 등이 '그려져' 있다. 우측 상단에 피츠제럴드의 초상이 장식돼 있고, 그 옆에는 "I hope you live a LIFE you'd proud of(나는 당신이 자랑스러워할 만한 인생을 살기 원합니다)"라고 쓰여 있다.

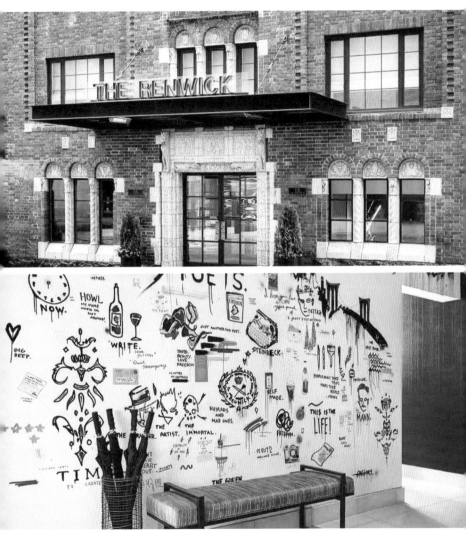

도 가든오브알라호텔에 머물렀다. 심지어 수만 달러의 빚을 지고 있던 1936년에도 숙박업소에 묵었다. 이때는, 호텔이 아니고 여관이었다. 젤다가 입원한 하일랜드정신병원 근처에 있었던 그로브파크여관에 묵었다. 1935년에는 금주를 하기 위해 헨더슨빌에 있는 이름마저 허름한 '달러호텔'에 몇 주간 처박혀 지내기도 했다. 피츠제럴드는 당시를 이렇게 회상했다.

> 수천 달러도 아니고 수만 달러를 빚졌지만 나한테 현금은 40센트도 없고 은행 계좌는 1만 3천 달러가 적자인데, 호텔에 들어갔더니 직원이 그 사실도 모르고 아주 공손하게 굴어 우습던데.
> ―『F. 스콧 피츠제럴드의 노트』405쪽 (모린 코리건, 『그래서 우리는 읽는다』43쪽에서 재인용).

단돈 40센트가 없을 때조차 숙박 생활을 한 것이다. 여기에 유럽에서 장기 투숙한 호텔까지 언급하자면 지면은 한없이 부족해진다. 정리하자면 피츠제럴드는 성공했을 때는 물론, 실패했을 때에도 숙박객 생활을 했다. 몸을 뉘는 곳이 특급 호텔에서 싸구려 여관으로 바뀔 뿐이었다.

따지고 보면 그는 평생 떠돌아다녔는데, 그건 내가 이 책을 쓰기 위해 미국 도시 곳곳을 다닌 것만 봐도 알 수 있다. 떠돌아다니는 사람은 자연히 숙박업소 생활을 하게 된다. 한곳에 정착해 집을 얻기 전까지, 숙박업소를 전전할 수밖에 없는 것이다. 하지만 엄밀히 말해, 이건 개인의 취향이 반영된 것이다. 불안한 것을 정말 싫어하는 사람이라면, 먼 곳으로 이사하기 전에 집을 먼저 구한다. 하지만 피츠제럴드는 언제나 새로운 도시에 가서 호텔에 머무르며 살 집을 찾았다. 심지어 그는 '달러호텔'에 머무르기도 했다. 숙박료가 이름처럼 1달러라 해도, 그는 1달러도 낼 처지가 못 됐는데 말이다.

나는 이게 피츠제럴드의 방랑벽 때문이라 여긴다. 그에게는 상승 욕구와 방랑벽이 있었다. 이 둘이 맞물려, 피츠제럴드는 호텔 생활을 즐긴 것이다. 빚더미에 앉았을 때조차 특급 호텔에 머물지는 못해도 자기 처지에서 닿을 수 있는 가장 럭셔리한 곳(예컨대, 달러호텔)에 가길 원했다. 그렇기에 피츠제럴드의 호텔 생활은 그의 내면을 열어볼 수 있는 몇 안 되는 열쇠 중 하나라 여긴다.

『위대한 개츠비』를 탄생시킨 원석

『위대한 개츠비』는 갑자기 탄생했을까. 아니다, 피츠제럴드는 꽤 오랫동안 준비를 했다. 그는 『위대한 개츠비』가 출판되기 3년 전인 1925년에 편집자 맥스에게 편지를 보내 새 장편소설에 대해 말했다.

> 뭔가 새로운 것, 비범하고 아름답고 단순한, 그러면서도 복잡한 작품을 쓰고 싶습니다.
> ─『F. 스콧 피츠제럴드의 서신』, 113쪽

'비범하고 아름답고, 동시에 단순하면서도 복잡한 소설'. 간단히 말해, 완벽한 소설을 쓰고 싶다는 것이다. 완벽을 추구하는 그의 머릿속에서는 새 장편 아이디어가 계속 다듬어지고 있었다. 동시에 피츠제럴드는 생계를 위해 평생 160여 편의 단편을 써낸 작가다. 마감에 쫓겨 단편소설을 쓰던 피츠제럴드의 손가락으로, 구상 중인 장편 아이디어가 새어 나왔을 가능성도 있다.

이에 대해 평론가들도 비슷한 생각을 가지고 있는데, 그들은 '개츠비 군집'이라 하여 다음 네 소설을 주목한다.

「겨울 꿈Winter Dreams」(《메트로폴리탄매거진*Metropolitan Magazine*》, 1922)

「분별 있는 일The Sensible Thing」(《리버티매거진*Liberty Magazine*》, 1924)

「죄를 사하노라Absolution」(《아메리칸머큐리*The American Mercury*》, 1924)

「부잣집 청년The Rich Boy」(《레드북*Red Book*》, 1926. 『위대한 개츠비』가 1925년

에 출판됐지만, 이 단편을 그전에 썼을 가능성도 배제할 수 없다. 설사 '개츠비' 출판 이후에 마감에 허덕이며 썼다 치더라도, 개츠비와의 연결성은 여전히 존재한다. 따라서, 이 단편을 개츠비 군집에 포함시키는 데에 나 역시 동의한다.)

모린 코리건은 이 단편들과 『위대한 개츠비』 사이의 유사성을 이렇게 밝힌다.

> 한 인물 또는 한 사물을 향해 간절히 손을 뻗어보지만 그 대상은 팔이 닿는 범위 밖에 있더라는 이야기가 이 네 편 모두에 등장한다.
> — 모린 코리건, 『그래서 우리는 계속 읽는다』, 141쪽

즉, 『위대한 개츠비』의 핵심적 이미지인, '그린 라이트'를 향해 팔을 뻗어 보이는 개츠비의 모습은 이미 다른 단편소설들을 쓰며 구축된 것이다.

이 점에 대해서는 나 역시 이견이 없다. 하지만 이보다 더 앞서 쓴 한 편에 주목한다. 시기적으로 가장 앞선, 1922년 6월, 《스마트 세트》에 발표한 단편소설, 바로 「리츠호텔만 한 다이아몬드」 말이다. 같은 해에 발표한 「겨울 꿈」보다 여섯 달 앞섰고, 맥스 퍼킨스에게 장편소설에 대한 포부를 밝힌 편지를 보냈을 때보다도 한 달 앞섰다. 소설 줄거리를 잠깐 소개하자면 이렇다.

주인공 존 T. 웅거는 미시시피강변의 소읍인 헤이즈 출신인데, 그의 집안은 읍내에서 가장 부유하다. 자연스레 존은 부잣집 자제들만 다닌다는 세인트마이더스학교로 유학을 가게 되고, 그곳에서

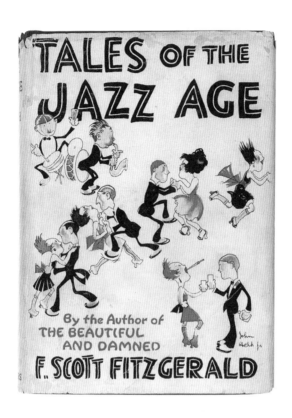

「리츠호텔만 한 다이아몬드」가 수록된 『재즈 시대 이야기』

압도적으로 거대한 부가 등장하고, 부와 생명이 한순간에 소멸하고, 그 파멸 요소로 사랑이
작동한다는 점에서 「리츠호텔만 한 다이아몬드」와 『위대한 개츠비』는 공통점이 많다.

즐겁게 두 해를 보낸다. 그런데 시간이 지날수록 친구들과 자신의 차이점을 깨닫는다. 친구들의 아버지는 대부분 왕족처럼 돈을 벌었고, 친구들은 여름이면 휴양지로 가서 방학을 보냈다.

그러던 어느 날 '퍼시 워싱턴'이란 친구가 방학 때 "함께 집에 가지 않겠느냐"고 제안한다. 퍼시의 집이 어느 정도 부자일 것이라 생각은 했지만, 상당한 '서부의 부자'라는 사실이 여행을 통해 밝혀진다.

퍼시 스스로 자기 아버지가 "세상에서 가장 부자"라고 한다. 어느 정도냐면 자기들은 '리츠칼튼호텔만 한 다이아몬드'를 소유하고 있다고 한다. 물론, 존은 이 말을 믿지 않는다.

그런데, 퍼시를 따라 그의 집이 있는 몬태나로 가고 나서 이 말이 진실임을 깨닫게 된다. 퍼시의 할아버지는 다이아몬드로 이뤄진 광산을 발견하고, 이를 미국 정부에 들키지 않으려 산 전체를 사버린 것이다. 끊임없는 로비와 개인 군비를 통해 지도에서 이 산을 빼버리고, 세상 어느 누구에게도 자신들이 '다이아몬드 산'을 가지고 있다는 사실을 알리지 않았다. 철저한 비밀리에 자신들만의 왕국을 건설한 것이다.

이때 문제가 발생한다. 존이 여기서 만난 퍼시의 여동생과 사랑에 빠지게 돼버린 것이다. 설상가상으로 우연히 '이 집에 초대받은 사람 중 누구도 이 집을 영원히 떠나지 못했다'는 사실까지 알게 된다. 가문의 비밀을 위해 결국 죽게 된 것이다. 때마침, 다이아몬드를 발굴하러 왔다가, 광산의 비밀을 알고 납치된 세계 각국의 사람들까지 봐버렸다. 결국 존은 여동생과 함께 사랑의 도주를 계획하기에 이른다.

　결론까지 말해버리면, 이 소설을 읽을 독자들의 원성을 살 것이 빤하므로 이쯤에서 마치겠다. 내가 주목한 것은 바로, 이 상상할 수 없을 만큼, 즉 판타지에 가까운 '거부의 등장'이다. 어떻게 산 전체가 다이아몬드로 이뤄졌고, 이 광산을 소유한 거부가 미국 정부를 상대로 싸움을 벌일 수 있단 말인가. 아직도 많은 사람들이 '개츠비'가 소유한 부가 너무 비현실적인 게 아니냐는 지적을 하는 걸 알고 있다. 하지만, 이 「리츠호텔만 한 다이아몬드」를 읽고 나면, 피츠제럴드가 '개츠비의 재산 따위'야 매우 현실적인 설정으로 여겼을 것이라 이해할 수 있다. 실제로 그는 그레이트넥에 거주하며, 개츠비에 필적하는 거부들을 목격했다. 그러니 「리츠호텔만 한 다이아몬드」를 쓰며, 거부에 대한 설정을 실험해본 것이다. 이 단편소설에 나오는 저택의 규모와 시설, 하인들 모두 훗날 장편 『위대한 개츠비』로 이어진다.

　동시에 이 소설의 등장인물들은 결국 실패한다. 국가를 상대로 전투를 벌일 만큼 막대한 가문의 부 역시, 종국에는 소멸되고 만다. 다이아몬드 광산과 연결된 저택(소설에서는 '성castle'이라 한다)이 폭파되는 신이다.

　성이 문자 그대로 허공으로 날아올라 엄청난 굉음을 내면서 연기를 터트렸다. 그리고 성은 연기 덩어리처럼 호수 위로 반쯤 튀어 올랐다가 가라앉았다. 불길 하나 없었다. 남았던 연기는 햇빛과 뒤섞여 흘러갔고, 대리석 가루 먼지가 한때 보석의 저택이던 거대한 무

형의 더미 위를 떠다녔다. 아무런 소리도 들리지 않았다. 계곡에는
세 사람뿐이었다.

— 「리츠호텔만 한 다이아몬드」, 73~74쪽

　마지막 문장이 말하는 세 사람은 주인공 존, 그와 사랑의 도주를
한 부잣집 딸, 그리고 그녀의 언니다. 이 셋만 남고 모든 부와 존재
가 사라졌다(이게 결론은 아니므로, 비난의 화살을 쏘진 마시길).

　정리해보자. 하나는 다이아몬드 광산을 소유한 가문과 이들의 세
계로 초대받은 한 소년의 이야기다. 다른 하나는 밤마다 호화로운
파티를 여는 거부와 그의 세계로 초대받은 한 젊은이의 이야기다.
그리고 이 거부 둘 다 '다이아몬드'를 지켜내려 한다. 광산 거부가
지켜야 할 다이아몬드가 물리적인 것이라면, 파티를 여는 거부가
지킬 다이아몬드는 상징적인 것이다. 개츠비에게는 '데이지'가 다
이아몬드였고, 나아가 그녀와 사랑했던 시절이 되찾고 싶은 다이아
몬드였다.

　압도적으로 거대한 부가 등장하고, 부와 생명이 한순간에 소멸
하고, 그 파멸 요소로 사랑이 작동한다. 두 소설은 이야기에서 큰
역할을 하는 기본 설정을 공유한다. 동시에, '아메리칸드림'을 다룬
다. 패트릭 오도넬Patrick O'Donnell은 「리츠호텔만 한 다이아몬드」가
실린 작품집 『재즈 시대 이야기 *Tales of the Jazz Age*』 서문에, 이 소설은 아
메리칸드림이 '비현실적이며, 그 꿈을 추구한 결과가 절망적임'을
나타낸다고 썼다.(F. 스콧 피츠제럴드, 『벤자민 버튼의 시간은 거꾸로 간다』,
21쪽) 개츠비가 실패한 아메리칸드림을 상징함은 이미 수십 개국의

수많은 평론가가 언급했다. 굳이, 내 이야기까지 보탤 필요는 없을 것이다.

결론짓자면, 나는 두 소설이 같은 여정에 있다고 여긴다. 출발점에 「리츠호텔만 한 다이아몬드」가 있고, 종착점에 『위대한 개츠비』가 있다. 그리고 그 사이에 「겨울 꿈」도, 「분별 있는 일」도, 「부잣집 청년」도 있다. 요컨대, 『위대한 개츠비』는 피츠제럴드가 실험하고 단련한 이 모든 단편소설의 총합이라는 것이다. 1922년의 「리츠호텔만 한 다이아몬드」가 1925년의 『위대한 개츠비』를 낳았다고 단적으로 말할 순 없다. 하지만, 「리츠호텔만 한 다이아몬드」가 없었다면, 과연 개츠비가 탄생할 수 있었을까. 세부적인 면을 따지자면 두 소설의 차이점은 수없이 많겠지만, 나는 이러한 이야기 원형의 첫 단편 버전이 「리츠호텔만 한 다이아몬드」이고, 완성형인 장편 버전이 『위대한 개츠비』라고 여긴다.

한편, 「리츠호텔만 한 다이아몬드」는 제목이 오역되기도 했다. 그건 바로 원제가 'The Diamond as Big as the Ritz'이기 때문이다. 제목만 보면 이 'Ritz'가 '리츠칼튼호텔'인지, '리츠 비스킷'인지 알 수 없다. 결국 어떻게 다이아몬드가 호텔만 할 수 있겠느냐는 현실적인 상상력이 '리츠 비스킷만 한 다이아몬드'로 오역되는 해프닝을 빚었는데, 더 웃지 못할 에피소드는 이 제목만 보고도 다수의 독자들은 '엄청나게 큰 다이아몬드'라고 여겼다는 점이다. 사실, 제대로 제목을 붙이자면 '리츠칼튼호텔만 한 다이아몬드'가 아니라, '몬태나주의 산만 한 다이아몬드'가 돼야 하는데도 말이다.

참고로, 피츠제럴드는 파리에 머물 때, '리츠칼튼호텔'의 단골이

부의 상징 리츠칼튼호텔

『위대한 개츠비』를 탄생시킨 단편들 중 하나인 「리츠 호텔만 한 다이아몬드」에 나오는 바로 그 호텔로. 피츠제럴드도 파리 체류 시절 단골로 드나든 곳이다.

었다. 당시 리츠칼튼호텔은 파리에서 부의 상징이었으므로, 그 이미지가 그로 하여금 제목을 이렇게 붙이게 만들었을 것이다.

개츠비가 살던 웨스트에그의 배경지, 그레이트넥

피츠제럴드는 1922년에 그레이트넥으로 이사를 왔다. 그리고 세 번째 장편소설을 쓸 각오를 새로 다졌다. 『위대한 개츠비』 말이다. 우선, 이 소설을 쓰기 위해 단편소설 몇 편을 썼다. 자신의 아이디어가 어떤 식으로 표현되고, 반응은 어떨지 실험해본 것이다. 상술했듯, 「겨울 꿈」 「분별 있는 일」 「죄를 사하노라」 「리츠호텔만 한 다이아몬드」를 통해서 말이다.

또한 고교 시절 풋볼 선수였고, 프린스턴 입학 첫날에 입단 테스트를 받을 만큼 풋볼에 애정을 품고 있던 그는 집필에 다소 운동선수 같은 마음으로 임했다. 놀랍게도 술을 끊기로 작정했다. (공식 사인은 심장 마비였지만) 알코올 중독 탓에 생을 마감한 그가 새 장편소설을 쓰려고 금주를 하다니. 『위대한 개츠비』를 향한 그의 자세가 얼마나 진중했는지 짐작할 수 있다. 그는 술을 못 마시게 되자, 그 허전함을 달래기 위해 커피를 마셨다. 얼마나 많은 커피를 마시며 『위대한 개츠비』를 썼을지 나로서는 상상할 수 없다. 어쩐지, 파이어스톤도서관에 갔을 때 그가 소장했던 초판본 『위대한 개츠비』에 커피 자국이 있었던 게 떠올랐다.

소설에는 개츠비가 산 곳의 지명이 '웨스트에그'로 돼 있지만, 실제 명칭은 그레이트넥이다. 이곳에 가기 위해 다시 차를 한 대 빌렸다. 뉴욕에서 차로 한 시간 걸린다고 여기저기 안내돼 있었는데, 실제로 달려보니 40분에 거뜬히 도착했다. 바다를 향해 목을 쭉 뻗은 모양새 때문에 '그레이트넥Great Neck'이라 이름 붙인 것 같은데, 흥미로운 점은 이곳 그레이트넥에서, 밤마다 목을 뺀 채 바다 건너편을 바라봤던 '그레이트 개츠비'가 탄생했다는 것이다.

그가 밤마다 바라봤던 맞은편 이스트에그, 즉 현재의 맨해싯은 전통 부촌이다. 반면, 개츠비가 살았던 그레이트넥, 즉 웨스트에그는 신흥 부촌이다. 거주민 중에는 갑작스럽게 거금을 만져 이사 온 졸부들이 있었다. 하여 이스트에그에 살았던 톰 뷰캐넌 같은 부자들은 소설 속에서 개츠비를 마뜩잖게 여겼다. 불법적인 방법으로 부를 축적했을 거라 수군대면서도, 아이러니하게 웨스트에그 부자들이 초대하는 파티에서는 흥청망청 즐겼다. 자신들의 세계에 진입한 폭부暴富들을 흠잡아 기득권과의 차별은 유지하면서도, 그 벼락부자가 내미는 과실은 젠체하며 따 먹은 것이다. 피츠제럴드는 이러한 설정을 통해 인간의 이중적 탐욕을 드러냈다.

소설에서는 웨스트에그, 이스트에그로 대비되어 있지만, 실제로는 각각 그레이트넥, 맨해싯일 뿐이다. 대조되는 명칭을 갖고 있지 않다. 정작 그레이트넥과 대비되는 명칭을 가진 곳은 따로 있다. 바로 리틀넥이다. 현실 세계에서 그레이트넥은 부촌이고, 리틀넥은 서민촌이다.

그레이트넥으로 가는 길에 리틀넥이 있기에 둘러봤다. 리틀넥에는 이제 한인촌이 들어서 있었다. 치과, 정육점, 가구점 등이 있고,

피츠제럴드가 살았던 그레이트넥의 저택

1922년, 피츠제럴드 부부는 뉴욕주 롱아일랜드의 신흥 부촌인 이곳으로 이사를 와서 부자들의 생활상을 접한다. 그리고 세 번째 장편소설이 될 『위대한 개츠비』 구상에 착수한다. 실제로 이 작품은 파리 체류 시절에 완성하여 출간하지만, 그 출발점은 여기였다. 소설 속 개츠비가 살았던 웨스트에그의 실제 배경지이기도 하다. 반면 젤다는 이 집을 교양 없고 속물적인 미국 중산층이 사는 곳이라며 박하게 평가했다.

길은 어두침침했다. 부촌으로 가기 전에 맞닥뜨린 곳이 예상 밖의 한인촌이어서 그런지, 기분이 복잡했다. 대개 미주 한인들이 그렇듯, 이들은 변호사 사무실, 치과 병원 같은 전문직 사업장뿐 아니라, 이민 1, 2세대들이 주로 했던 슈퍼마켓과 세탁소 등을 운영하고 있었다. 차를 타고 3~4분 정도 달리니, 곧장 그레이트넥이 나왔다.

피츠제럴드가 살았던 집

그레이트넥은 『위대한 개츠비』 속 웨스트에그이자, 개츠비가 살았던 배경지이자, 실제로 피츠제럴드가 살았던 곳이다. 일단은 피츠제럴드가 살았던 게이트웨이드라이브 6번지에 위치한 방 일곱 개짜리 저택에 가보기로 했다. 가는 길에는 아름드리나무가 도로 양쪽에 늘어서 있어, 기온이 섭씨 29도인 날이었는데도 선선한 가을이 느껴졌다. 할리우드의 집과 달리 상당히 찾기 쉬웠다. 큰 창문만 마흔 개 정도 되었다. 물론, 하나의 큰 창은 한국식 창 서너 개가 합쳐진 것이다. 한국식으로 따지면 창문만 120~160개 정도였다. 에어컨 실외기 네 대가 밖에 나와 있었다. 농구대, 독일제 세단이 정원에 있었다. 현재는 다른 누군가가 거주 중이라 밖에서 보기만 했다. 도로에 멍하니 서서 피츠제럴드를 떠올리며 그가 살았던 집을 보고 있으니, 머리에 둥근 천을 얹은 한 건장한 청년이 지나갔다. 이곳은 유대인 부촌이었다. 할리우드나 베벌리힐스처럼 위압적이진 않았다. 성벽이나 담장, 쇠창살도 없었다. 성북동이나 평창동이 아니라, 논현동이나 방배동 저택 같았다.

피츠제럴드는 플라자호텔에서 장기 투숙하는 게 너무 비싸다며 이곳으로 이사왔다. 하지만 1923년, 즉 거의 100년 전에 그가 거주하며 냈던 월세는 300달러였다. 웹사이트 '달러타임스Dollar Times'에 따르면 현재 가치로는 4,376달러, 즉 470만 원 정도 한다. 월세뿐 아니라 여타 유지비, 비서 및 메이드 급료, 생활비 및 각종 유흥비 등을 감안하면 그가 한 달에 최소 몇천만 원 이상을 썼다는 것을 어렵지 않게 추정할 수 있다.

실제로 피츠제럴드는 그즈음 《새터데이이브닝포스트The Saturday Evening Post》지에 다소 자극적인 제목의 글을 기고했다. 「1년에 3만 6,000달러로 사는 법」. 역시 달러타임스의 환산법에 따르면 당시 3만 6,000달러는 현재 51만 2,997달러의 가치를 가지고 있고, 이는 2018년 7월 18일 자 환율로 5억 7,839만 원가량 한다. 제목만으로도 그의 화려한 생활을 짐작할 수 있는데, 사견이지만 한국 작가가 이런 글을 썼다면, 사회적으로 매장당해 작가 생명이 끝났을 것이다. 이 글이 《새터데이이브닝포스트》에 실린 날짜가 1924년 4월 5일이니, 바로 피츠제럴드가 그레이트넥에서 살고 있을 때다. 요즘 가치의 한화로 당시 1년에 5억 8,000만 원가량 썼으니, 피츠제럴드는 이때 한 달에 약 5,000만 원 가까이 쓴 것 같다. 가히 재즈 시대의 상징이라 할 만하다.

그런데 젤다는 그레이트넥의 새 집을 박하게 평가했다. 그녀는 "근사한 작은 배빗babbit"이라 평했는데, '배빗'은 당시 '교양 없고 속물적인 미국 중산층'을 가리키는 단어였다(어원은 싱클레어 루이스

「1년에 3만 6,000달러로 사는 법」이 실린 《새터데이이브닝포스트》 (1924)

피츠제럴드는 그레이트넥에서 살 때 이 글을 발표했다. 당시의 3만 6,000달러를 요즘 가치로 환산하면 5억 8,000만 원 정도다. 피츠제럴드는 이 당시 한 달에 약 5,000만 원 가까이 쓴 것 같다. 가히 재즈 시대의 왕자다운 소비 규모다. 피츠제럴드가 아니라면 누가 감히 이런 글을 발표할까.

Harry Sinclair Lewis의 1922년도 작품 『배빗*Babbit*』에 기인한다). 이에 대해 모린 코리건 역시 동의하는데, 그녀는 "옛날 사진을 보면 별 개성이 없다"라고 평한다. "1918년에 지었고 붉은 기와를 올리고 벽은 크림색으로 칠한 작은 집이다. 아직도 멀쩡하다. 수십 년이 지나며 더 크고 아름답게 재건축을 했다."(모린 코리건, 『그래서 우리는 계속 읽는다』, 147쪽)

그러니 내가 방문해서 본 집은 재건축을 한 집이었다. 그때의 젤다 심정이 어땠는지는 알 길이 없다. 단, 내가 본 재건축을 한 집은 상당히 웅장했다. 그리고 아무리 '교양 없고 속물적인 중산층'이 사는 집이라 해도, 당시 월세가 현재 가치로 470만 원이나 한다니 그때에도 꽤나 대단한 집이 아니었을까 추측할 뿐이다. 월세가 470만 원이나 하는 집이 별 볼 일 없는 집이라면 대체 어떤 집이 '살 만한 집'일까. 나는 젤다의 이 표현에서 다소 문화적, 계급적 차이를 느꼈는데, 그건 아무래도 앨라배마주 대법원 판사의 6남매 중 막내딸이자 남부 대저택에서 살아온 사람의 입장과, 1,000만 명 이상의 인구가 살을 맞대듯 복잡하게 살아가는 서울에 거주하는 전업 작가의 가치관이 다를 수밖에 없기 때문이리라. 그리고 모린 코리건 역시 빌 클린턴Bill Clinton 전 대통령이 졸업한 조지타운대학교에서 영문학을 가르치는 교수 아닌가. 게다가, 코리건 교수는 피츠제럴드를 평생 연구해온 사람이다 보니, 부촌의 화려한 집들을 수도 없이 봤을 것이다. 그런 집들에 비하면, 미국인 상류층의 관점에서 피츠제럴드가 현재 가치로 470만 원을 월세로 내고 빌린 집이 별것 아닌 '작은 집'이 될 수도 있겠다.

어찌 됐든, 피츠제럴드는 그레이트넥에 거주하며 뉴욕 근교에 사는 부자들의 생활상을 접했는데, 앞서 언급한 기고문「1년에 3만 6,000달러로 사는 법」을 통해 1923년에『위대한 개츠비』를 구상했다고 밝혔다. 나는 그가『위대한 개츠비』를 구상할 당시 피츠제럴드에게 영향을 줬을 부촌의 모습이 궁금했다. 비록 시간이 흘러 당시의 모습과는 다르게 변했겠지만, 그 분위기는 여전할 것 같아 그레이트넥의 저택들을 둘러보기로 했다. 부동산 업자들의 명민함 덕인지, 놀랍게도 이곳에는 '개츠비레인Gatsby Lane'이라는 길이 생겼다. 물론, 피츠제럴드가 영감을 받았을 때는 당연히 다른 이름이었겠지만, 이제는 엄연히 개츠비레인이라는 새 명찰을 달고 나를 기다리고 있었다.

　개츠비레인으로 들어서니,『위대한 개츠비』소설 속으로 들어가는 기분이 들었다. 개츠비의 집에 처음 초대를 받은 닉의 심정이 이러했을까. 도로 안쪽으로 깊숙이 들어갈수록 집들이 거대해졌다. 마치 외부 세계와의 단절성을 거리로 확보하려는 것 같았다. 집마다 차가 들어가는 진입로가 따로 넓게 나 있었고(정문에서 차를 타고 가야 집에 도착할 수 있다), 그리스 신전에 있을 법한 조각상들이 서 있었다. 나무는 프랑스 정원처럼 삐져나온 잎사귀 하나 없이 정리돼 있었다. 메르세데스를 비롯한 독일 세단이 종종 지나갔고, 정원을 관리하기 위한 트럭들이 자주 다녔다. 저택 소유자들이 '특정 요일에는 정원 손질을 합시다'라는 약속을 했는지, 집집마다 입구에서 라틴계 정원사들이 나무 손질을 하고 있었다. 한 명의 예외 없이 모두 중남미 이민자로 보였는데, 이들이 정원을 손질하는 풍경을 보고 있으니 마치 어떤 공식에 따라 진행되는 듯했다. 어느 집 앞에서 건 병정처럼 일사불란하게 움직이고 있었다. 게다가, 이 풍경은『위대한 개츠비』에서 개츠비의 집을 묘사한 것과 너무나 흡사했다. 혹시 개츠비레인의 저택 주인들이 '우리 모두 개츠비처럼 지냅시다'라고 또 하나의 암약을 맺은 게 아닌가 하는 착각이 들 정도였다.

> 월요일이면 특별히 고용한 정원사를 포함하여 여덟 명의 하인들이 걸레, 세탁솔, 망치, 전지가위 따위를 들고 지난밤에 망가진 곳을 온종일 손보았다.
>
> 매주 금요일에는 뉴욕에 있는 과일 가게에서 오렌지와 레몬이 다섯 상자씩 배달되어 왔다. 그리고 월요일이 되면 오렌지와 레몬은 알맹이 없이 껍질만 반으로 쪼개진 채 뒷문 밖에 피라미드처럼 쌓였다. 주방에는 주스를 추출하는 기계가 있어서, 집사가 엄지손가락으로 작은 버튼을 200번 누르면 30분 만에 200잔의 오렌지 주스가 만들어졌다.
>
> —『위대한 개츠비』(임종기 옮김)

들여다볼 순 없지만, 집 안에서 오렌지 주스 200잔이 만들어질 것 같았다. 개츠비레인 거주민들이 정말『위대한 개츠비』에 영향

그레이트넥의 저택들을 볼 수 있는 개츠비레인
집집마다 차가 들어가는 진입로가 넓게 나 있고, 독일 세단이 종종 지나가며, 나무들은 삐져나온 잎사귀 하나 없이 정리되어 있고, 입구에서는 라틴계 사람들이 정원을 손질하는 모습을 쉽게 볼 수 있다. 이런 풍경은『위대한 개츠비』에서 개츠비의 집을 묘사한 대목과 흡사하다. 거주자들이 모두 개츠비처럼 살기로 약속이나 한 듯이.

받았다면, 이들은 밤마다 저택을 번갈아가며 파티를 벌이지 않을까. 프린스턴 학생들이 저녁마다 슈트와 드레스 차림으로 클럽에 모여 식사를 하듯 말이다. 개츠비레인에서 나오는 길에 정원사들이 타는 트럭을 보았는데, 깎아낸 잔디 더미가 미국산 대형 트럭 뒤에 가득 차 있었다. 깎지 못한 잔디는 대체 얼마만큼이란 말인가. 잠시 다른 세상에 들어온 기분이었다. 이런 집을 10여 채 보고 나오니 경희대 평화의전당 같은 건물은 그저 한국 연립 빌라처럼 느껴졌다.

피츠제럴드는 이런 집들을 보며 개츠비의 저택과 호화로운 생활을 좀 더 실감나게 그려냈을 것이다. 실제로 그는 1923년 늦여름부터 이듬해 초봄까지 이 저택의 차고 방 책상에 붙어 앉아 『위대한 개츠비』의 줄거리를 짰다. 앞서 언급한 황당한 제목의 글을 통해 1923년에 차고 위에 있는 "크고 휑한 방"에서 "연필과 종이와 기름난로"를 갖추고, 『위대한 개츠비』를 구상했다고 밝혔다. 어떤 자료와 번역문에는 '차고'라 되어 있고, 어떤 자료에는 '차고 위에 있는 방'이라 되어 있다. 정확히 알면 내 궁금증이 완전히 풀리겠지만, 사실 크게 중요하지 않다. 차고이건, 차고 위에 있는 휑한 방이건, 그 집에서는 볼품없고, 외로운 공간이었을 테니 말이다(편의상, '차고'로 줄여 씀을 양해해주기 바란다).

조사를 하며 이 점에서 피츠제럴드에게 인간적 매력을 느꼈다. 아무리 화려하고 안락한 곳이 있더라도(물론, 플라자호텔에서 그레이트넥으로 옮긴 그에게는 이 자체가 불편할 수 있지만, 그럼에도), 온전히 작품에만 몰두해 주변 모두를 잊을 수 있는 장소에 처박혀버린 것이다. 아무리 사교계에서 화려한 생활을 한다 할지라도, 본업인 창작 작업으로 돌아갈 때엔 오로지 집중할 수 있는 책상과 원고지가 필요했을 뿐이다(피츠제럴드는 원고를 타자기가 아니라, 연필로 직접 썼다). 그곳이 비록 차고라 할지라도 말이다.

프랑스의 대문호 오노레 드 발자크Honoré de Balzac 역시 밤마다 살롱에서 파리 사교계 인물을 만나 쉴 새 없이 수다 떨고, 허세 부리고, 시답잖은 농담으로 시간을 때우다가도, 스스로 정한 집필 시간이 되면 집에 돌아와 샤워를 하고, 수도복으로 갈아입고 매일 글을 썼다. 그러므로 우리는 한 작가가 진정 글을 사랑하는지 아닌지, 그의 집필 시간을 목격하지 않고서는 제대로 판단할 수 없다. 걸핏하면 술에 취해 바에 얼굴을 처박고 잠꼬대를 하거나, 뉴욕 한복판의 고급 호텔 앞에서 고성방가를 해 경찰에 끌려가더라도, 작업을 하는 순간만큼은 수도복을 입건, 차고에서 글을 쓰건 개의치 않고 심연의 세계로 파고드는 인물일지 모르기 때문이다. 적어도 발자크와 피츠제럴드는 그러했다.

차고에서 작품 구상을 했다 하니, 피츠제럴드가 살았던 게이트웨이드라이브 6번지의 그 집을 다시 보고 싶어졌다. 도로변에 렌터카를 주차해놓고 한동안 차고를 바라봤다. 그러자 내 안에, 어서 호텔로 돌아가 오늘의 감정을 빨리 손가락으로 쳐내고 싶은 욕구가 일었다. 매일 차고로 들어가 (훗날 세상의 철저한 외면을 받을)『위대한 개츠비』구상에 몰두한 피츠제럴드처럼 말이다. 덧붙여 말하지만, 사랑받으면 좋겠지만 외면받더라도 어쩔 수 없다. 사실 작가의 피가 급류처럼 회전하고, 뇌 속에 엔도르핀과 도파민이 솟아나고, 손에 잡히는 보상이 단 하나도 약속되지 않더라도, 가장 흥분한 채 자신을 던질 수 있을 때는 바로 원하는 글을 맘껏 쓸 수 있을 때이니까 말이다.

데이지가 살던 이스트에그의 배경지, 맨해싯

개츠비가 매일 밤 응시한 녹색 불빛이 반짝이던 '이스트에그'는 어떤 곳일까. 데이지가 선택한 개츠비가 아닌 남자, 전통 상류층 출신인 톰과 살았던 이스트에그는 어떤 곳일까. 이 여행을 끝내면, 또 언제 오겠냐는 생각이 들어 핸들을 꺾어 이스트에그 쪽으로 건너갔다. 소설에서는 이스트에그였지만, 실제 명칭은 '맨해싯'인 곳으로.

녹색 불빛이 반짝이던 소설 속 이스트에그 초입에는 대저택이 있고, 중간 부분에는 보통 집이 있었다. 하지만 이 역시 서울 기준으로는 저택이었다. 그러다 웨스트에그를 마주 보는 만 끝 쪽으로 가자 건물은 보이지 않고 거대한 철문과 정원, 저택 진입로만 보였다. 진입로 안으로 차를 타고 꽤 들어가야, 저택은 정체를 드러낼 터였다. 도로 양 끝에 심긴 나무의 무성한 가지들이 만나 하늘을 덮고 있었고, 그 나무로 이어진 하늘 다리 위에서 새들이 지저귀고 있었다. 파도 소리인지, 대나무 잎사귀가 바람에 흔들리는 소리인지 어디선가 마음을 가라앉게 하는 평온한 소리가 들려 둘러보니, 스프링클러에서 열 갈래로 물이 나와 봄비처럼 잔디를 적셔주고 있었다.

이곳은 너무나 평화로웠고, 이 모든 평온은 돈으로 산 것 같았다. 내가 안온감을 느낀 봄비 같은 소리도 결국은 스프링클러가 뿜어내는 소리였다. 데이지를 위해 검은 돈까지 마다 않고, 검은 세력인 울프심과도 결탁했던 개츠비는 아마 이런 전통적인 부자들 앞에서 무력감을 느꼈으리라. 그렇기에 과시적으로 파티를 벌이고, 그들에게 호스트 행세를 하고 싶었으리라. 이는 '개츠비'뿐 아니라, 피츠제럴드에게도 마찬가지였을 것이다. 이번 취재를 통해 피츠제럴드의 삶을 어느 정도는 이해하게 됐는데, 그는 이 넘을 수 없는 성벽 앞에서 줄곧 열패감과 뛰어넘고 싶은 욕망을 느껴왔을 것이다. 그리고 그 고통과 열망의 결과물이 바로 『위대한 개츠비』다. 그러나 그 결과물은 생전에 세상으로부터 전혀 인정을 받지 못했다.

생은 간혹 처절하게 탈출하려는 이에게 늪처럼 다가온다. 그렇기에 절박하게 몸부림칠수록 더욱더 그 인간을 아래로 끌어당긴다. 이런 생각을 하는 사이, 부의 토대 위에 피어난 평화로운 스프링클러 소리와, 새소리, 귀뚜라미 소리가 중단 없이 들려왔다. 그 소리들을 들으며 맨해싯을 벗어났다.

뉴욕의 또 다른 얼굴, 재의 계곡

그레이트넥과 맨해싯을 빠져나오니, 금세 '코로나' 지역이 나타났다. 마치 타워팰리스 앞에 있는 구룡마을처럼. 이곳은 현재 라틴계 거주민들이 개츠비레인에 가서 정원 관리를 하는 듯했다. 번역에 따라 다르지만, 『위대한 개츠비』에서 이곳은 '재의 계곡' 혹은 '쓰레기 계곡'으로 표현됐다.

『위대한 개츠비』의 주 무대, 맨해싯만

이 만을 사이에 두고 그레이트넥과 맨해싯이, 소설에서는 개츠비의 저택이 있는 웨스트에그와 데이지의 저택이 있는 이스트에그가 마주보고 있다. 개츠비는 매일 밤 바다 건너편에서 반짝이는 녹색 불빛을 응시한다. 그 거대한 물을 건너야만 비로소 데이지에게 가 닿을 수 있다.

웨스트에그와 뉴욕시 중간쯤에는 황량한 지역을 피해 가기 위해 차도가 철로와 만나 400미터 정도 나란히 달리는 곳이 있다. 이곳이 바로 쓰레기 계곡이다.* 재가 밀처럼 자라 산마루와 언덕과 기괴한 정원을 이루는 환상적인 농장 말이다. 재는 이곳에서 집과 굴뚝 그리고 굴뚝에서 피어오르는 연기 모양을 하고 있다가, 안간힘을 내서 마침내 회백색 사람 모양이 되어 회뿌연 공기 속에 어렴풋이 움직인다 싶으면 벌써 땅바닥에 무너져 내린다. 이따금씩 잿빛 차량들이 일렬로 줄을 지어 보이지 않는 길을 따라 기어가다가 오싹하도록 무섭게 삐걱거리며 갑자기 멈춰 선다.

— 『위대한 개츠비』(김욱동 옮김), 44쪽

여기에 톰의 정부인 머틀과 그녀의 남편 윌슨이 운영하는 정비소가 있다. 톰은 뻔뻔하게도 닉에게 자신의 정부를 소개시켜주겠다고 이 정비소에 간다. 그리고 아무것도 모르는 남편을 앞에 두고, 자신의 정부를 닉에게 보여준다. 이 상황을 묘사한 피츠제럴드의 솜씨가 훌륭한데, 담백하면서도 장면이 눈에 그려지기 때문이다.

그때 계단을 내려오는 발소리가 들리는가 싶더니, 이내 살집 있는 여자가 사무실 문 밖으로 새어 나오는 빛을 가로막고 섰다. 30대 중반으로 좀 뚱뚱했지만, 일부 여성들만이 보일 수 있는, 풍만한 몸을

---

* 뉴욕시 퀸스 자치구에 있는 코로나 쓰레기 처리장. 1920년대 초엽 플러싱강 주위 습지에 있었으며, 온갖 쓰레기를 매립했다. 『위대한 개츠비』(김욱동 옮김), 44쪽 각주 재인용.

놀리는 폼이 육감적이었다. 검푸른 색에 물방울 무늬가 있는 얇은 비단 크레이프 드레스를 걸친 그녀의 얼굴에선 예쁜 구석을 전혀 찾아볼 수 없었지만, 온몸의 신경이 끊임없이 불을 지피고 있는 것처럼 누구라도 즉시 알아볼 수 있을 만큼 생기를 발산했다. 그녀는 슬며시 미소를 짓고는, 남편이 유령이기라도 하듯 슬쩍 지나쳐서는 톰을 똑바로 쳐다보며 그와 악수했다. 그러곤 입술을 축이며 남편을 돌아보지도 않은 채, 낮고 거친 목소리로 말했다.

"의자 좀 가져오지그래? 앉으시게 해야지."

"아, 그렇지."

윌슨은 서둘러 맞장구를 치고는 작은 사무실로 걸어가더니, 곧 벽의 시멘트 빛깔과 섞였다. 희뿌연 재가 주변 모든 것을 가려버리듯이, 윌슨의 검은 양복과 윤기 없는 머리카락에도 뽀얗게 내려앉아서 그 모습을 감췄다. 하지만 아내의 몸에는 재가 묻어 있지 않았다.

—『위대한 개츠비』(임종기 옮김)

톰은 남편이 있는데도 그녀를 밖으로 꾀어낸다. 그래서 둘은 같은 기차의 다른 칸에 타고 같은 장소로 향한다. 바로 둘의 외도 장소인 뉴욕의 아파트로 말이다. 소설을 읽을 때는, 톰과 머틀이 이웃의 시선을 피해 뉴욕으로 가 외도를 저지른 것 같았는데, 이곳을 와보니 다른 생각이 들었다. 예일대를 졸업하고, 서부 출신이었지만 시카고 같은 마천루 숲 도시를 거쳐, 뉴욕 근교에 와서 사는 상류층인 톰에게, 이 빈민가 코로나는 외도를 저지를 배경지로서 자격조차 없는 곳이었던 게 아닐까, 하고 말이다.

'재의 계곡' 배경지인 코로나 지역

그레이트넥과 맨해싯을 빠져나오면 만나는 곳이다. 『위대한 개츠비』에서는 톰 뷰캐넌의 정부인 머틀과 그녀의 남편 윌슨이 운영하는 정비소가 있던 곳으로, '재의 계곡'이라 불린다. 현재이곳은 라틴 계통 사람들이 모여 살고 있다.

집들은 이스트에그와 웨스트에그에 비할 수 없이 좁아 보였다. 마치 남미에 있는 붉고 노란 색깔의 집들이 미국화되어 핑크색과 겨자색으로 바뀐 듯했다. 그런 집들이 남미나 중세 유럽의 길드 풍 주택처럼 다닥다닥 붙어 있었다. 거리에는 차들이 넘쳐났고, 경적 소리가 연이어 들렸다. 도로에서는 싸움 소리도 들렸다. 영어 간판이 아닌, 스페인어 간판이 곳곳에 보였다. 한글 간판이 달린 병원도 있었다. 저녁이 되자 도로의 양쪽 모두 빈틈없이 차가 주차되어 가변 주차장 같았다.

1920년대의 황무지가 이렇게 변했구나 싶었다. 그런데 이 거리를 돌며 슬펐던 것은, 이 풍경이 한국 중산층이 사는 동네와 별반 다를 바 없었기 때문이었다.

재즈 시대의 초상,『위대한 개츠비』

우리는 이제 이 책이 끝나가고 있음을 안다. 바로『위대한 개츠비』를 논할 때가 왔으니 말이다. 그런데 스콧 피츠제럴드를 논하며 『위대한 개츠비』를 뺄 수 없듯이,『위대한 개츠비』를 논하며 미국 역사를 빼고 말할 수 없다.

『위대한 개츠비』의 배경은 소위 재즈 시대라 불린다. 미국이 대호황을 맞은 이 시기는 '광란의 1920년대'라 불릴 만큼 향락적이었다. 전쟁이 끝나자 군수품을 제작하던 기술은 자연스레 자동차, 라디오, 냉장고 같은 공산품을 대량 생산하는 데 쓰였고, 이는 소비 증진과 물질적 풍요를 거쳐, 결국 사교계 파티로 이어졌다.

부자들이 모인 곳에서 매일 밤 파티가 벌어졌다. 이런 맥락 가운데 묘사된 게 바로 『위대한 개츠비』 속의 파티다. 개츠비가 연 웨스트에그 저택 파티가 상상의 산물이 아니라는 것은, 피츠제럴드가쓴 「나의 잃어버린 도시」를 통해서 짐작할 수 있다.

> 도시의 템포는 완전히 변해 있었다. 1920년의 불확실성은 이제 안정된 금빛의 향연에 잠겨버렸고, 우리의 많은 친구들도 부유해졌다. 1927년의 그 들썩임은 거의 히스테리에 가까웠다. 파티는 훨씬 커졌고―한 예로 콩데 나스트가 주최하는 파티는 전설의 1890년대 무도회와 비교되곤 했다―속도는 더 빨랐으며―음식 서빙에서 파티 종료까지 일사천리로 진행되는 속도는 파리에 모범이 되었다―공연은 더 화려했고, 빌딩은 더 높았으며, 도덕은 더 느슨했고, 술은 더 쌌다.
>
> ―「나의 잃어버린 도시」, 『재즈 시대의 메아리』, 71~72쪽

『위대한 개츠비』는 1925년에 나왔다. 하지만 인용에 언급된 1927년을 기점으로 약속이라도 한 듯 이런 파티가 갑자기 생긴 게 아니라면, 피츠제럴드는 당시 존재했던 파티 문화에서 영감을 받았을 것이다. 게다가 인용문에 언급된 《보그》지의 소유주인 콩데 나스트Condé Montrose Nast는 자신의 펜트하우스에 350명이나 초대해 파티를 벌였다니, 정말 '개츠비적gatsbyesque'이지 않은가.

사실 나는 『위대한 개츠비』를 처음 읽었을 때, 다소 허황된 이야기

재즈 시대 파티 모습을 담은 일러스트

『위대한 개츠비』의 배경은 '광란의 20년대'라고도 부르는 재즈 시대다. 제1차 세계대전이 끝난 후 대호황기를 맞이하자 향락 문화도 발달했다. 부자들이 모인 곳에선 매일 밤 파티가 벌어졌고 그 들썩임은 거의 히스테리에 가까웠다고, 피츠제럴드는 말했다. 재즈 시대를 대표하는 미국 일러스트레이터 헨리 패트릭 랄레이가 그린 것이다.

라고 생각했다. 그러나 자료를 조사하고 직접 취재를 하고, 세계 대
공황이 일어나기 전까지의 1920년대, 즉 재즈 시대의 사교계를 접할
수록 『위대한 개츠비』가 점점 사실적으로 느껴졌다. 그러니 한편 이
런 생각도 들었다. '재즈 시대의 완벽한 커플the perfect Jazz Age couple'이
란 별명을 들은 피츠제럴드로서는 이러한 소설을 더욱 쓸 수밖에
없지 않았을까. 화려한 재즈 시대의 사교계 소설을 피츠제럴드가
아니라면 과연 누가 쓴단 말인가. 장총 메고 킬리만자로에 사냥을
간 헤밍웨이가 쓴단 말인가. 재즈 시대가 오기도 전에 죽어버린 마
크 트웨인이 쓴단 말인가.

　다시, 개츠비의 파티로 돌아가보자. 소설에서 닉은 개츠비의 파
티를 이렇게 서술했다.

　　여름 내내 밤마다 이웃집에서 음악 소리가 흘러나왔다. 개츠비의
　　푸른 정원에서는 남자들과 여자들이 속삭임과 샴페인, 반짝이는
　　별들 사이를 나방처럼 오갔다. 오후의 만조 때가 되면 나는 그의 손
　　님들이 다이빙대에서 다이빙을 하거나 해변의 뜨거운 모래사장에
　　서 일광욕을 즐기는 모습을 지켜보았다. 그사이에 그의 모터보트
　　두 대가 폭포와 같은 물거품 위로 수상스키를 끌고 달리며 해협의
　　물살을 갈랐다. 주말이면 롤스로이스는 아침 9시부터 자정이 훌쩍
　　지나도록 시내와 파티장 사이를 오가는 손님들을 실어 나르는 전
　　용 버스가 되었고, 그의 스테이션왜건은 기차로 오는 손님들을 맞
　　이하기 위해 노란 딱정벌레처럼 바쁘고 분주히 달렸다.
　　　　—『위대한 개츠비』(임종기 옮김)

개츠비는 왜 시내와 기차역에서 태운 손님들을 아침부터 자정까지 실어 나르고, 간밤의 유흥으로 망가진 곳을 온종일 손봐야 할 만큼 거대한 파티를 열었을까. 바로 한 사람, 데이지를 위해서였다. 언젠가는 오지 않을까 싶어서, 자신의 소식을 이렇게라도 알리기 위해, 과거에 보여줬던 초라한 모습을 불식시키기 위해, 유화를 그릴 때 새 물감으로 옛 그림을 지우듯, 지난 생에 화려한 모습을 덧칠해 초라했던 자신을 지워버리고 싶었던 것이다.

개츠비에게 데이지는 삶의 모든 것이었다. 그녀와 이루지 못한 사랑 때문에 좌절했고, 그녀와의 중단된 사랑을 잇기 위해 성공했다. 이런 그의 인생을 떠올리면, 그가 데이지를 대신해 뺑소니 범인이 되기로 결심한 것도 이상할 바 없다. 이로 인해 엉뚱한 복수를 당해 총을 맞고 사망한 것 역시 어찌 보면 스스로 선택한 것이다.

한데, 여기서 짚고 넘어갈 게 있다. 이 비극의 시발점은 당시 미국 상황과 연결돼 있다. 구체적으로 말하자면, 이 비극의 시발점은 데이지가 운전을 하다가 머틀을 친 데서 비롯됐다. 그런데 왜, 데이지는 직접 운전대를 잡았는가? 이를 알기 위해서는 1920년대 이후에 등장한 '플래퍼Flapper'의 개념을 이해해야 한다.

피츠제럴드는 플래퍼에 상당한 관심이 있었다. 오죽하면 제목이 'Flappers and Philosophers'(국내 번역서 제목은 『말괄량이 아가씨와 철학자들』)인 소설집까지 냈을까. 게다가 자신의 아내 젤다를 두고 "미국의 첫 번째 플래퍼The first American flapper"라고 표현하기도 했다.

애초에 플래퍼는 1920년대에 유행한 특정 패션 양식을 즐기는 여성들을 가리키는 표현이었다. 이들은 샤넬풍의 짧은 치마, 단발

재즈 시대 플래퍼

1920년대에 유행한 패션과 여가 활동 방식을 즐긴 여성을 '플래퍼'라 불렀다. 이들은 전통적인 긴 머리 대신 짧은 커트를 했고, 샤넬풍의 짧은 치마와 소매 없는 옷을 즐겨 입었으며, 담배를 피우고, 섹스에 대해 자유롭게 말하는 등 여성에 대한 종래의 규범을 거부했다.

머리의 일종인 보브컷, 헤어밴드를 상징처럼 하고 다녔다. 사교 모임에서 재즈를 들으며 담배를 피우고, 섹스에 대해 자유롭게 말했다. 이렇듯 종전 세대와 다른 방식으로 여가 활동을 했기에, '신여성New Woman' '현대 여성Modern Woman'이라 불리기도 했다. 동시에, 당시 유행한 패션 스타일을 즐긴 남성들을 젤리빈이라 했다. 피츠제럴드 역시 젤리빈이었다. 젤리빈이란 표현은 거의 패션 스타일에 국한되었지만, 플래퍼는 그렇지 않았다. 정치적 의미로까지 확장됐다.

제1차 세계대전 당시 많은 남성이 참전을 하자, 그간 가사에 머물렀던 여성들이 공장과 회사를 비롯한 일터로 나갔다. 여성들이 경제력을 획득하자, 이들의 발언권과 사회적 영향력이 강화됐다. 그리고 이들은 자유를 얻었다. 자유를 얻은 젊은 여성들은 자신들을 억눌러온 성 의식에서 해방되고 싶어 했고, 신체를 속박한 긴 치마로부터 자유로워지고 싶었다. 짧은 치마를 입었고, 자유로운 섹스를 원했고, 나아가 영국과 미국에서 참정권을 획득했다. 자, 이러한 사회적 변화가 '소설에서 데이지가 운전대를 잡은 것'과 무슨 상관이 있느냐고?

모든 역사의 변혁에는 정치인과 시민운동가들이 있지만, 빠지지 않는 부류가 있으니, 그들은 바로 예술가다. 로커들은 노래로, 작가들은 글로, 화가들은 그림으로, 그리고 때로는 삶으로 낡은 시대의 가치와 기준을 바꾸고자 한다. 여기, 한 폴란드 출신 여성 화가가 있으니, 그 역시 그러했다. 이름은 타마라 드 렘피카Tamara de Lempicka.

렘피카는 플래퍼였다. 그리고 플래퍼의 자유롭고, 화려한 삶을 추구했다. 그녀는 러시아 출신의 변호사와 결혼을 했는데, 러시아

혁명이 일자 남편을 따라 파리로 망명을 가야 했다. 생활이 어려워진 부부는 보석을 팔아 지내야 할 형편에 처했고, 결국은 각자 살 길을 찾기 위해 헤어졌다. 그리고 그녀는 파리 사교계에 입문해 자신의 재능으로 재기하기로 결심하는데, 그 재능은 당연히 그림 그리는 솜씨였다. 렘피카는 당당하고 화려한 자화상을 그렸고, 그중 하나가 바로 〈초록색 부가티를 탄 자화상〉(1925)이다. 이 그림은 부유층에 어필했고, 자본을 가진 플래퍼들은 인식하기 시작했다. '우리는 운전대를 남자에게 맡긴 채 앉아 있는 수동적인 인간이 아니야.' 연인과 남편, 심지어 운전기사에게도 운전대를 맡기지 않고, 직접 운전하는 여성이, 당당하고 독립적인 여성으로 받아들여진 것이다.(이진숙, 『롤리타는 없다』에서 요약 발췌 인용)

이게 뭐 그리 대단한 것이냐고 생각할지 모르겠지만, 2010년대의 한국 사회에서 아직도 운전이 미숙한 차량을 보면 차 안을 보지도 않고서, 여성 운전자일 것이라는 식의 이른바 '김여사'식 험담이 유효한 것을 고려해볼 때, 1920년대 이전의 세계에서 운전은 철저히 남성의 소유물이었다. 1928년에 이르러서야 영국에서 여성의 참정권이 보장되었다는 사실을 감안할 때, 당시 여성들은 사회 전 분야를 독점하고 있던 남성들에게서 하나씩 자신들의 몫을 가져오려는 시도를 했다. 그중 하나가 바로, 오늘날 볼 때는 별것 아닌 운전대였다.

이러한 시대적 맥락 속에서 같은 해, 부가티의 운전대를 잡은 여성 화가의 자화상이 나왔고, 직접 운전대를 잡고 비극의 종말을 향해 달려가는 여주인공과, 그로 인해 또 다른 비극을 맞이하는 남자주인공이 등장하는 소설, 바로 『위대한 개츠비』가 나왔다.

시대와 전체적인 사회를 읽고 나면, 『위대한 개츠비』는 결코 단순한 소설이 아니게 된다. 이것은 아메리칸드림이 빚어낸 다분히 미국적인 욕망에 젖어, 사랑마저도 물질로 회복하고자 했던 한 인물의 실패담이다. 동시에, 그 시대가 겪은 사회적 병폐 현상들(향락, 소비주의, 허영)을 병풍처럼 펼쳐놓고 진행되는 사회적 거울이다.

이처럼 『위대한 개츠비』는 미국 사회에 거대 담론을 유발한다. 동시에, 글 자체가 아름답다. 아, 이것이 얼마나 위대한 것인가. 『위대한 개츠비』를 읽고, 도무지 개츠비의 어떤 점이 위대한지 모르겠다고 고통을 호소하는 독자들이 전 세계에 수두룩하다는 사실쯤은 나도 알고 있다. 그럼에도 한 사회의 담론을 유도하면서, 글 자체가, 그러니까, 명사와, 조사와, 형용사와, 부사와, 동사가, 즉, 단어가, 그리고 문장이, 문단이, 챕터가, 아니, 소설 한 권 전체가 아름답게 쓰였다는 사실 자체가 바로 『위대한 개츠비』라는 제목처럼 위대한 점이기도 하다. 이 소설의 매력은 안개 속에 둘러싸인 아침의 세상 풍경 같다. 그렇기에 어떤 이에게는 계속 그 실체를 들여다보고 싶을 만큼 끊임없는 아름다움을 선사하지만, 어떤 이들에게는 그저 습기 차고 답답한 아침 풍경뿐일 수도 있는 것이다.

문학의 태생적인 슬픔

『위대한 개츠비』는 작가가 죽은 뒤 10년이 지나서야, 조금씩 조명받기 시작했다. 어떤 연유인지 알려지지 않았으나, 제2차 세계대전 중 군인들이 대기하며 읽는 부대 도서관으로 보급되기 시작했다. 그리고 놀랍게도 군인들은 이 작품에 호응해주었다. 나로서는 이유를 알 수 없다. 학자들 역시 파악하지 못한다. 어쩌면 전장의 혹독한 환경을 견뎌야 할 이들이 개츠비의 화려한 생활을 부러워했기 때문일 수도 있고, 전쟁에서 공을 세운 개츠비에게 동질감을 느껴서일 수도 있다. 아니면, 참전하며 데이지와 헤어져야 했던 개츠비에게 공감을 느껴서일 수도 있다. 어찌 됐든 군인들에게 『위대한 개츠비』는 조금씩 위대해지기 시작했다.

게다가, 그즈음 미국에서 '페이퍼백'이 엄청나게 생겨났다. 하드커버 책이 아닌, 문고본이 시장에서 환영을 받자 예전에 잊혔던 작품들 역시 페이퍼백으로 재출간됐다. 그러면서 『위대한 개츠비』는 좀 더 읽혔다. 아울러, TV 보급도 확산됐다. TV가 미국의 가정마다 들어가게 되자, 방송국은 소재를 찾기에 바빠졌다. 이미 1926년과 1949년에 각각 무성 영화와 유성 영화로 스크린에 옮겨졌던 『위대한 개츠비』는 이제 영화뿐 아니라 드라마, 연극으로도 재생산되기 시작했다. 나아가 영문학을 가르치는 대학에서 교재로 삼아 강의를 했고, 그 역사는 오늘날까지 계속되기에 이른다. 작가가 초라하게 죽고 10여 년이 흐른 뒤에야 '위대한 미국 소설'이 되기 시작한 것이다.

사실, 『위대한 개츠비』가 어떻게 미국을 대표하는 소설이 되었는지 이해하고자 하는 건 희망일 뿐이다. 한 사회의 호응에는 여러 요소가 복합적으로 개입돼 있고, 그 요소를 모두 분석하여 통계적으로 유의미한 결과를 얻어내는 건 불가능에 가깝다. 이는 내가 여러 자료를 보며 나름대로 추정한 결과물에 지나지 않는다. 이렇게라도 하지 않으면, 도대체 왜 작가 생전에 『위대한 개츠비』가 처량하게 외면받아야 했는지 받아들일 수 없었기 때문이다.

그럼에도, 내가 '개츠비'의 실패를 인정하는 이유가 있다. '문학은 태생적으로 슬플 수밖에 없는 것'이기 때문이다. 아무리 작가가 높은 성공의 탑을 쌓아 올린다 해도, 그 탑은 금세 무너질 수 있다. 당대 사람들의 비난에 의해, 독자의 외면에 의해, 시장의 외면에 의해, 혹은 스스로 미처 깨닫지도 못하고 저지른 실수에 의해. 비단 금전적인 것을 말하는 게 아니다. 아무리 좋은 작품으로 인정을 받은 작가라도, 이미 받은 찬사를 유지하거나, 그것을 뛰어넘는 작품을 쓰려 할수록 작가는 불행해진다. 성공한 작가가 되기는 하늘의 별을 따는 것만큼이나 어렵고, 그 성공한 작가가 행복하게 자족하며 지내기는 스스로 하늘에 별을 만들어 걸어놓는 것만큼이나 어렵다. 성공을 맛본 작가는 언제나 과거의 자신과 싸운다. 피츠제럴드는 『낙원의 이편』이 거둔 성공을 뛰어넘거나, 다시 맛보기 위해 평생 싸웠다. 그 와중에 술의 힘을 빌리다 쓰러졌다. 헤밍웨이 역시 『무기여 잘 있거라』와 같은 작품을 다시 쓰기 위해 끊임없이 자신과 싸웠다. 그리고 그 싸움을 스스로 당긴 방아쇠로 끝냈다.

살다 보면 여러 경험이 축적되고, 그 경험들이 예상치 못한 화학적 작용을 일으켜 평소의 나라면 도저히 생각해낼 수 없는 것을 만들어낼 때가 있다. 작가의 전성기란 바로 이런 걸 써내는 때다. 이때, 신은 잠시 자신의 능력을 인간에게 빌려준다. 그리고 이 능력을 빌려 받은 평범한 인간은 평생 과거의 자신과 싸운다. 그 평범하지 않았던 때의 나를 회복하거나, 그때를 뛰어넘는 비범성을 위해 평생 끝없는 싸움을 나 자신에게 거는 것이다.

나는 이게 문학의 슬픔이라 생각한다. 이토록 문학의 길은, 아니 예술의 길은 성공해봐야 결국 태생적으로 다시 슬퍼질 운명이다. 그리고 이 중 가장 큰 슬픔은, 이 모든 일들이 사실은 당대 사람 대부분의 관심 밖에서 이뤄진다는 것이다. 이 또한 문학이 다루는 주제가 본질적으로 관심 없는 곳을 조명하고, 그 조명을 끈질기고 줄기차게 하기 때문이다. 그러니, 관심을 받아봤자, 문학의 성공은 '그들만의 리그'에서 이뤄지는 작은 축제에 불과하다. 개츠비의 저택에서 열리는 파티의 화려함과는 본질적으로 거리가 멀다. 그렇기에 피츠제럴드는 소설 속에 개츠비의 파티를 그토록 화려하게 그려냈는지도 모르겠다.

피츠제럴드는 이 슬픈 길을 걸은 작가라 생각한다. 이제 와 말하지만, 그렇기에 내가 말라붙은 헌화가 놓인 그의 무덤 앞에서 거미줄과 갖은 동물의 배설물을 치우며 울었던 것이다. 그날 눈물을 통해 내 몸과 영혼의 일부가 빠져나간 기분이 들었다. 피츠제럴드는 나와 비교할 수 없을 만큼 화려한 길을 걸은 작가이지만, 내가 조금이라도 그와 닮은 면이 있다면 그건 바로 우리가 결국은 슬퍼질 길을 걷고 있기 때문이라 생각한다.

뉴욕을 떠나며

피츠제럴드는 1932년에 발표한 「나의 잃어버린 도시」에 다음과 같이 썼다.

> 이 아름다운 도시에 작별을 고할 때면 늘 플라자호텔 꼭대기에서
> 지평선까지 펼쳐진 도시를 바라보던 버릇대로 나는 이 궁극의 고
> 층 빌딩에 올랐다. 그때 나는 깨달았다. 이제야 모든 것이 다 설명
> 되었다. 엠파이어스테이트빌딩은 오류의 왕관, 판도라의 상자였
> 다. 자부심 가득한 뉴요커의 한 사람으로 올라갔던 나는 그곳에서
> 뉴욕의 빌딩 숲은 끝없는 연속이 아니라 유한하다는 사실을, 도시
> 는 사방으로 뻗어나가는 것이 아니라 녹색과 청색의 무한한 자연
> 으로 사라져버린다는 것을, 난생처음 그토록 높은 곳에 올라 비로
> 소 깨달았던 것이다.
> 뉴욕은 결국 하나의 도시일 뿐이지 우주가 아니었다는 쓰린 자각
> 과 함께 상상 속에 쌓아 올린 빛나는 건축물은 그렇게 땅으로 무너
> 져 내렸다.
>
> —「나의 잃어버린 도시」, 『재즈 시대의 메아리』, 75~76쪽

30대 중반의 피츠제럴드는 한때 장기 투숙했던 플라자호텔 꼭대
기에 서서, 엠파이어스테이트빌딩을 바라본다. 그리고 그 빌딩이
속한 마천루 숲의 유한성을 깨닫는다. 인간이 쌓아 올린 모든 것은
결국 인간의 몸처럼 자연으로 돌아간다는 것도. 그러자 그가 적응
하고자 했고, 이후엔 오르고 정복하고자 했던 것들에 대한 시들함
을 느껴버린다.

그토록 꿈꿔왔던 뉴욕 생활이 결국은 거대한 시간의 바람에 흩날

려 별것 아닌 게 돼버렸다. 이 글을 발표한 1932년에 그가 볼티모어로 이사한 것은 우연이 아닐 것이다. 그의 마음속 불이 하나 꺼진 것이다. 나는 바로 이 순간이 피츠제럴드의 청춘이 끝난 때라 여긴다. 독자들은 피츠제럴드를 떠올릴 때, LA를 떠올리지 않는다. 볼티모어 역시 아니다. 애독자조차 그가 볼티모어에 살았다는 사실을 모르기도 한다.

대부분 피츠제럴드를 뉴욕 작가로 여긴다. 일부는 파리의 작가로 기억한다. 어느 쪽이건 피츠제럴드는 화려한 도시와 사교계를 대표하는 작가로 기억되기 때문이다. 가장 왕성하게 활동하고, 명성을 최고로 꽃피웠던 시기에 피츠제럴드는 뉴욕에 있었다. 가장 찬란했던 청춘기에 뉴욕에 있었고, 그 열기가 채 식지 않았던 때에는 파리에 있었다. 그렇기에, 나는 피츠제럴드가 뉴욕에 품었던 환상을 잃어버렸을 때가 바로, 그의 인생에서 청춘의 빛이 소멸됐을 때라 여긴다.

그는 이제 '뉴욕을 잃어버리고' 볼티모어로 간다. 처음으로 안정적인 생활을 하고, 처음으로 만족스러운 집필 생활을 한다. 2장에 썼던 대로, 볼티모어를 가장 사랑했다. 그렇기에 고인의 뜻대로, 지금 볼티모어 근교에 묻혀 있는 것이다. 하지만 우리 모두 안다. 그는 영원한 뉴욕의 작가라는 것을. 저 끝을 모르고 올라가는 엠파이어 스테이트빌딩처럼, 마치 바벨탑처럼 하늘을 향해 올라가는 미국의 성장과 향락을 상징했다는 것을. 그는 우리가 문학을 해서 얻을 수 있는 최대치의 화려함을 가장 일찍 획득하고, 이를 온몸으로 즐기고, 그 때문에 불나방처럼 그 화려한 불 속에서 타버렸다는 것을. 그렇기에 자신은 비록 프린스턴을 제2의 고향으로, 볼티모어를 포근한 안식처로 여겼을지라도, 그는 언제까지나 '뉴욕의 작가'로 남게 되리란 것을.

맨해튼을 걸으며, 타임스퀘어를 지나며, 퀸스보로다리를 건너며, 피츠제럴드를 떠올렸다. 본인이 후회했건 말건, 그처럼 뉴욕의 화려한 태동기를 생생하게 그려낸 작가가, 그처럼 뉴욕을 동경하고 뉴욕에 자리 잡기를 원했던 작가가 또 있을까, 그처럼 뉴욕에 어울리는 작가가 또 어디 있을까…….

뉴욕 취재가 끝나니, 피츠제럴드 기행도 끝났다. 이제 비행기를 타고 집으로 돌아가야 한다. 일순 고단했던 기행이 너무 짧고 아쉽게 느껴졌다. 언제나 여행은 이처럼 길고도, 짧다. 집으로 돌아갈 때면, 아직 떠나지도 않았는데 떠날 공간이 그리워진다. 이제 뉴욕을 다시 스크린과 브라운관 속에서, 그리고 피츠제럴드의 작품 속에서 만나야 한다. 오늘 밤은 한잔해야겠다. 피츠제럴드처럼 진 리키Gin Rickey로…….

그리고 어쩐지 이 문장을 쓰지 않으면 안 될 것 같다. 이 문장이 이 책의 마지막을 장식해야 한다는 것을, 다른 사람은 몰라도 피츠제럴드 독자라면 말하지 않아도 이해할 것이다.

그리하여 우리는 조류를 거스르는 배처럼 끊임없이 과거로 떠밀려 가면서도 앞으로 앞으로 계속 나아가는 것이다.

—『위대한 개츠비』(김욱동 옮김), 254쪽

개츠비는 과연 위대한가

『위대한 개츠비』를 읽은 많은 이들이 의문을 제기한다. 대체 개츠비의 어떤 점이 위대하냐고? 가장 빤한 답은 그의 사랑이 숭고하다는 것이다. 시니컬해서 미안하지만 너무 순진한 답이다.

우선 이 질문은 제목 때문에 발생하는데, 『위대한 개츠비』는 번역 제목이다. 그러니, 질문의 궁극적 방향은 원제로 향해야 한다. 원제는 *The Great Gatsby.* 영영사전을 두루 살펴보면, 'great'의 뜻은 대개 긍정적이다. 사람을 가리킬 때 고인을 제외하면, 성공한 인물을 꾸민다. 경제적·사회적으로 성공한 사람, 유명인, 권력가를 수식하고, 존경스러운 인물, 고상한 인물을 꾸미기도 한다.

여기서 문제가 발생한다. 소설을 읽고 나면, 개츠비는 부정한 방법으로 부를 축적했다는 의심을 떨치기 어렵다. 가난했던 청년이 어느 날 거부가 되어 나타났는데, 그의 동업자는 월드시리즈를 조작한 전력이 있는 울프심이다. 이 인물은 상류층 사회에 걸맞지 않게 사람 어금니로 만든 커프스 단추를 달고 다닌다. 울프심과 개츠비는 시카고 뒷골목의

『위대한 개츠비』의 무대인 롱아일랜드

약국을 무수히 사들였는데, 당시 약국은 밀주 판매의 본거지이기도 했다. 결국 소설은 독자에게 개츠비가 밀주 사업(등의 부정한 방법)으로 거부가 됐음을 암시한다. 그렇기에, 장례식에서 울프심을 본 닉은 궁금해한다. '과연 개츠비도 월드시리즈 조작에 관여했을까' 하고.

닉의 시선 역시 빼놓을 수 없다. 이 소설은 닉의 기억을 토대로 한 회고록 형식을 띠고 있고, 이 맥락에서 보면 *The Great Gatsby*는 닉이 붙인 회고록 제목이기 때문이다. 본문에 언급한 대로 닉은 개츠비를 의심하기도, 연민하기도 했다. 그를 처음 만났을 때 가졌던 호감, 톰이 개츠비는 밀주업자가 아니냐고 몰아붙일 때 부정하는 대목 등을 고려해볼 때, 닉은 개츠비의 순정과 진심을 존중했고, 그가 이룩한 부를 동경하기도 했다. 그렇기에 개츠비를 바라보는 시선이 복잡했다. 작가인 피츠제럴드는 닉이 가진 이 복잡한 감정을 나타낼 단어를 찾았을 것이다. 이는 자신 역시 마찬가지였는데, 평생 부를 동경했지만 말년에 공산주의에 심취할 만큼 돈에 지치기도 했기 때문이다.

이 모든 점을 미루어 짐작컨대, 피츠제럴드는 개츠비를 수식할 '표면적으로는 긍정적이되 내면적으로는 반어적인' 뉘앙스의 단어를 찾지 않았을까. 'great'는 일부이긴 하지만 상대를 비난하거나 조롱할 때 쓰이기도 했다. 이런 맥락에서 피츠제럴드는 닉의 입을 빌려, 개츠비를 'great'하다고 표현하기로 한 것으로 여겨진다. 어쩌면 일각에서 '뭐가 위대하느냐'고 반문할 것까지 고려했을지 모른다. 그렇게 재고를 할수록, 문학적 의미는 더 깊어지니까.

문제는 번역할 때 확대된다. 우리 사회에서 개인을 수식하는 'great'는 대개 '위대한'으로 번역되지만, 반어적 의미까지 담아낼 수는 없다. 그렇다고 '대단한 개츠비'로 번역하면 비꼬는 뉘앙스가 너무 강해진다. 예술적 모호성을 놓치고, 명백히 비꼬는 쪽으로 무게중심이 쏠린다. 사견이지만, 최초의 번역자 역시 이 반어적 의미와 표면적 의미 사이에서 갈등하다, 결국 소설을 사랑하는 마음으로 긍정적 표현에 손을 들어준 게 아닐까 싶다. 어차피, 독자들은 각자 원하는 대로 해석하고 받아들일 테니 말이다.

언어가 바뀌면 본질에서 벗어난 문제가 파생된다. 그러니 이 점을 이해하면, 본질에 집중해야 한다. 『위대한 개츠비』는 장면 구성, 문장, 심지어 수식어에도 이중적 의미가 담긴 소설이기도 하다. 피츠제럴드는 이런 기법을 즐겼고, 『위대한 개츠비』에서는 더욱 그랬다. 어떤 작가가 작품을 이렇게 써놓고, 정작 제목은 표면적 의미에 국한해서 지을까. 대부분의 작가는 그렇지 않다. 더구나, 피츠제럴드는 자신을 시인으로 여기기까지 했다.

물론, 최종 판단은 독자가 한다. 그렇기에 조심스레 덧붙인 사견이 여러분의 감상을 해치지 않길 바랄 뿐이다.

여전히 유효한 피츠제럴드

한 작가의 생을 따라다닌다는 것은 무엇일까. 흔히 가장 적극적인 독서를 필사筆寫라 한다. 이번에 경험해보니, 이보다 더 적극적인 독서가 작가의 생을 따라가는 것 같다.

피츠제럴드를 따라, 할리우드와 볼티모어와 프린스턴과 뉴욕에 갔다. 이곳들은 그가 살았던 공간일 뿐 아니라, 그의 작품 속 배경지이기도 했다. 피츠제럴드의 삶을 들여다보는 기분이 들기도 했고, 소설에 인쇄된 문장들 틈에 숨어 있는 무형의 문장을 건져내는 기분이 들기도 했다. 피츠제럴드가 "더 어리고 쉽게 상처받던 시절In my younger and more vulnerable years"을 보냈던 프린스턴대학부터, 값비싼 찻값을 일상적으로 지불하며 글을 썼던 플라자호텔 커피숍, 작가로서 진지하게 집필에 임했던 볼티모어, 아내 젤다가 입원했던 핍스정신병동, 심지어 서점 주인들도 죽은 줄로 알 만큼 잊힌 시절 재기를 노리며 글을 썼던 LA의 무쏘앤드프랭크그릴, 그리고 절대 빼놓을 수 없는 쓸쓸했던 무덤까지. 내가 간 곳들을 떠올리고 그의 소설과 에세이를 읽으니, 80년 먼저 태어난 피츠제럴드와 부쩍 가까워진 느낌이 들었다.

삶의 몇 장면을 보고 나온 기분도 들었다. 세인트폴의 거친 소년들이 놀려대고, 뉴먼스쿨의 상류층 자제들에게 기가 죽고, 시카고의 찰스 킹이 "가난한 녀석은 부잣집 딸과 결혼할 생각조차 하면 안돼!"라고 소리치던 장면 어느 구석에 서 있는 기분마저 들었다. 이 책을 쓰며 나도 모르게 그에게 영향을 받았고, 한동안 그 영향 아래 지냈다.

나는 해석가들이 자주 내리는 결론, 즉 '그 인물이 처한 상황을 이해하면, 그 행동을 이해할 수밖에 없다'는 식의 귀결을 싫어한다. 피츠제럴드의 인생 여정을 똑같은 조건하에, 똑같이 걸었다 해도 다른 식으로 행동할 사람은 존재할 것이다. 동일한 부모, 외모, 지능, 금전, 재능을 타고나더라도, 인간에게는 무수한 변화의 요인이 있기 때문이다. 그럼에도 하고픈 말은, 이렇게 한 인생을 되짚어보면 적어도 그가 왜 그 길을 택했는지 '주제넘지 않는 선'에서 이해할 수 있다는 것이다. 내가 말하는 '주제넘지 않은 선'이란, '그는 반드시 그 선택을 할 수밖에 없었다'고 해석하는 게 아니라, 최소한 '그가 그 선택을 한 이유를 받아들일 수 있다'는 것이다. 어쩌면 피츠제럴드도 계급 의식에 사로잡히지 않고, 유연하고 무소유적인 자세로 살 수도 있었을 것이다. 하지만 피츠제럴드의 생을 따라가보니, 그의 깨진 마음과, 화려한 조명이 비치는 런웨이 위를 걷기로 택한 심정을 공감할 수 있었다. 그것은 그만의 상처 극복 방식이었다.

피츠제럴드에 관한 책을 정리하며, 계급 이야기를 빼놓을 수는 없다. 그가 고민하고, 괴로워한 문제의식은 여전히 유효하다. 그 유효성은 1920년대와 2010년대라는 시간을 뛰어넘고, 미국과 한국이라는 공간을 뛰어넘는다. 피츠제럴드의 삶은 자기 욕망을 극단적으로 밀어붙인 경우지만, 사실 그 욕망에서 자유로운 사람은 많지 않다. 그를 따라가봤을 뿐인데, 과거 미국 사회의 맨얼굴뿐 아니라, 현재 우리 욕망의 이중적 얼굴도 들여다본 기분이 들었다. 그가 해결하고자 했던 고민의 그림자가 오늘날의 우리에게도 드리워져 있기 때문일 것이다.

대부분의 사람들은 계급 문제에 이중적이다. 비판은 하면서, 상승 욕구는 갖고 있다. 나 역시 그렇고, 피츠제럴드도 그랬다. 그는 현실에선 닉에 가까웠지만, 이상 세계에선 개츠비가 되고자 했다. 때문에 『위대한 개츠비』에는 그의 페르소나가 둘로 나뉘어 담겨 있다. 또한, 이 소설은 단선적이지 않다. 신흥 부국富國에서의 계급이라는 소재와 로맨스 소설이라는 형식은 언뜻 멀어 보이는데, 피츠제럴드는 이 둘을 매끄럽게 결합시켰다. 사실, 『위대한 개츠비』는 이야기 자체로도 훌륭하다. 분위기도, 문장도, 문장끼리 이루는 화학적 작용도 그렇다.

　죽은 지 78년이 흘렀지만, 그가 제기한 주제와, 그 주제를 구현한 스타일은 여전히 호흡한다. 그 스타일은 또 다른 스타일을 낳아왔고, 또 낳을지 모른다. 적어도 지난 90년간은 그래왔다.

　여러 독자와 작가에게 영향을 끼쳤고, 나도 그중 한 명이었기에 이 책을 쓸 수 있었다.

전성기의 피츠제럴드(1920년경)
피츠제럴드는 평생 물질주의적 욕망을 극단으로 밀어붙이며 미국의 꿈과 좌절을 자신의 삶과 문학으로 보여주었다. 그것은 미국 사회의 맨얼굴뿐만 아니라, 현재 우리 욕망의 이중적 얼굴을 들여다보게 한다.

피츠제럴드 문학의 키워드

01 실연

피츠제럴드는 잊지 못할 실연을 두 번 당했다. 첫 번째는 대학교 2학년 때, 시카고 부호의 딸 지네브라 킹에게서 겪은 것으로, 이유는 그가 가난했기 때문이었다. 두 번째는 젤다에게 약혼을 파기당한 것인데, 그 이유 역시 그의 '미래가 불투명'했기 때문이었다. 상류층에게 겪은 이 두 번의 상처는, 그로 하여금 성장기부터 품어온 계급에 대한 문제의식을 더 키우게 했다.

02 계급

거슬러 올라가면 피츠제럴드는 모친으로부터 상승 욕구를 물려받았다. 어머니 몰리는 무리를 해가면서 아들을 명문가 자제들이 다니는 학교에 진학시켰고, 피츠제럴드는 어린 시절부터 상대적 박탈감을 느끼며 자랐다. 이는 사립학교인 세인트폴아카데미, 뉴먼스쿨을 거쳐 프린스턴 재학 시절까지 이어진다. 계급은 결국 피츠제럴드의 가장 핵심적인 문학적 주제가 된다.

지네브라 킹

뉴먼스쿨 시절의 피츠제럴드(맨 앞줄 왼쪽에서 세 번째)

03 술

실연의 상처 외에 피츠제럴드를 지배한 게 또 있다. 프린스턴 재학 시절부터 알코올에 의존했고, 그 의존도는 작품이 시장에서 외면당할 때마다 높아져갔다. 하지만 그럴수록 글에서 더 멀어지는 아이러니를 겪었다. 최종 사인은 심장마비였지만, 그를 죽음으로 이끈 것은 알코올이었다. 그가 죽기 1년 전에 의사는 "술을 끊지 않으면 1년 안에 사망할 것"이라 했는데, 결국 이 경고는 예언이 되고 말았다.

04 자전 소설

피츠제럴드는 평생 자전 소설을 썼다. 소설 속 주인공은 대부분 그 자신이거나, 직접 만나서 영감을 받은 인물이었다. 『낙원의 이편』의 주인공 에이머리는 작가 자신이고, 『밤은 부드러워』의 주인공 딕 다이버는 자신 그리고 프랑스 앙티브만에서 만난 미국인 머피 부부가 섞여 있다. 『위대한 개츠비』에서는 주인공 개츠비와 화자 닉 모두에게 그 자신이 투영되어 있다. 단편소설도 역시 마찬가지다. 그는 언제나 자신의 경험을 재료 삼아 창작물을 빚어냈다.

05 재즈 시대

제1차 세계대전 후 미국은 호황을 맞이했고, 이는 전 사회
영역에 영향을 끼쳤다. 경제적 성장과 정신적 빈곤 사이에
서 방황하던 젊은이들은 '길 잃은 세대 Lost Generation'라
불렸고, 성공을 좇아 남부에서 대거 올라온 재즈 뮤지션들
로 인해 재즈가 유행했다. 금주령까지 내려지자 비밀 클럽
에서 밀주를 마시며 재즈를 듣는 파티가 성행했다. 피츠제
럴드의 작품은 이런 사회적 분위기를 배경으로 한다. 그는
『재즈 시대 이야기』라는 단편집까지 냈다.

재즈 시대를 표현한 일러스트

06 플래퍼와 젤리빈

재즈 시대 사교계는 플래퍼와 젤리빈이 주도했다. 플래퍼는 당시 유행한 짧은 치마, 헤어
밴드, 보브컷으로 멋을 낸 여성들을 지칭했는데, 이들이 억압적인 여성관에 저항하며 자
유로운 섹스를 주장하고 여성참정권 획득에도 기여하자 그 의미가 정치적으로까지 확장
됐다. 피츠제럴드는 젤다를 미국의 "첫번째 플래퍼"라 불렀고, 『플래퍼와 철학자 Flappers
and Philosophers』라는 소설을 쓸 만큼 이들에게 관심이 있었다. 젤리빈은 플래퍼와 같은 남
성 부류였는데, 이 표현은 플래퍼와 달리 주로 패션과 사교계에 국한되어 쓰였다.

07 방랑자

피츠제럴드는 생을 표류하듯 보냈다. 영국, 프랑스, 이탈리아, 북아프리카 등지로 여행을
다녔고, 미국 내에서도 코네티컷, 세인트폴, 엘러슬리, 애슈빌, 트라이턴 등지로 옮겨 다녔
다. 방랑자답게 평생 집을 단 한 번도 소유하지 않았고 월세를 내며 지냈다. 유랑자 생활은
작품에도 영향을 끼쳤다. 『위대한 개츠비』의 초고는 남프랑스에서 썼고, 개작은 이탈리아
에서 했다. 남프랑스 거주 경험으로 『밤은 부드러워』를 구상했고, LA에서의 경험은 『마지
막 거물』의 밑거름이 되었다.

08 호텔

호텔 생활을 자주 했는데, 뉴욕의 플라자호텔, 파리의 리츠칼튼호텔, 볼티모어의 벨베데레호텔 등이 그의 단골 숙소였다. 여행할 때는 물론 웬만한 장기 체류도 호텔에서 했고, 이사를 할 때도 일단 호텔에 묵으며 살 집을 알아보았다. 그에게 호텔은 작업실과 다름없는 공간이었고, 「리츠호텔만 한 다이아몬드」처럼 작품 제목에 등장시킬 만큼 익숙한 공간이었다.

할리우드 시절 초창기에 머물렀던 호텔인 가든오브알라

피츠제럴드 생애의 결정적 장면

1896 9월 24일, 미네소타주 세인트폴에서 가구 사업가 에드워드 피츠제럴드와 부유한 아일랜드 이민자 딸인 몰리 퀼리언 사이에서 셋째로 태어나다. 정식 이름은 '프랜시스 스콧 키 피츠제럴드Fancis Scott Key Fitzgerald'다.

1898 아버지의 가구 사업이 실패하면서 가족이 뉴욕주 버펄로로 이사하다. 이후에도 아버지의 직장을 따라 뉴욕 인근을 여기저기 돌아다닌다.

1908 아버지가 실직하면서 온 가족이 세인트폴로 다시 돌아오다. 9월, 명문 사립학교인 세인트폴아카데미에 입학하다.

1909 문학적 재능을 보이다

세인트폴아카데미 교지 《지금과 그때Now and Then》에 첫 단편 「레이먼드 저당의 신비The Mystery of the Raymond Mortgage」를 발표하면서 문학적 재능을 보이기 시작한다. 하지만 세인트폴 시절 그는 말을 많이 하고 잘난 척하는 성격 탓에 심심찮게 따돌림을 당한다. 심지어 교내 신문에는 그에게 독을 먹여서라도 어떻게든 그의 입을 다물게 할 사람을 구한다는 광고까지 실렸다.

소년 피츠제럴드

1911 뉴저지주의 가톨릭 명문 뉴먼스쿨에 입학하다.

1913 세상의 이면을 보다

프린스턴대학교에 입학한 피츠제럴드는 훗날 평론가가 되는 에드먼드 윌슨과 시인이 되는 존 필 비숍과 교유한다. 교내 문예지 《나소문학Nassau Literary Magazine》과 《프린스턴타이거The Princeton Tiger》에 단편 소설, 희곡, 시를 발표하는 등 과외 활동에 빠져 학업을 등한시한다. 이곳에서 그는 강한 우월 의식에 사로잡힌 특권층 자제들을 만난다. 특히 그가 정신적 고향이라 여기는 유니버시티코티지클럽에서 말이다. 그들과 교제하며 그는 세상이 드러내지 않은 계급의 민낯을 보는 한편으로, 성공에 대한 강한 열망에 사로잡힌다.

프린스턴대 시절 피츠제럴드(우)

1915   1월 4일, 시카고 금융 부호의 딸인 지네브라 킹을 만나 사랑에 빠지다. 프린스턴
        대를 휴학하다.
1916   1918년에 졸업할 생각으로 복학하다.

1917 실연의 상처를 맛보다

피츠제럴드는 가난하다는 이유로 지네브라 킹에게 실연을 당한다. 미국 중부 중산층 출신의 명문대 학생이라는 사실은 킹에게 너무나 불충분한 것이었다. 이 일은 그에게 씻을 수 없는 상처로 남아, 훗날 그의 작품 세계에도 커다란 그림자를 드리운다. 낙심한 피츠제럴드는 프린스턴대를 자퇴하고 미 보병대에 소위로 입대한다. 그는 훗날 참전해 영예롭게 죽기를 원한다.

지네브라 킹

1918 『낭만적 에고이스트The Romantic Egotist』를 탈고해 뉴욕의 유명 출판사인 스크리 브너에 보낸다. 6월, 앨라배마주 대법원 판사의 딸인 젤다 세이어를 만나서 사귀 기 시작하다. 8월, 스크리브너출판사로부터 거절을 당하다. 11월, 뉴욕주 롱아일 랜드에 있는 밀스요새로 전임돼 해외 파견을 기다리던 중 제1차 세계대전이 끝났 다는 소식을 듣는다.

1919 2월, 제대 후 젤다와 약혼하다. 광고회사 베론콜리어에 카피라이터로 입사해 동 경해온 뉴욕 생활을 시작하지만 적응에 어려움을 겪는다. 6월, 미래가 불투명하 다는 이유로 젤다로부터 파혼당하다. 7월, 고향으로 돌아와 『낭만적 에고이스트』 개작에 몰두한다. 9월, 스크리브너출판사로부터 『낭만적 에고이스트』의 제목을 『낙원의 이편This Side of Paradise』로 바꾸는 조건하에 출판 승낙을 받는다.

1920 데뷔작으로 인기 작가가 되다

한 차례의 파혼을 딛고 피츠제럴드는 젤다와 다시 약혼한다. 곧이어 첫 장편소설 『낙원의 이편』이 출 간되어 대성공을 거두면서 단번에 인기 작가가 된 다. 우리에게는 피츠제럴드가 『위대한 개츠비The Great Gatsby』의 작가로 잘 알려져 있지만, 당대 대 중에게는 『낙원의 이편』의 작가로 더 유명했으며, 정작 『위대한 개츠비』는 평단은 물론 대중에게도 외면을 받았다. 『낙원의 이편』과 함께 첫 단편집 『플래퍼와 철학자Flappers and Philosophers』도 같 은 해 출간되었다.

피츠제럴드 가족(1920)

1921 5~7월, 젤다와 함께 영국, 프랑스, 이탈리아를 여행하다. 10월, 딸 프랜시스 스콧 (애칭 스코티)이 태어나다.

1922 3월, 두 번째 장편소설 『아름답고 저주받은 사람들The Beatiful and Damned』을 출 간하다. 6월, 단편소설 「리츠호텔만 한 다이아몬드The Diamond as Big as the Ritz」를

《스마트세트*The Smart Set*》에 발표하다. 9월, 두 번째 단편집 『재즈시대 이야기들 *Tales of the Jazz Age*』을 출간하다. 10월, 뉴욕주 롱아일랜드의 부촌인 그레이트넥으로 이사하다. 이곳에 거주하며 『위대한 개츠비』의 배경이 될 법한 세상을 실제로 접하고 작품 줄거리를 구체화한다.

1924 4월, 프랑스로 이주하다. 이즈음 젤다가 프랑스인 조종사 에두아르 조장과 사랑에 빠진다. 《새터데이이브닝포스트*The Saturday Evening Post*》에 「1년에 36,000달러로 사는 법」을 발표하다. 5월, 프랑스의 리비에라 세인트라파엘시에 정착하고 남프랑스의 앙티브만에서 사라 머피 부부를 만난다. 이 경험은 훗날 『밤은 부드러워*Tender is the Night*』 구상에 큰 역할을 한다.

1925 미국 문학의 기념비, 『위대한 개츠비』를 출간하다

피츠제럴드의 세 번째 장편소설 『위대한 개츠비』는 그의 생전에는 별 재미를 보지 못한 비운의 작품이다. 그가 죽고 10년이나 지난 후에서야 비로소 빛을 보기 시작했고, 21세기 미국 대학 영문학 강의에서 가장 많이 읽히고 아직도 미국에서 매해 30만 권 이상 팔리는 작품으로 자리매김했다. 후대의 작가들에게도 많은 영향을 끼쳤는데, 그중 J. D. 샐린저와 무라카미 하루키는 자신의 소설 속에서 『위대한 개츠비』를 향한 존경을 직접적으로 표현하기까지 했다.

『위대한 개츠비』 육필본

1926 2월, 세 번째 단편집 『모든 슬픈 젊은이들*All the Sad Young Men*』을 출간하다. 12월, 미국으로 돌아오다.

1927 할리우드로 가서 처음으로 시나리오 작가 일을 시작하다. 3월, 가족과 함께 델라웨어주 앨러슬리로 이사하다. 여름, 젤다가 직업 발레리나가 되기 위하여 훈련을 시작하다.

1928   4월, 다시 파리로 가다. 9월, 다시 앨러슬리로 돌아오다.

1929   3월, 프랑스와 이탈리아를 여행하다.

1930   젤다, 신경 쇠약 증세를 보이다

젤다

파리 체류 시절 젤다가 처음으로 신경 쇠약 증세를 보인다. 젤다는 스위스의 발몽클리닉에 입원하고, 이와 함께 부부는 스위스로 이주한다. 젤다는 결국 조현병을 진단을 받으면서 발레리나의 꿈도 완전히 접는다. 그녀가 가지고 있던 예술적 재능은 이후 문학과 그림으로 뻗어나간다. 젤다의 병에다 피츠제럴드 자신의 알코올중독까지 겹치면서 그의 삶은 화려했던 1920년대를 뒤로 하고 가파르게 몰락해간다.

1931   1월, 부친이 사망하자 홀로 귀국해 장례를 치르다. 몽고메리로 가서 장인에게 아내의 상태를 알리다. 2월, 유럽으로 돌아와 파리와 스위스를 오가며 지내다. 9월, 부부는 미국으로 귀국하여 몽고메리로 가다. 11월, 피츠제럴드 홀로 할리우드로 가서 MGM 사의 영화 작업을 하다.

1932   2월, 젤다의 신경쇠약이 재발하여 볼티모어의 존스홉킨스대학병원 핍스병동에 입원하다. 3월, 피츠제럴드 가족이 모두 볼티모어의 타우슨 지역으로 이사하다. 5월, 볼티모어 외곽에 있는 라패La Paix 집을 얻다. 이 집에서 『밤은 부드러워』의 대부분을 쓴다. 10월, 젤다의 장편소설 『나에게 왈츠를Save Me the Waltz』이 출간되다. 12월, 볼티모어의 파크애비뉴 집으로 이사하다. 젤다의 상태가 악화되어 볼티모어 외곽에 있는 셰퍼드프랫병원으로 옮겨 치료를 받다.

1934 야심작이 실패하다

볼티모어 시절, 피츠제럴드는 재기를 노리며 『위대한 개츠비』 이후 9년 만에 네 번째 장편
소설 『밤은 부드러워』를 출간한다. 1920년대 프랑스 남부 리비에라와 스위스 등을 배경
으로 한 이 작품은 여러모로 작가의 자전적 요소가 가득하다. 하지만 기대와는 달리 1만
2,000부 나가는 데 그쳤고, 평가도 엇갈렸다. 결국 『위대한 개츠비』 이후 또 한 번 실패를
맛보고 만다. 젤다의 상태가 회복할 기미를 보이지 않으면서, 피츠제럴드는 월세도 제대로
낼 수 없을 만큼 심각한 재정난에 빠진다.

볼티모어

1935   3월, 네 번째 단편집 『기상나팔 소리Taps at Reveille』를 출간하다. 5월, 어릴 적부터
       앓아온 폐결핵이 심해져 여름까지 노스캐롤라이나주 애슈빌의 그로브파크인에
       서 휴양하다.

1936   2월, 《에스콰이어Esquire》에 자신의 비참한 생활상을 고백한 「무너져 내리다The
       Crack-up」를 발표해 비웃음을 사다. 4월, 젤다가 애슈빌의 하일랜드정신병원에 입
       원함에 따라 애슈빌에 함께 체류하다. 9월 24일, 마흔 번째 생일에 《뉴욕포스트
       New York Post》와 혹독한 인터뷰를 치르다.

1937 유령 시나리오 작가로 살다

피츠제럴드는 막대한 빚 때문에 세 번째로 할리우드로 건너가 MGM 사와 주급 1,000달러 조건으로 6개월짜리 계약을 맺는다. 그는 〈바람과 함께 사라지다Gone with the Wind〉를 비롯하여 여러 작품의 각색 작업을 했지만, 크레딧에 이름을 올릴 수 없는 유령 작가로 일했다. 〈세 전우Three Comrades〉는 크레딧에 이름을 올린 유일한 작품이다. 오직 돈 때문에 하게 된 할리우드 시나리오 작가 일은 그에게 상당한 고역이었다.

할리우드 대로

1938　4월, 호텔 겸 레지던스인 가든오브알라 생활을 접고, LA 근교 말리부로 이사하다.
10월, 말리부의 습기 찬 공기를 피해 LA 내 엔시노로 이사하다. 12월, MGM 사가
피츠제럴드와의 계약을 갱신하지 하지 않는다.

1939   10월, 『마지막 거물*The Last Tycoon*』을 집필하기 시작하다.

1940   재즈 시대 거장, 눈을 감다

피츠제럴드는 11월에 선셋대로에 있는 슈밥스약국에서 첫 심장 발작을 겪은 후 12월 21일, 할리우드에 있는 셰일라 그래이엄의 아파트에서 심장 마비로 사망한다. 그의 유해는 메릴랜드주의 록빌유니언묘지에 묻혔다가 35년 뒤에 생전의 바람대로 볼티모어 외곽에 있는 성마리아교회묘지로 이장된다. 아내 젤다와 딸 스코티도 모두 그곳에 함께 잠들어 있다.

1941   10월, 미완성 유작 『마지막 거물』이 에드먼드 윌슨의 편집으로 출간되다.
1948   3월, 하일랜드정신병원에서 치료를 받고 있던 젤다가 화재로 사망하다. 남편이 잠든 록빌유니언묘지에 함께 묻히다.

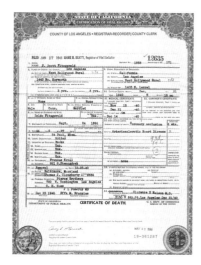

피츠제럴드 사망 확인서

참고 문헌

Fitzgerald, F. Scott, *Correspondence of F. Scott Fitzgerald*, eds. by Matthew J. Bruccoli and Margaret M. Duggan, Random House, 1980.

Fitzgerald, F. Scott, *F. Scott Fitzgerald: A Life in Letters*, ed. by Matthew J. Bruccoli, Scribner, 1995.

Fitzgerald, F. Scott, *The Notebooks of F. Scott Fitzgerald*, Harcourt, Brace, and Jovanovich, 1978.

피츠제럴드, F. 스콧, 『낙원의 이편』, 이화연 옮김, 펭귄클래식코리아, 2011.

피츠제럴드, F. 스콧, 『리츠호텔만 한 다이아몬드』, 김욱동, 한은경 옮김, 민음사, 2016.

피츠제럴드, F. 스콧, 『밤은 부드러워』, 김문유, 김하영 옮김, 현대문화, 2008.

피츠제럴드, F. 스콧, 『밤은 부드러워라』, 정영목 옮김, 문학동네, 2018.

피츠제럴드, F. 스콧, 『벤자민 버튼의 시간은 거꾸로 간다』, 펭귄클래식코리아, 2009.

피츠제럴드, F. 스콧, 『위대한 개츠비』, 김욱동 옮김, 민음사, 2003.

피츠제럴드, F. 스콧, 『위대한 개츠비』, 임종기 옮김, 아르테, 근간.

피츠제럴드, F. 스콧, 『재즈 시대의 메아리』, 최내현 옮김, 북스피어, 2018.

피츠제럴드, F. 스콧, The Great Gatsby, 문학동네, 2013.

피츠제럴드, F. 스콧 · 퍼킨스, 맥스웰, 『디어 개츠비』, 오현아 옮김, 마음산책, 2018.

Bill Tomas, "In Los Angeles, Literary landmarks give the city its mystique", *Washington Post*, March 9. 2012.

Bruccoli, Matthew J., *Some Sort of Epic Grandeur: The Life of F. Scott Fitzgerald*, Harcourt, Brace, and Jovanovich, 1981.

Deborah Rudacille, "F. Scott Fitzgerald in Baltimore", *Baltimore Style*, December 9. 2019.

Graham, Sheilah and Frank, Gerald, *Beloved Infidel*, Holt, 1958.

Lanahan, Eleanor, *Scottie the Daughter of……: The Life of Frances Scott Fitzgerald Lanahan Smith*, HarperCollins, 1995.

McRobbie, Linda Rodriguez, "The Greatest Interviews: F. Scott Fitzgerald Meets the New York Post", *Mental floss*, February 25, 2009.

Meyers, Jeffrey, *Scott Fitzgerald: A Biography*, HarperCollins, 1994.

Michel Mok, "One blow after another… and finally something snapped", *Guardian*, September 18, 2007.

Mizener, Arthur, *The Far Side of Paradise: A Biography of F. Scott Fitzgerald*, Houghton Mifflin, 1951.

Turnbull, Andrew, *Scott Fitzgerald*, The Bodley Head, 1963; Grove Press, 2001.

도널드슨, 스콧, 『헤밍웨이 Vs. 피츠제럴드』, 갑인공방, 2006.

랭, 올리비아, 『작가와 술』, 정미나 옮김, 현암사, 2017.

무라카미 하루키, 『노르웨이의 숲』, 양억관 옮김, 민음사, 2013.

샐린저, J. D., 『호밀밭의 파수꾼』, 공경희 옮김, 민음사, 2001.

이진숙, 『롤리타는 없다』, 민음사, 2016.

코리건, 모린, 『그래서 우리는 계속 읽는다』, 진영인 옮김, 책세상, 2016.

헤밍웨이, 어니스트, 『파리는 날마다 축제』, 주순애 옮김, 이숲, 2012.

헤밍웨이, 어니스트, 『헤밍웨이 서간집: 소설에서 못다한 이야기』, 칼로스 베이커 편, 이지현 옮김, 예유사, 1981.

피츠제럴드가 살았던 집 explore.baltimoreheritage.org

달러 가치 환산 사이트 www.officialdata.org

『위대한 개츠비』에 대한 길버트 셀즈의 리뷰 www.yorknotes.com/alevel/english-literature/the-great-gatsby-yna/study/critical-history/03010000_reactions-on-publication

『위대한 개츠비』로부터 영감을 받아 지은 저택 www.curbed.com/2014/6/13/10087908/this-gatsby-lane-estate-thinks-its-a-gold-coast-mansion

작가 연보 www.shmoop.com | www.scottandzelda.com | fitzgeraldbiography.tripod.com | www.pbs.org | sc.edu

클래식 클라우드 012

피츠제럴드

1판 1쇄 발행 2019년 9월 6일
1판 2쇄 발행 2022년 3월 31일

지은이 최민석
펴낸이 김영곤
펴낸곳 (주)북이십일 아르테

책임편집 임정우 문학팀 장현주 김연수 원보람
출판마케팅영업본부 본부장 민안기
마케팅2팀 나은경 정유진 이다솔 김경은 박보미
출판영업팀 김수현 이광호 최명열
제작 이영민 권경민
디자인 박대성 일러스트 최광렬

출판등록 2000년 5월 6일 제406-2003-061호
주소 (10881) 경기도 파주시 회동길 201(문발동)
대표전화 031-955-2100 팩스 031-955-2151

ISBN 978-89-509-8299-7 04000
ISBN 978-89-509-7413-8 (세트)
아르테는 (주)북이십일의 문학 브랜드입니다.

(주)북이십일 경계를 허무는 콘텐츠 리더

아르테 채널에서 도서 정보와 다양한 영상자료, 이벤트를 만나세요!
네이버오디오클립/팟캐스트 [클래식클라우드] 김태훈의 책보다 여행
네이버포스트 post.naver.com/classic_cloud
페이스북 www.facebook.com/21classiccloud